高等职业教育新能源汽车"1+X"岗课赛证融通系列教材

汽车动力与驱动系统综合分析技术

QICHE DONGLI YU QUDONG XITONG
ZONGHE FENXI JISHU

主　编　刘　涛　李维臻
副主编　王露峰　邱官升
参　编　姚　鑫　黄珊珊　罗　明　孙少杰
主　审　黄　平

图书在版编目(CIP)数据

汽车动力与驱动系统综合分析技术/刘涛,李维臻主编. — 西安:西安交通大学出版社,2023.2

高等职业教育新能源汽车"1+X"岗课赛证融通系列教材

ISBN 978-7-5693-3411-1

Ⅰ.①汽… Ⅱ.①刘… ②李… Ⅲ.①汽车-动力系统-驱动机构-系统综合-综合分析-高等职业教育-教材 Ⅳ.①U463

中国国家版本馆CIP数据核字(2023)第161400号

书　　名	汽车动力与驱动系统综合分析技术
	QICHE DONGLI YU QUDONG XITONG ZONGHE FENXI JISHU
主　　编	刘　涛　李维臻
策划编辑	曹　昳
责任编辑	张　欣　曹　昳
责任校对	柳　晨
封面设计	任加盟
出版发行	西安交通大学出版社
	(西安市兴庆南路1号　邮政编码710048)
网　　址	http://www.xjtupress.com
电　　话	(029)82668357　82667874(市场营销中心)
	(029)82668315(总编办)
传　　真	(029)82668280
印　　刷	西安五星印刷有限公司
开　　本	787 mm×1092 mm　1/16　印张　22.75　字数　468千字
版次印次	2023年2月第1版　2023年2月第1次印刷
书　　号	ISBN 978-7-5693-3411-1
定　　价	56.00元

如发现印装质量问题,请与本社市场营销中心联系。

订购热线:(029)82665248　(029)82667874

投稿热线:(029)82668804

版权所有　侵权必究

职业教育新能源汽车"1＋X"岗课赛证融通系列教材编委会

主 任 委 员	杨云峰	陕西交通职业技术学院
副主任委员	蔺宏良	陕西交通职业技术学院
	黄　平	青海交通职业技术学院
	李富香	青海交通职业技术学院
	李维臻	甘肃交通职业技术学院
	王志新	甘肃交通职业技术学院
	王　勇	北京中车行高新技术有限公司
	袁　杰	四川交通职业技术学院
	刘学军	广西交通职业技术学院
委　　　员	贾永峰	陕西交通职业技术学院
	韩　风	青海交通职业技术学院
	蔡月萍	青海交通职业技术学院
	黄晓鹏	陕西交通职业技术学院
	刘　涛	陕西交通职业技术学院
	高　旋	陕西交通职业技术学院
	任春晖	陕西交通职业技术学院
	曹凌霞	北京中车行高新技术有限公司
	付照洪	北京中车行高新技术有限公司

为贯彻落实《关于深化现代职业教育体系建设改革的意见》《关于加强新时代高技能人才队伍建设的意见》《国家职业教育改革实施方案》等文件精神，积极推进"岗课赛证"综合育人，提升汽车服务领域高素质技术技能人才培养水平，陕西交通职业技术学院、青海交通职业技术学院、甘肃交通职业技术学院等院校联合北京中车行高新技术有限公司、丝绸之路职业教育联盟、西安交通大学出版社组织长期从事一线教学的教师和汽车维修专家，共同开发了汽车专业领域"1+X"岗课赛证融通系列教材。

在本书编写过程中，始终以习近平新时代中国特色社会主义思想为指导，深入贯彻党的二十大精神，坚持为党育人、为国育才原则，大力弘扬劳模精神、劳动精神、工匠精神、专业精神、职业精神。教材内容紧密对接"1+X"职业技能等级证书标准，充分体现职教特色，注重岗课赛证融通、应知和应会结合、理论和实践结合。为更好地满足教与学的需求，本书采用活页式编排，文字简洁，通俗易懂。

汽车动力与驱动系统综合分析技术是高等职业院校汽车检测与维修技术、新能源汽车技术、汽车技术服务与营销等专业的核心课程，内容主要包括：发动机机械部件检修、润滑系统部件检修、冷却系统部件检修、点火系统部件检修、进气控制部件检修、燃油蒸发系统部件维修、燃油蒸发控制元件检测、排放控制系统部件维修。本书由陕西交通职业技术学院刘涛、甘肃交通职业技术学院李维臻担任主编，陕西交通职业技术学院王露峰、邱官升担任副主编，青海交通职业技术学院黄平担任主审。刘涛编写模块一、模块二、模块三，黄珊珊编写模块四，王露峰编写模块五任务1～任务3，李维臻编写模块五任务4，姚鑫编写模块六，孙少杰编写模块七，邱官升编写模块八，罗明编写模块九。北京中车行高新技术有限公司曹凌霞、西安唐都进口汽车修理服务有限公司乌军河、陕西航天九州汽车服务有限公司杨军政协助制订本书编写大纲并提供技术资料，陕西交通职业技术学院孙少杰做了大量校对工作。

在本书编写过程中，参阅了国内外专业书籍与资料，在此谨向参考文献中的作者以及为本书出版付出辛勤劳动的同志表示衷心的感谢！

由于编者水平有限和编写时间仓促，书中难免存在不妥之处，恳请广大读者批评指正。

目 录

模块一　发动机机械部件检修 ……………………………………………………（1）
　　任务1　发动机总成拆卸 ……………………………………………………（3）
　　任务2　配气机构拆装量测检修 ……………………………………………（33）
　　任务3　活塞连杆组拆装量测检修 …………………………………………（55）
　　任务4　曲轴飞轮组拆装量测检修 …………………………………………（91）

模块二　润滑系统部件检修 ………………………………………………………（105）
　　任务　机油油泵、机油压力传感器、机油集滤器拆检 …………………（107）

模块三　冷却系统部件检修 ………………………………………………………（125）
　　任务　水温传感器、水泵、散热器、冷却风扇等拆检 …………………（127）

模块四　点火系统部件检修 ………………………………………………………（147）
　　任务1　点火系统主要部件拆检 ……………………………………………（149）
　　任务2　点火系统故障码和数据流读取 ……………………………………（159）

模块五　进气控制部件检修 ………………………………………………………（169）
　　任务1　电子节气门及进气管拆检 …………………………………………（171）
　　任务2　可变正时链轮拆检 …………………………………………………（185）
　　任务3　增压器拆装拆检 ……………………………………………………（205）
　　任务4　进气传感器拆检 ……………………………………………………（217）

模块六　燃油蒸发系统部件维修 …………………………………………………（227）
　　任务1　燃油箱、燃油泵、燃油滤清器、油管拆检 ………………………（229）
　　任务2　燃油导轨、喷油器、高压油泵拆检 ………………………………（239）
　　任务3　活性炭罐、电磁阀、管路检查拆装 ………………………………（249）

模块七　排放控制系统部件维修 …………………………………………………（257）
　　任务1　三元催化器、氧传感器拆检 ………………………………………（259）
　　任务2　曲轴箱强制通风部件拆检 …………………………………………（275）

模块八　排放控制系统元件检测 ……………………………………………………（287）
　　任务1　氧传感器检测 ……………………………………………………………（289）
　　任务2　排放控制系统故障码及数据流读取 ……………………………………（299）
　　任务3　尾气排放检测 ……………………………………………………………（311）
模块九　发动机综合性能的检测 ……………………………………………………（321）
　　任务1　燃油压力高低压检测 ……………………………………………………（323）
　　任务2　进气真空度检测 …………………………………………………………（335）
　　任务3　气缸压力检测 ……………………………………………………………（345）
参考文献 ………………………………………………………………………………（355）

模块一
发动机机械部件检修

任务 1

发动机总成拆卸

任务引入

某同学利用周末闲暇时间，参观了国内某地举行的国际汽车展，车展上有许多新款的汽车，看到了不同厂商都在宣传其品牌汽车配置的发动机，他不明白这些发动机到底有什么区别。大家对发动机了解吗？你知道发动机的总体构造和工作原理吗？

学习目标

(1)能够描述发动机的常规技术概念；
(2)掌握发动机的功能与组成；
(3)能够描述四冲程发动机工作过程及原理；
(4)能够按照工艺规范进行发动机总成拆卸与安装；
(5)掌握汽车维修资料、保养手册等的查询方法。
(6)提升团队合作、密切协作的能力；
(7)养成自主学习、遵守车间7S管理规范的习惯；
(8)培养严谨求实、精益求精的工作作风。

知识准备

1 发动机的分类

发动机是将热能转化成机械能的机器，包括内燃机和外燃机两种类型。内燃机燃料在机器内部燃烧，外燃机燃料在机器外部燃烧；内燃机和外燃机相比，体积小，质量小，便于移动，启动性好，广泛应用于车、船、飞机等。汽车发动机指车用内燃机。

内燃机的分类方法很多,按照不同的分类方法可以把内燃机分成不同的类型。

1.1 按照所用燃料分类

内燃机按照所使用燃料的不同可以分为汽油机和柴油机,如图1-1-1所示。汽油机转速高,质量小,噪声小,启动容易,制造成本低;柴油机压缩比大,热效率高,经济性能和排放性能都比汽油机好。

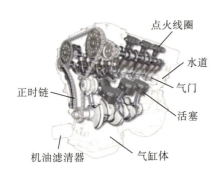

图1-1-1 汽油机(左)、柴油机(右)

1.2 按照行程分类

内燃机按照完成一个工作循环所需的行程数可分为四冲程内燃机和二冲程内燃机,如图1-1-2所示。把曲轴转两圈(720°),活塞在气缸内上下往复运动四个行程,完成一个工作循环的内燃机称为四冲程内燃机;而把曲轴转一圈(360°),活塞在气缸内上下往复运动两个行程,完成一个工作循环的内燃机称为二冲程内燃机。汽车发动机广泛使用四冲程内燃机。

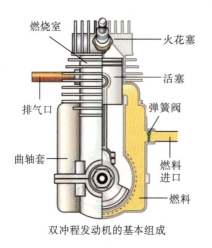
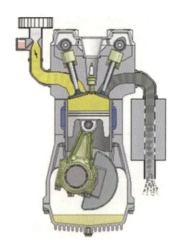

图1-1-2 四冲程内燃机(左)、二冲程内燃机(右)

1.3 按照冷却方式分类

内燃机按照冷却方式不同可以分为水冷式发动机和风冷式发动机,如图1-1-3所示。水冷式发动机是利用在气缸体和气缸盖冷却水套中进行循环的冷却液作为冷却介质进行冷却的;而风冷式发动机是利用流动于气缸体与气缸盖外表面散热片之间的空气作为冷却介质进行冷却的。水冷式发动机冷却均匀,工作可靠,冷却效果好,被广泛地应用于现代车用发动机。

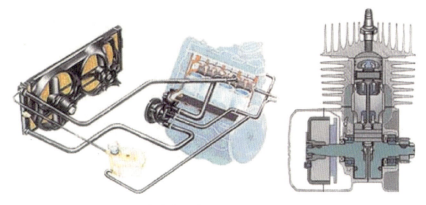

图1-1-3 水冷式发动机(左)与风冷式发动机(右)

1.4 按照气缸数目分类

内燃机按照气缸数目不同可以分为单缸发动机和多缸发动机,如图1-1-4所示。仅有一个气缸的发动机称为单缸发动机;有两个以上气缸的发动机称为多缸发动机。如双缸、三缸、四缸、五缸、六缸、八缸、十二缸等都是多缸发动机。现代车用发动机多采用四缸、六缸、八缸发动机。

 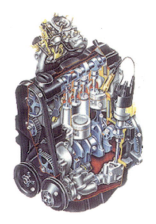

图1-1-4 单缸发动机(左)、多缸发动机(右)

1.5 按照气缸排列方式分类

内燃机按照气缸排列方式不同可以分为单列式内燃机和双列式内燃机。如图 1-1-5 所示。单列式发动机的各个气缸排成一列，一般是垂直布置的，但为了降低高度，有时也把气缸布置成倾斜的甚至水平的；双列式发动机把气缸排成两列，两列之间的夹角小于180°（一般为 90°）时称为 V 形发动机，若两列之间的夹角等于180°称为对置式发动机。

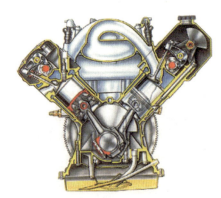

图 1-1-5　单列式内燃机(左)、双列式内燃机(右)

1.6 按照进气系统是否采用增压方式分类

按进气状态不同，活塞式内燃机还可分为非增压和增压两类，如图 1-1-6 所示。若进气是在接近大气状态下进行的，则为非增压内燃机或自然吸气式内燃机；若利用增压器将进气压力增高，进气密度增大，则为增压内燃机（图 1-1-7）。通过增压可以提高内燃机功率。

图 1-1-6　自然吸气(非增压)式发动机(左)，强制进气(增压式)发动机(右)

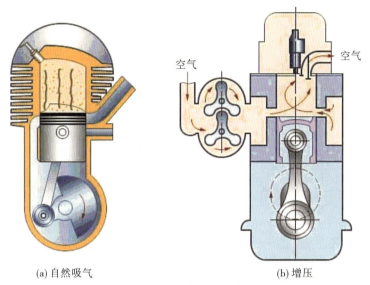

(a) 自然吸气　　　　　　　　　(b) 增压

图 1-1-7　进气原理示意图

2　发动机常规技术概念

（1）上止点：活塞在气缸内做往返运动时，活塞顶部距离曲轴旋转中心最远的位置，如图 1-1-8 所示。

（2）下止点：活塞在气缸内做往返运动时，活塞顶部距离曲轴旋转中心最近的位置。

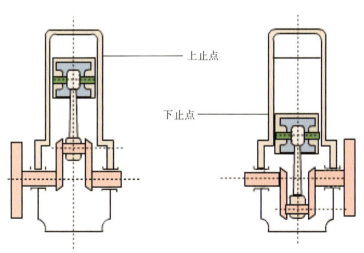

图 1-1-8　上止点、下止点示意图

（3）活塞冲程（行程）：活塞从一个止点到另一个止点移动的距离，如图 1-1-9 所示。

(4) 气缸工作容积：活塞从一个止点运动到另一个止点所经过的容积，一般用 V_h 表示。

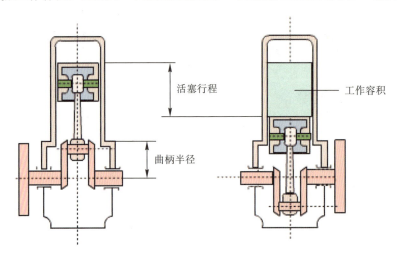

图 1-1-9　活塞冲程、气缸工作容积示意图

(5) 燃烧室容积：活塞位于上止点时其顶部与气缸盖之间的容积，一般用 V_c 表示，如图 1-1-10 所示。

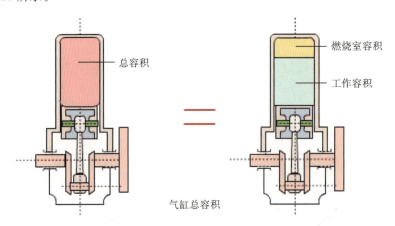

图 1-1-10　气缸燃烧室容积示意图

(6) 气缸总容积：气缸工作容积与燃烧室容积之和为气缸总容积，一般用 V_a 表示，$V_a = V_c + V_h$。

(7) 排量：多缸发动机各缸工作容积的总和，如图 1-1-11 所示。

(8) 压缩比：内燃机气缸总容积与燃烧室容积的比值，一般用 ε 表示。表明吸入气缸内的可燃混合气或新鲜空气被压缩的程度。

$$\varepsilon = V_a/V_c = (V_h + V_c)/V_c = 1 + V_h/V_c$$

汽油机压缩比一般为 6～9，柴油机压缩比一般为 18～23。

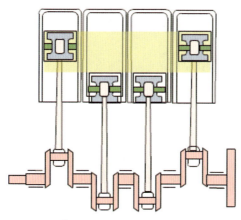

○ 排量=工作容积×气缸数

图 1-1-11　排量与工作容积关系

(9) 有效扭矩:指发动机通过曲轴或飞轮对外输出的扭矩,通常用 T_e 表示,单位为 N·m。有效扭矩是曲轴对外输出的净扭矩。

(10) 有效功率:指发动机通过曲轴或飞轮对外输出的功率,通常用 P_e 表示,单位为 kW。有效功率同样是曲轴对外输出的净功率。它等于有效扭矩和曲轴转速的乘积。发动机的有效功率可以在专用的试验台上用测功器测定,测出有效扭矩和曲轴转速,然后用下面公式计算出有效功率。

$$P_e = T_e \times \frac{2\pi n}{60} \times 10^{-3} = \frac{T_e n}{9550}$$

式中　　T_e —— 有效扭矩,单位为 N·m;

　　　　n —— 曲轴转速,单位为 r/min。

(11) 燃油消耗率:指单位有效功率的燃油消耗量,也就是发动机每发出 1 kW 有效功率在 1 小时内所消耗的燃油质量(以 g 为单位),燃油消耗率通常用 g_e 表示,其单位为 g/(kW·h),计算公式如下:

$$g_e = \frac{1000 G_T}{p_e}$$

式中　　G_T —— 每小时的燃油消耗量,kg/h;

　　　　P_e —— 有效功率,kW。

很明显,有效燃油消耗率越小,表示发动机曲轴输出净功率所消耗的燃油越少,其经济性越好。通常发动机铭牌上给出的有效燃油消耗率 g_e 是最小值。

(12) 升功率:指单位气缸工作容积的利用率,其单位是 kW/L。升功率越大表示单位气缸工作容积所发出的功率越大。当发动机功率一定时,升功率越大发动机的重量利用率就越高,相对而言发动机就越小,材料也越省。升功率的高低反映出发动机的强化程度,其大小主要决定于气缸平均有效压力 p 和转速 n 的乘积。

3 四冲程发动机的工作过程及原理

3.1 四冲程发动机工作原理

四冲程发动机的工作循环包括四个活塞行程,即进气行程、压缩行程、膨胀行程(做功行程)和排气行程。四冲程发动机的工作过程如图1-1-12所示。

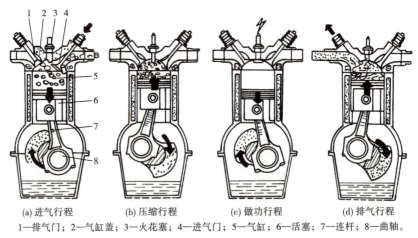

(a) 进气行程　(b) 压缩行程　(c) 做功行程　(d) 排气行程
1—排气门；2—气缸盖；3—火花塞；4—进气门；5—气缸；6—活塞；7—连杆；8—曲轴。
图1-1-12 四冲程发动机工作过程

3.1.1 进气行程

喷油器将燃油喷在气缸外形成可燃混合气,然后吸入气缸。进气行程中,进气门开启,排气门关闭。随着活塞从上止点向下止点移动,活塞上方的气缸容积增大,从而使气缸内的压力降低到大气压力以下,即在气缸内造成真空吸力,这样可燃混合气便经过进气管和进气门被吸入气缸。由于进气系统有阻力,进气终了时气缸内气体压力约为$(0.75\sim0.9)\times101325$ Pa。

3.1.2 压缩行程

在这个行程中,进排气门全部关闭,曲轴推动活塞由下止点向上止点移动。此时可燃混合气压力增大,温度升高。压缩终了时,混合气被压缩到活塞上方的很小空间,即燃烧室。

3.1.3 做功行程

在这个行程中,进排气门仍然关闭,当活塞接近上止点时,装在气缸盖上的火花塞即发出电火花,点燃被压缩的可燃气体。可燃气体燃烧后,放出大量的热量,燃气的压力和温度迅速增加,最高压力可达到$(30\sim50)\times101325$ Pa,温度上升到$2200\sim2800$ K。高温高压的燃气推动活塞从上止点向下止点运动,通过曲轴旋转并输出机械能,除了用于维持发动机本身继续运转外,其余用于对外做功。

活塞下移，汽缸容积增加，气体的压力和温度都下降。当做功行程终了时，活塞运行到下止点，压力降为(3～5)×101325 Pa，温度为1300～1600 K。

3.1.4 排气行程

可燃混合气燃烧后生成的废气，必须从气缸中排出，以便进入进气行程。排气分为自由排气和强制排气阶段。自由排气阶段，当膨胀接近终了时，排气门开启，靠废气的压力进行自由排气。强制排气阶段，当活塞达到下止点后在向上止点移动时，将废气强制排出到大气中。活塞到上止点附近，排气行程结束。排气终了时，气缸内的压力稍高于大气压力。由于燃烧室占有一定的容积，废气不可能排尽，称为残余废气。

四冲程发动机经过进气、压缩、做功和排气四个行程，完成一个工作循环。在这期间活塞在上止点、下止点间往复移动四个行程，曲轴旋转了两周。

3.2 四冲程柴油机的工作原理

四冲程柴油机和四冲程汽油机一样，每个工作循环也包括进气、压缩、做功、排气四个行程。由于柴油和汽油的性质不同，使可燃混合气的形成、着火方式等与汽油机有很大区别。四冲程柴油机工作过程如图1-1-13所示。

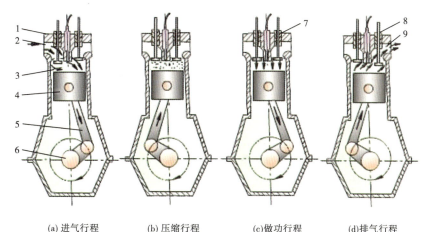

(a) 进气行程　　(b) 压缩行程　　(c) 做功行程　　(d) 排气行程
1—缸体；2—进气道；3—燃烧室；4—活塞；5—连杆；6—曲轴；7—排气门导管；8—排气门；9—排气道。

图1-1-13　四冲程柴油机工作过程

3.2.1 进气行程

四冲程柴油机不同于四冲程汽油机的是进入气缸的不是可燃混合气，而是纯空气。由于进气阻力比汽油机小，上一行程残留的废气温度比较低等原因，进气终了时的压力和温度与汽油机略有不同，压力约为80～95 kPa，温度约为320～350 K。

3.2.2 压缩行程

不同于四冲程汽油机的是压缩的是纯空气，且由于柴油机压缩比较大，压缩终了时的温度和压力都比汽油机高,压力可达 3~5 MPa,温度可达 800~1000 K。

3.2.3 做功行程

此行程与汽油机有很大不同,压缩行程末了,喷油泵将高压柴油经喷油器呈雾状喷入气缸内的高温空气中,迅速汽化并与空气形成混合气,因为此时气缸内的温度远高于柴油的自燃温度(约 500 K 左右),柴油便立即自行着火燃烧,且此后一段时间内边喷射、边混合、边燃烧,气缸内的压力和温度急剧升高,推动活塞下行做功。瞬时压力可达 5~10 MPa,瞬时温度可达 1800~2200 K。随着活塞的下移,压力、温度下降,做功行程终了时压力约为 200~400 kPa,温度约为 1200~1500 K。

3.2.4 排气行程

与汽油机排气行程基本相同,排气终了时气缸内压力约为 105~125 kPa,温度约为 800~1000 K。

柴油机与汽油机比较,压缩比高,热效率高,燃油消耗率低,同时柴油价格较低,因此,柴油机的燃料经济性能好,而且柴油机的排气污染少,排放性能较好。但它的主要缺点是转速低,质量大,噪声大,振动大,制造和维修费用高。在其发展过程中,柴油机不断发扬其优点,克服缺点,提高速度,有望得到更广泛的应用。

4 发动机的总体构造

由于发动机的工作原理相似,基本结构也就大同小异。汽油发动机通常由两大机构五大系统组成,柴油发动机通常是由两大机构四大系统组成(无点火系)。

4.1 曲柄连杆机构

曲柄连杆机构是发动机实现工作循环、完成能量转换的主要运动零件。它由机体组、活塞连杆组和曲轴飞轮组等组成,如图 1-1-14 所示。

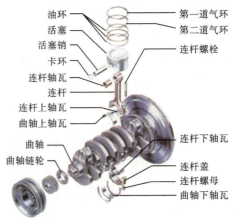

图 1-1-14 曲柄连杆机构

4.2 配气机构

配气机构的功用是根据发动机的工作顺序和工作过程,定时开启和关闭进气门和排气门,使可燃混合气或空气进入气缸,并使废气从气缸内排出,实现换气过程。配气机构大多采用顶置气门式配气机构,通常由气门组、气门传动组和气门驱动组组成,如图1-1-15所示。

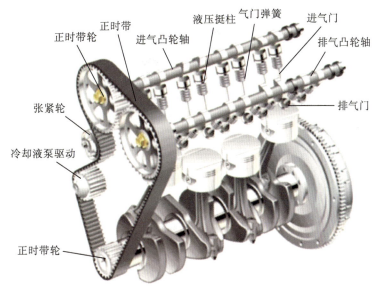

图1-1-15 配气机构

4.3 燃料供给系统

汽油机燃料供给系统的功用是根据发动机的工作要求,配制出一定数量和浓度的混合气,供入气缸,并将燃烧后的废气从气缸内排出到大气中;柴油机燃料供给系统的功用是把柴油和空气分别供入气缸,在燃烧室内形成混合气并燃烧,最后将燃烧后的废气排出。汽油喷射式燃油供给系统如图1-1-16所示。

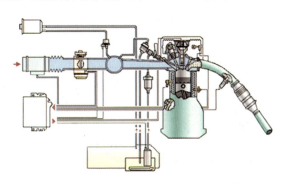

图1-1-16 汽油喷射式燃油供给系统

4.4 点火系统

在汽油机中,气缸内的可燃混合气是靠电火花点燃的,为此在汽油机的气缸盖上装有火花塞。能够按时在火花塞电极间产生电火花的全部设备称为点火系统,如图1-1-17所示。

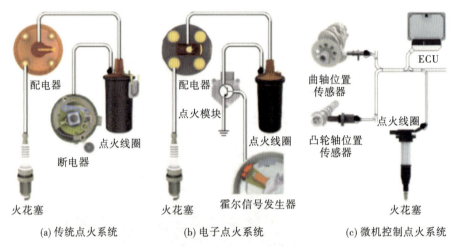

(a) 传统点火系统　　(b) 电子点火系统　　(c) 微机控制点火系统

图1-1-17　点火系统类型及组成图

4.5 启动系统

要使发动机由静止状态过渡到工作状态,必须先用外力转动发动机的曲轴,使活塞做往复运动,直到气缸内的可燃混合气燃烧膨胀做功,推动活塞向下运动使曲轴旋转,发动机才能自行运转。我们把曲轴在外力作用下开始转动到发动机自动怠速运转的全过程,称为发动机的启动。完成启动过程所需的一系列装置,称为发动机的启动系统,如图1-1-18所示。

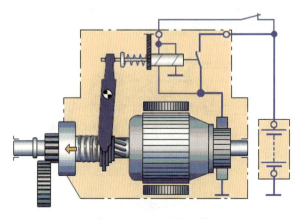

图1-1-18　启动系统

4.6 润滑系统

润滑系统的功用是向做相对运动的零件表面输送一定量的清洁润滑油,以实现液体润滑,减小摩擦阻力,减轻机件的磨损。并对零件表面进行清洗和冷却。润滑系统通常由润滑油道、机油泵、机油滤清器和一些阀等组成,如图1-1-19所示。

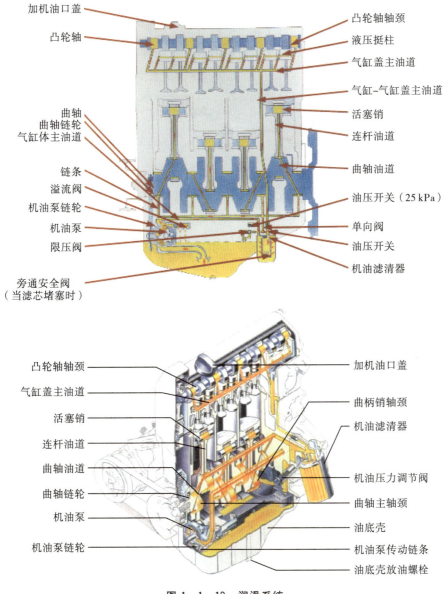

图1-1-19 润滑系统

4.7 冷却系统

冷却系统的功用是将受热零件吸收的部分热量及时散发出去，保证发动机在最适宜的温度下工作。水冷发动机的冷却系统通常由冷却水套、水泵、风扇、水箱、节温器等组成。冷却系统如图1-1-20所示。

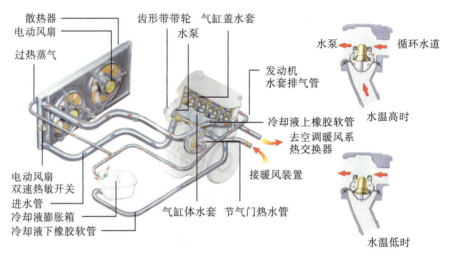

图1-1-20 冷却系统

5 内燃机产品名称和型号编制规则

为了便于在生产、使用、维修与管理的过程中识别各类机型，国家标准（GB/T 725—2008）《内燃机产品名称和型号编制规则》中对内燃机的名称和型号作了统一规定。标准内容如下：

内燃机名称均按所使用的主要燃料命名，例如汽油机、柴油机、天然气机等。

内燃机型号由阿拉伯数字、汉语拼音字母或国际通用的英文缩略字母组成，由以下四部分组成，表示方法如图1-1-21所示。

（1）第一部分：由制造商代码或系列符号组成。本部分代码由制造商根据需要选择相应1～3位字母表示。

（2）第二部分：由气缸数、气缸布置型式符号、冲程型式符号、缸径符号组成。

①气缸数用1～2位数字表示；

②气缸布置型式符号按表1-1-1规定；

③冲程型式为四冲程时符号省略，二冲程用E表示；

④缸径符号一般用缸径或缸径/行程数字表示，宜可用发动机排量或功率数表示。其单位由制造商自定。

（3）第三部分：由结构特征符号、用途特征符号组成。其符号分别按表1-1-2、

表1-1-3的规定。燃料符号见表1-1-4。

(4)第四部分：区分符号。系列产品需要区分时，允许制造商选用适当符号表示。第三部分与第四部分可用"－"隔开。

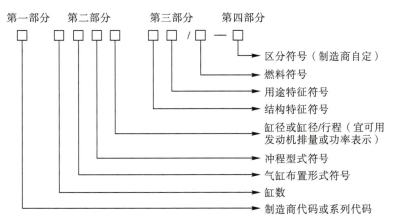

图1-1-21 型号表示方法

表1-1-1 气缸布置型式符号

符号	含义
无符号	多缸直列及单缸
V	V形
P	卧式
H	H形
X	X形

注：其他布置型式符号见GB/T 1883.1—2005《往复式内燃机 词汇 第1部分：发动机设计和运行术语》。

表1-1-2 结构特征符号

符号	结构特征
无符号	冷却液冷却
F	风冷
N	凝气冷却
S	十字头式
Z	增压
ZL	增压中冷
DZ	可倒转

表1-1-3 用途特征符号

符号	用途
无符号	通用型及固定动力(或制造商自定)
T	拖拉机
M	摩托车
G	工程机械
Q	汽车
J	铁路机车
D	发电机组
C	船用主机、右机基本型
CZ	船用主机、左机基本型
Y	农用三轮车(或其他农用车)
L	林业机械

注：内燃机左机和右机的定义按 GB/T 726—1994《往复式内燃机 旋转方向、气缸和气缸盖上气门的标志及直列式内燃机右机、左机和发动机方位的定义》的规定。

表1-1-4 燃料符号

符号	燃料名称	备注
无符号	柴油	
P	汽油	
T	煤层气	管道天然气
CNG	压缩天然气	
LNG	液化天然气	
LPG	液化石油气	
Z	沼气	各类工业化沼气(农业有机废弃物、工业有机废水物、城市污水处理、城市有机垃圾)允许用1～2个字母的形式表示。如"ZN"表示农业有机废弃物产生的沼气
W	煤矿瓦斯	浓度不同的瓦斯允许用1个小写字母的形式表示。如"Wd"表示低浓度瓦斯

续表

符号	燃料名称	备注
M	煤气	各类工业化煤气如焦炉煤气、高炉煤气等。允许在 M 后加 1 个字母区分煤气的类型
S SCZ	柴油/天然气双燃料 柴油/沼气双燃料	其他双燃料用两种燃料的字母表示
M	甲醇	
E	乙醇	
DME	二甲醇	
FME	生物柴油	

注：1. 一般用 1~3 个拼音字母表示燃料，亦可用成熟的英文缩写字母表示。
2. 其他燃料允许制造商用 1~3 个字母表示。

型号编制举例：

1）汽油机

1E65F/P：单缸、二行程、缸径 65 mm、风冷、通用型。

492Q/P-A：四缸、直列、四行程、缸径 92 mm、冷却液冷却、汽车用（A 为区分符号）。

2）柴油机

R165A：单缸、四行程、缸径 65 mm、冷却液冷却（R 为系列代号、A 为区分符号）。

YZ6102Q：六缸直列、四冲程、缸径 102 mm、冷却液冷却、车用（YZ 为扬州柴油机厂代号）。

JC12V26/32ZLC：12 缸、V 形、四冲程、缸径 260 mm、行程 320 mm、冷却液冷却、增压中冷、船用主机、右机基本型（JC 为济南柴油机股份有限公司代号）。

3）煤气机型号

12V190ZL/T：12 缸、V 形、四冲程、缸径 190 mm、冷却液冷却、增压中冷、燃气为天然气。

4）双燃料发动机

G12V190ZLS：12 缸、V 形、缸径 190 mm、冷却液冷却、增压中冷、燃料为柴油/天然气双燃料（G 为系列代号）。

任务实施

1 项目说明

某车主的一辆大众迈腾轿车在使用多年后,出现了严重的烧机油现象,专业技术人员检测后,建议拆卸发动机总成进行大修。

2 技术标准与要求

螺栓和螺母	拧紧力矩(在没有特别说明的情况下,各型号螺栓、螺母要求拧紧力矩)
M6	9 N·m
M7	15 N·m
M8	20 N·m
M10	40 N·m
M12	65 N·m

3 设备器材

项目	内容
设备与零件总成	
常用工具	
耗材及其他	

4 作业流程

(1)燃油系统卸压。

①打开点火开关,利用车辆专用诊断仪,选择菜单选项"发动机电子系统—引导功能—释放燃油系统中的高压"。此时,燃油分配管中仍装有燃料,但燃油压力已不高。

②关闭点火开关。

③释放高压后,必须"立即"打开高压系统。在打开前用一块洁净的布包裹接头。吸干溢出的燃油。

提示:喷射系统由一个高压部分(最高约 2×10^7 Pa)和一个低压部分(约 7×10^5 Pa)组成。打开高压部分前(例如,当拆下高压油泵、燃油分配管、喷油器、燃油管、燃油压力传感器时),必须将高压部分中的燃油压力降低到规定值。

(2)打开冷却液膨胀罐的密封盖(图1-1-22)。

提示:在发动机处于暖机状态时,冷却系统中存在过压。有被高温蒸汽和高温冷却液烫伤的危险。

（3）拆卸左前和右前轮罩内板前部件，脱开电气连接插头1；拔出固定夹3，从散热器上拆下右下冷却液软管，排出冷却液。冷却液膨胀罐如图1-1-23所示。

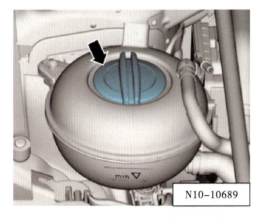

图1-1-22　冷却液膨胀罐密封盖①

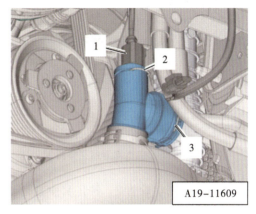

图1-1-23　冷却液膨胀罐

（4）拆卸空气滤清器壳体。

①拧出螺栓1，沿箭头方向松开卡止装置，取下盖板2，如图1-1-24所示。

②脱开冷却液软管2，沿箭头方向松开卡止装置，取下空气导管上部件1，如图1-1-25所示。

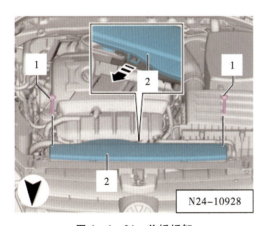

图1-1-24　盖板拆卸

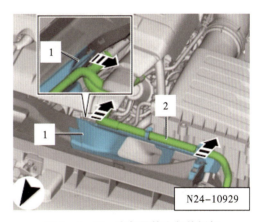

图1-1-25　空气导管上部件拆卸

③拔下真空软管1，松开软管卡箍2，拆下空气导流软管，将空气滤清器壳体3向上从橡胶支座处拔出并翻出。如图1-1-26所示。

（5）断开、拆卸蓄电池，拆卸蓄电池支架1，如图1-1-27所示。

---

① 图中右下角编码为大众汽车维修手册中的图片编号。

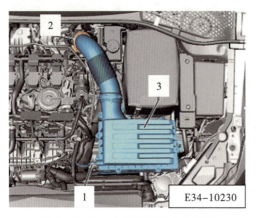

图1-1-26 空气滤清器壳体拆卸

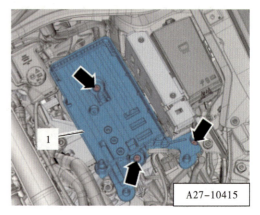

图1-1-27 蓄电池支架拆卸

(6)脱开真空软管2，按压真空软管1上的解锁按钮，将软管从真空泵上拆下，如图1-1-28所示。

(7)拔出固定夹，将冷却液软管从加热装置热交换器上拆下。向下固定住冷却液软管，排出冷却液，如图1-1-29所示。

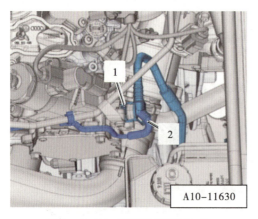

图1-1-28 真空软管脱开方法

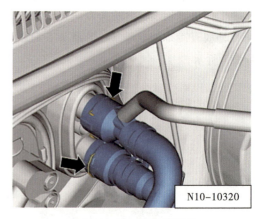

图1-1-29 冷却液排放

(8)拆卸带尾气催化净化器的排气前管。

①将电气连接插头1、2从支架中取出并脱开，脱开电线，如图1-1-30所示。

②脱开氧传感器的线束固定卡，如图1-1-31所示。

③拧下螺栓2，取下螺纹卡箍。拧下螺母1和3，如图1-1-32所示。

④旋出箭头指向螺栓，取下前部桥形架1，如图1-1-33所示。

⑤旋出螺栓，如图1-1-34所示。

⑥松开箭头所指夹紧套，并将夹紧套后移；将前排气管与尾气催化净化器分离；以合适角度取出前排气管，如图1-1-35所示。

模块一 发动机机械部件检修

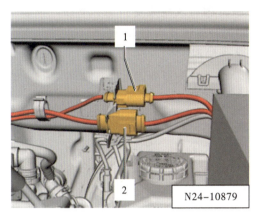

图1-1-30 电气连接插头脱开

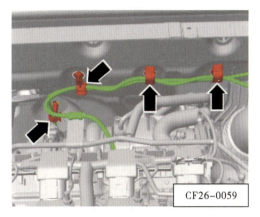

图1-1-31 氧传感器线束固定卡脱开

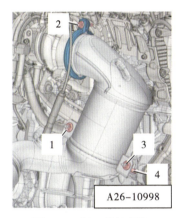

图1-1-32 螺栓拆卸

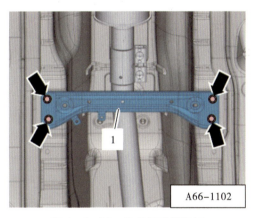

图1-1-33 前部桥形架拆卸

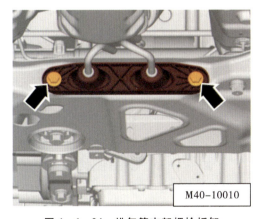

图1-1-34 排气管支架螺栓拆卸

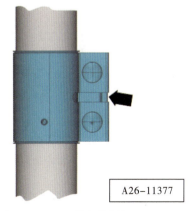

图1-1-35 排气管拆卸

提示：在取出尾气催化净化器时，为防止氧传感器及线束受挤压和磨损，小心地转动尾气催化净化器，将其从副车架和车身之间的合适位置小心取出。

（9）脱开软管接头1和2，脱开箭头指向卡子。如图1-1-36所示。

（10）松开软管卡箍1、2，拆下冷却液软管，松开箭头指向固定夹。如图1-1-37所示。

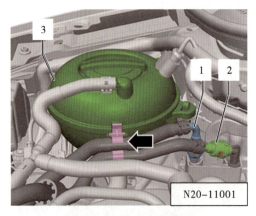

图1-1-36　软管接头脱开

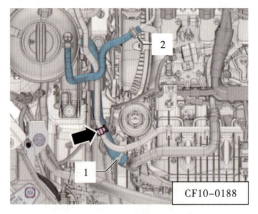

图1-1-37　冷却液软管拆卸

（11）脱开箭头指向固定夹，将左上侧冷却液软管从散热器上拆下。如图1-1-38所示。

（12）断开发动机控制单元J623上的电气连接插头1，将电气连接插头2、3从支架中取出并断开，脱开电线，如图1-1-39所示。

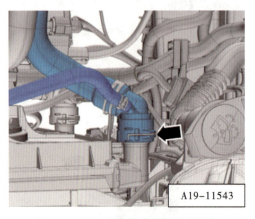

图1-1-38　左上侧冷却液软管拆卸

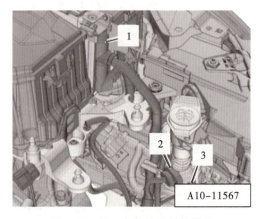

图1-1-39　电气连接接头脱开

（13）脱开箭头指向线束固定卡，如图1-1-40所示。

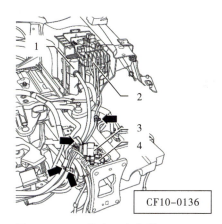

图1-1-40　线束固定卡脱开

(14)松开箭头指向卡子，取下发动机舱电控箱盖板1，如图1-1-41所示。

(15)用螺丝刀松开箭头指向卡子，将发动机舱电控箱盖板1向上拉，如图1-1-42所示。

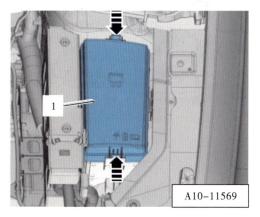

图1-1-41　发动机舱电控箱盖板拆卸

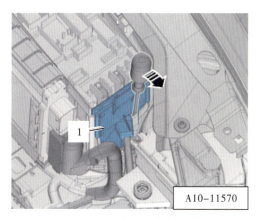

图1-1-42　拉起发动机舱电控箱盖

(16)拧下箭头指向螺母，取下电线并脱开，如图1-1-43所示。

(17)脱开电气连接插头1。将B+电极保护套3压回，并从起动电机电磁开关上拆下B+电线。松开箭头指向螺母，取下接地线。断开双离合器变速箱机械电子单元J743的电气连接插头2，朝逆时针方向转动转锁，如图1-1-44所示。

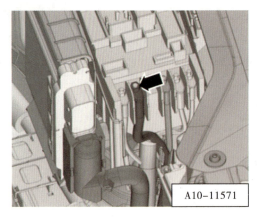
图 1-1-43 电线脱开

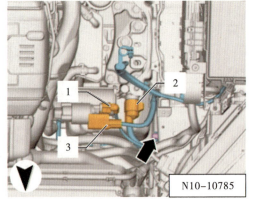
图 1-1-44 双离合器变速箱机械电子单元连接头断开

(18) 将变速箱支座的螺栓拧松约 2 圈,如图 1-1-45 所示。

(19) 将发动机支座的螺栓拧松 2 圈,如图 1-1-46 所示。

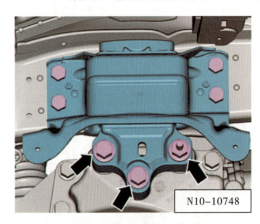
图 1-1-45 变速箱支座螺栓

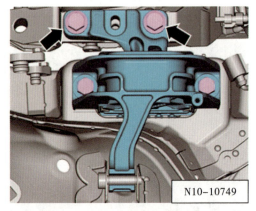
图 1-1-46 发动机支座螺栓

(20) 松开箭头指向软管卡箍,并拆下左侧增压空气软管 A,如图 1-1-47 所示。

图 1-1-47 左侧增压空气软管拆卸

(21) 沿箭头 A 方向拔出锁止卡，拔下散热器风扇连接插头 1；沿箭头 B 方向按压卡子，然后向上拔出散热器风扇并将其拆下，如图 1-1-48 所示。

(22) 松开软管卡箍 1 和 2，拆下右侧增压空气软管。用发动机密封塞套件中的干净密封塞封闭敞开的管路和接口，如图 1-1-49 所示。

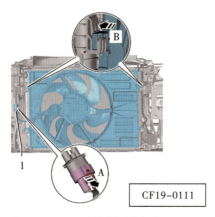

图 1-1-48 散热器风扇拆卸

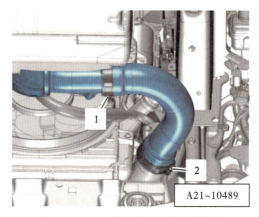

图 1-1-49 右侧增加空气软管拆卸

(23) 用散热器保护垫盖住散热器，如图 1-1-50 所示。

(24) 脱开卡子 3，取下冷却液软管并置于一旁；拧出箭头指向螺栓；松开软管卡箍 2；将电气连接插头 1 从增压压力传感器 G31 上脱开；取下空气导管，如图 1-1-51 所示。

图 1-1-50 散热器保护垫安装

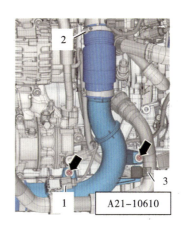

图 1-1-51 空气导管拆卸

(25) 在拆卸多楔皮带之前用粉笔或记号笔标记转动方向，以便重新安装；为了松开多楔皮带，顺时针转动张紧装置；将多楔皮带从空调压缩机的多楔皮带轮上取下，然后松开张紧装置。必要时取下定位芯棒（T10060 A），如图 1-1-52 所示。

(26) 脱开空调压缩机调节阀上的电气连接插头 1；拧出箭头指向螺栓；将空调压

缩机连同连接的制冷剂软管从支架上取下，然后绑在右侧高处，同时不得过度拉伸、弯折或弯曲制冷剂管路和软管；从法兰轴上拧下左侧和右侧万向轴，如图1-1-53所示。

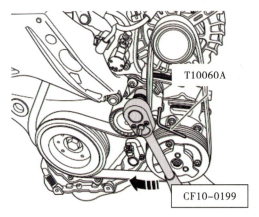
图1-1-52 松开张紧装置

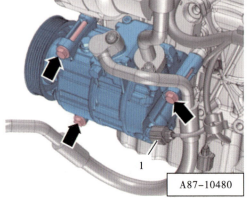
图1-1-53 拆下空调压缩机

(27)拆下机油油位和机油温度传感器的插头1，如图1-1-54所示。

(28)旋出箭头指向螺母，将冷却液继续补给泵2置于一旁，如图1-1-55所示。

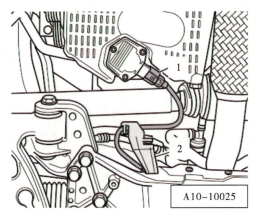
图1-1-54 断开机油油位和机油温度传感器的插头

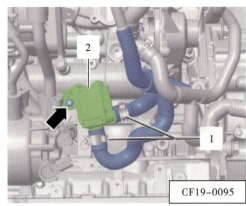
图1-1-55 冷却液继续补给泵拆卸

(29)旋出箭头指向螺栓，取下支架1；将支架置于维修位置，如图1-1-56所示。

(30)将发动机支架(T10359)装到气缸体上；用间隔套将螺栓A拧紧在气缸体上；用防松件B固定发动机并略微抬高发动机和变速箱，如图1-1-57所示。

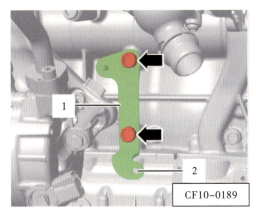
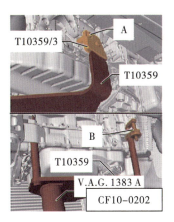

图1-1-56　支架拆卸　　　　　图1-1-57　发动机支架安装

(31)完全拧出箭头指向的发动机支座螺栓，如图1-1-46所示。

(32)降下发动机、变速箱总成，同时检查发动机、变速箱和车身之间的所有真空管路或电线是否松动，如图1-1-58所示。

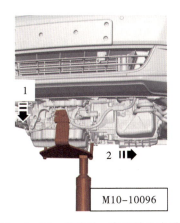

图1-1-58　发动机、变速器总成脱开

(33)其他步骤与拆卸步骤相反即可完成发动机总成安装。

5 填写考核工单

一、查询并记录发动机信息					
发动机类型		发动机排量		选装代码	
缸径		压缩比		点火顺序	
二、查询用户手册记录发动机保养项目里程及周期					
冷却液排出步骤		第 章 节 页		暖机状态排放 冷却液注意事项	
空气滤清器壳体拆装步骤		第 章 节 页		空气导管上部件 拆卸注意事项	
带尾气催化净化器的 排气前管拆装步骤		第 章 节 页			
发动机控制单元 断开步骤		第 章 节 页			
散热器风扇 拆装步骤		第 章 节 页			
空调压缩机 拆装步骤		第 章 节 页			
降下发动机、变速箱 总成拆装步骤		第 章 节 页			

自我测试

(1) 简述四冲程汽油机工作过程。

(2) 柴油机与汽油机在可燃混合气形成方式和点火方式上有何不同?它们所用的压缩比为何不一样?

(3) BJ492QA型发动机有4个缸,气缸直径92 mm,活塞行程92 mm,压缩比为6,计算其每缸的工作容积、燃烧室容积及发动机排量。

(4) 简述发动机总成的拆装流程及技术要点。

拓展学习

智能变缸发动机

在发动机高负荷运转时,可使用较大的气门升程增加进气量,从而改善发动机的动力输出;在低负荷时则使用较小的气门升程,限制进气量,以达到减少喷油量提升燃油经济性的目的。而在巡航或滑行工况下,只需直接切换到没有升程的凸轮上,即可将发动机第2、第3缸的气门关闭,来实现两缸超经济模式,但是这种"超经济模式"在高速巡航状态下是无法使用的,因为两个气缸的动力输出无法满足发动机正常的运转。而在发动机闭缸工作时,关闭了一半的气缸,理论上来讲该工况下油耗要降低约50%,但事实是发动机第2、第3缸虽然不做功,但每一个活塞都通过连杆与曲轴相连,只要曲轴运动,所有活塞一样会随着曲轴继续做往复运动,这也就消耗了部分能量。不过总体来讲油耗还是有所减少的。

任务 2

配气机构拆装量测检修

任务引入

某顾客的大众迈腾轿车最近出现动力下降、机油消耗过快的现象，初步判断可能的故障原因是配气机构部件存在问题，需对发动机体进行分解，进一步查找原因并排除。

学习目标

（1）掌握配气机构各部件的结构、功能；
（2）能够按照工艺规范完成气门组等拆装；
（3）能够正确查询汽车维修资料，完成气门组测量；
（4）能够快速准确地选用及使用专业工具进行操作；
（5）提升团队合作、密切协作的能力；
（6）养成自主学习、遵守车间7S管理规范的习惯；
（7）培养严谨求实、精益求精的工作作风。

知识准备

1 配气机构概述

目前，四冲程汽车发动机一般都采用气门式配气机构。其功用是按照发动机的工作顺序和工作循环的要求，定时开启和关闭各缸的进气门、排气门，使新气进入气缸，废气从气缸排出。所谓新气，对于汽油机来说是汽油和空气的混合物，对于柴油机则为纯净的空气。

进入气缸内的新气数量（或称进气量）对发动机性能的影响很大。进气量越多，发动机发出的有效功率和转矩越大。因此，配气机构首先要保证进气充分，进气量尽可能多；同时，废气要排除干净，因为气缸内残留的废气越多，进气量将会越少。当进气门、排气门关闭时，保证气缸密封。配气机构的运动件应该具有较小的质量和较大的刚度，以使配气机构具有良好的动力特性。

新鲜空气或可燃混合气充满气缸的程度，用充气效率 η_v 表示。其公式如下：

$$\eta_v = M/M_0$$

式中　　M —— 进气过程中，实际充入气缸的新鲜空气或可燃混合气的质量；

　　　　M_0 —— 理想状态下，充满气缸工作容积的新鲜空气或可燃混合气的质量。

充气效率 η_v 是衡量发动机换气质量的参数。η_v 越高，表明进入气缸的新气越多。对于一定工作容积的发动机而言，充气效率与进气终了时气缸内的压力和温度有关。压力越高，温度越低，则一定容积的气体质量就越大，因而充气效率越高。

2　配气机构的组成

配气机构由气门组和气门传动组两部分组成，气门组由气门、气门座、气门弹簧、气门锁片、气门导管和上气门弹簧座等组成。气门传动组由凸轮轴正时齿形带轮、凸轮轴、挺柱体、正时齿形带等组成，如图1-2-1所示。

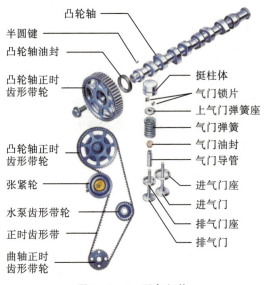

图1-2-1　配气机构

2.1　气门组的结构

气门组由气门、气门导管、气门座、气门弹簧及气门锁夹等组成，如图1-2-2所示。有的进气门还设有气门旋转机构。气门组应保证气门对气缸的密封性，并有以下要求：

模块一 发动机机械部件检修

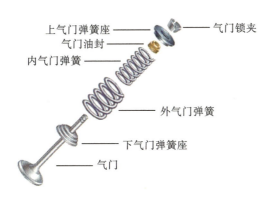

图1-2-2 气门组的基本组成

(1)具有耐热性及良好导热性。
(2)在高温下不会发生氧化熔蚀。
(3)在高温下仍能保持其硬度与强度,耐冲击。
(4)具有良好的耐磨性。

2.1.1 气门

气门的工作条件非常恶劣。首先,气门直接与高温燃气接触,受热严重,而散热困难,因此气门温度很高。其次,气门承受气体力和气门弹簧力以及配气机构运动件的惯性力和冲击力的作用。最后,气门在润滑条件很差的情况下以极高的速度启闭并在气门导管内做高速往复运动。此外,气门由于与高温燃气中有腐蚀性的气体接触而受到腐蚀。

2.1.1.1 气门头部

汽车发动机的进气门、排气门均为菌形气门,由气门头部和气门杆两部分构成,如图1-2-3所示。气门顶面有平顶、凹顶和凸顶等形状,如图1-2-4所示。目前应用最多的是平顶气门,其结构简单、制造方便、受热面积小,进气门、排气门都可采用。通常进气门的头部外径比排气门大,这有利于进气。进气门、排气门头部有时会分别打上IN、EX字样,以作区别。

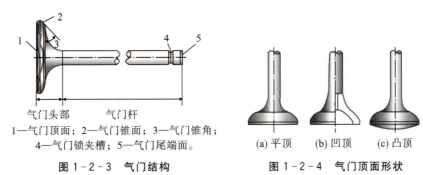

1—气门顶面;2—气门锥面;3—气门锥角;
4—气门锁夹槽;5—气门尾端面。

图1-2-3 气门结构   图1-2-4 气门顶面形状

35

气门与气门座或气门座圈之间靠锥面密封。气门锥面与气门顶面之间的夹角称为气门锥角。进气门、排气门的气门锥角一般均为45°，只有少数发动机的进气门锥角为30°，如图1-2-5所示。

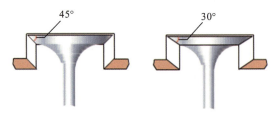

图1-2-5 气门锥角

气门锥角的作用：
①获得较大的气门座合压力，提高密封性。扩大导热面积，提高导热性能；
②气门落座时有较好的对中、定位作用；
③在相同气门升程条件下，能使气流的通过断面积增大，进气阻力降低，提高进气速度和进气量，避免气流拐弯过大而降低流速。

2.1.1.2 气门杆部

气门杆是圆柱形的，在气门导管中不断地进行上下往复运动。气门杆有较高的加工精度和较低的粗糙度，与气门导管保持较小的配合间隙，以减小磨损，并起到良好的导向和散热作用。气门尾端的形状决定于上气门弹簧座的固定方式。采用剖分成两半且外表面为锥面的气门锁夹来固定上气门弹簧座。气门锁夹内表面有多种形状，相应地气门尾端也有各种不同形状的气门锁夹槽，如图1-2-6所示。

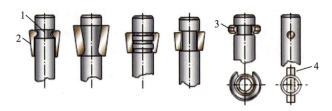

1—气门尾端；2—气门锁夹；3—卡块；4—圆柱销。

图1-2-6 气门尾端的形状

2.1.2 气门导管

气门导管的功用是对气门的运动导向，保证气门做直线往复运动，使气门与气门座或气门座圈能正确贴合，如图1-2-7所示。此外，还将气门杆接受的热量部分地传给气缸盖。气门导管的工作温度较高，靠配气机构工作时飞溅起来的机油来润滑气门杆和气门导管孔，润滑条件较差。气门导管由灰铸铁、球墨铸铁或铁基粉末冶金制造。

在以一定的过盈将气门导管压入气缸盖上的气门导管座孔之后,再精铰气门导管孔,以保证气门导管与气门杆的正确配合间隙。

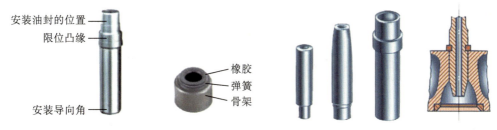

图 1-2-7 气门导管

2.1.3 气门座

气缸盖上与气门锥面相贴合的部位称气门座。气门座圈如图 1-2-8 所示。气门座的温度很高,又承受频率极高的冲击载荷,容易磨损。因此,铝气缸盖和大多数铸铁气缸盖,均镶嵌了由合金铸铁或粉末冶金或奥氏体钢制成的气门座圈,以延长气缸盖的使用寿命。也有一些铸铁气缸盖不镶气门座圈,直接在气缸盖上加工气门座。

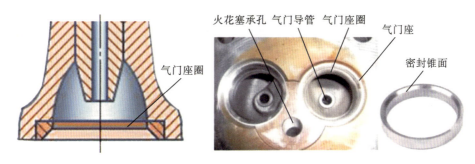

图 1-2-8 气门座圈

2.1.4 气门弹簧

气门弹簧(图 1-2-9)的功用是保证气门关闭时能紧密地与气门座或气门座圈贴合,并克服在气门开启时配气机构产生的惯性力,使传动件始终受凸轮控制而不相互脱离。

气门弹簧一般为等螺距圆柱形螺旋弹簧。当气门弹簧的工作频率与其固有的振动频率相等或为整数倍时,气门弹簧就会发生共振。共振时将使配气定时遭到破坏,使气门发生反跳和冲击,甚至使弹簧折断。为防止共振的发生,可采取下列结构措施:

(1)采用双气门弹簧,如图 1-2-10 所示。在柴油机和高性能汽油机上广泛采用双气门弹簧,每个气门安装两个直径不同,旋向相反的内、外弹簧。由于两个弹簧的固有频率不同，当一个弹簧发生共振时，另一个弹簧能起到阻尼减振作用。采用双气门弹簧可以减小气门弹簧的高度，而且当一个弹簧折断时，另一个弹簧仍可维持气门工作。弹簧旋向相反，可以防止折断的弹簧圈卡入另一个弹簧圈内使其不能工作或损坏。

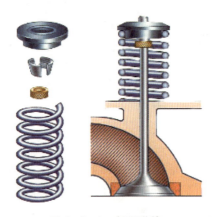

图 1-2-9　气门弹簧

图 1-2-10　双气门弹簧

(2) 变螺距气门弹簧，如图 1-2-11 所示。某些高性能汽油机采用变螺距单气门弹簧。变螺距弹簧的固有频率不是定值，从而可以避免共振。

(3) 锥形气门弹簧，如图 1-2-12 所示。锥形气门弹簧的刚度和固有振动频率沿弹簧轴线方向发生变化，因此可以减小发生共振的可能性。

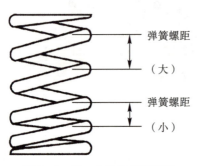

图 1-2-11　变螺距气门弹簧

图 1-2-12　锥形气门弹簧

2.1.5　气门旋转机构

当气门工作时，如能进行缓慢的旋转运动，可使气门头部周向温度分布比较均匀，从而减小气门头部的热变形。同时，气门旋转时，在密封锥面上产生轻微的摩擦力，能够清除锥面上的沉积物。气门旋转机构如图 1-2-13 所示。

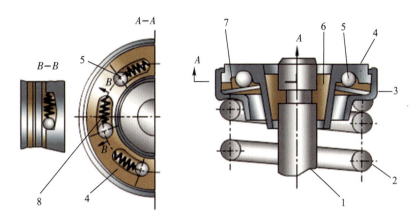

1—气门；2—气门弹簧；3—气门弹簧座；4—旋转机构壳体；5—钢球；6—气门锁夹；
7—蝶形弹簧；8—复位弹簧。

图 1-2-13　气门旋转机构

2.2　气门传动组的结构

气门传动组是指从正时齿轮开始至推动气门动作的所有零件，包括凸轮轴、正时带轮、液压挺柱，如图 1-2-14 所示。有的发动机采用摇臂结构，气门传动组中还包括推杆、摇臂、摇臂轴等部件。

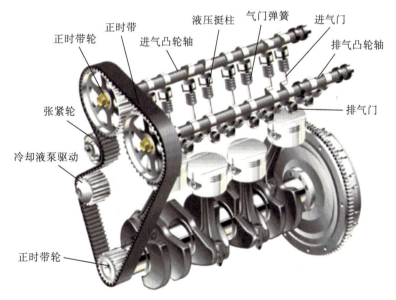

图 1-2-14　气门传动组

2.2.1 凸轮轴

凸轮轴是气门传动组中最主要的零件,其作用是驱动和控制各缸气门的开启、关闭,使其符合发动机的工作顺序、配气相位及气门开度的变化规律等要求。此外,有些汽油机还用它来驱动汽油泵、机油泵和分电器等。

凸轮轴主要由凸轮和轴颈等组成(图1-2-15)。多缸发动机的凸轮轴,按气缸工作顺序,布置了一系列的凸轮。根据发动机的总体布置,在一根凸轮轴上,可以单独配置进气凸轮或排气凸轮,也可以同时配置进气凸轮和排气凸轮。

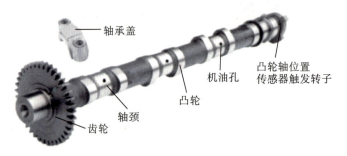

图1-2-15 凸轮轴结构

凸轮轴上各同名凸轮(各进气凸轮或各排气凸轮)的相对角位置与凸轮轴旋转方向、发动机工作顺序及气缸数或做功间隔角有关。如果从发动机风扇端看,凸轮轴逆时针方向旋转,则工作顺序为1-3-4-2的四缸发动机其做功间隔角为180°(720°/4=180°)曲轴转角,相当于90°凸轮轴转角,即各同名凸轮间的夹角为90°。对于工作顺序为1-5-3-6-2-4的六缸发动机,其同名凸轮间的夹角为60°,如图1-2-16所示。同一气缸的进气、排气凸轮的相对角位置即异名凸轮相对角位置,决定于配气定时及凸轮轴旋转方向。

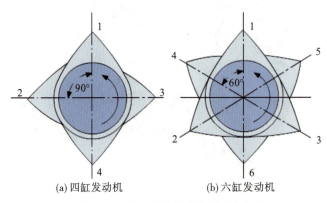

(a) 四缸发动机   (b) 六缸发动机

图1-2-16 同名凸轮的相对角位置

2.2.2 挺柱

挺柱是凸轮的从动件,其功用是将来自凸轮的运动和作用力传给推杆或气门,同时还承受凸轮所施加的侧向力,并将其传给机体或气缸盖。

2.2.2.1 机械挺柱

机械挺柱的结构简单,质量轻,在中、小型发动机中应用比较广泛。机械挺柱上的推杆球面支座的半径比推杆球头半径略大,以便在两者中间形成楔形油膜来润滑推杆球头和挺柱上的球面支座,如图1-2-17所示。

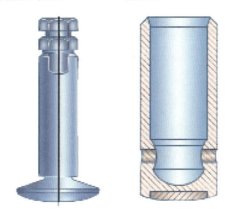

图1-2-17 机械挺柱

2.2.2.2 液力挺柱

气门处于关闭状态时,气门与传动件之间的间隙称为气门间隙,如图1-2-18所示。

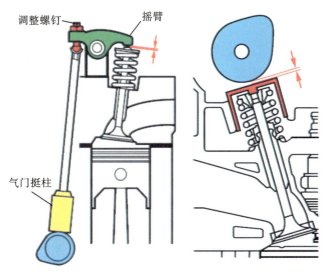

图1-2-18 气门间隙

发动机工作时，气门及其传动件，如挺柱、推杆等都将因为受热膨胀而伸长。如果气门与其传动件之间，在冷态时不预留间隙，则在热态下由于气门及其传动件膨胀伸长而顶开气门，破坏气门与气门座之间的密封，造成气缸漏气，从而使发动机功率下降，启动困难，甚至不能正常工作。气门间隙既不能过大，也不能过小。间隙过小，不能完全消除上述弊病；间隙过大，在气门与气门座以及各传动件之间将产生撞击和响声。最适当的气门间隙由发动机制造厂根据试验确定。

在配气机构中预留气门间隙将使发动机工作时配气机构产生撞击和噪声。为了消除这一弊端，有些发动机尤其是轿车发动机采用液力挺柱，借以实现零气门间隙。气门及其传动件因温度升高而膨胀，或因磨损而缩短，都会由液力作用来自行调整或补偿，如图1-2-19所示。

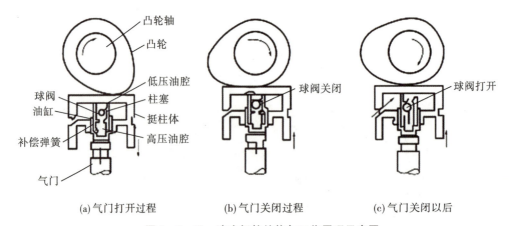

图 1-2-19　液力挺柱结构与工作原理示意图

2.2.3　气门推杆

推杆的作用是将凸轮轴经过挺柱传来的推力传递给摇臂，它是配气机构中最易弯曲的细长零件。为了减小质量并保证有足够的刚度，推杆通常由冷拔无缝钢管制成，对于缸体和缸盖都是铝合金制造的发动机，其推杆最好用硬铝制造。推杆可以是实心的，也可以是空心的。实心推杆[图1-2-20(a)]一般是同球形支座锻成一个整体，然后进行热处理。图1-2-20(b)是硬铝棒制成的推杆，推杆两端配以钢制的支承，其上、下端头与杆身做成一体。空心推杆如图1-2-20(c)、(d)所示，前者的球头与杆身做成整体，后者的两端与杆身通过焊接或压配方式联成一体，且具有不同的形状，这不仅为了与摇臂上的气门间隙调整螺钉的球形头部相适应，而且还可以在凹球内积存少量的润滑油以减少磨损。

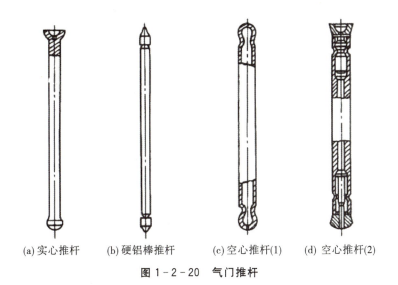

(a) 实心推杆　(b) 硬铝棒推杆　(c) 空心推杆(1)　(d) 空心推杆(2)

图 1-2-20　气门推杆

2.2.4　摇臂

摇臂的功用是将推杆和凸轮的运动和作用力改变方向传给气门使其开启,如图 1-2-21 所示。摇臂在摆动过程中承受很大的弯矩,因此应有足够的强度和刚度以及较小的质量。摇臂由锻钢、可锻铸铁、球墨铸铁或铝合金制造。摇臂是一个双臂杠杆,以摇臂轴为支点,两臂不等长。短臂端加工有螺纹孔,用来拧入气门间隙调整螺钉。长臂端加工成圆弧面,是推动气门的工作面。

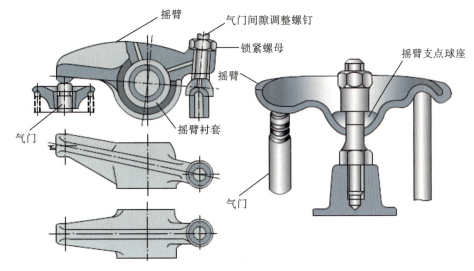

图 1-2-21　摇臂

2.2.5 摆臂与气门间隙自动补偿器

摆臂的功用与摇臂相同。两者的区别只在于摆臂是单臂杠杆，其支点在摆臂的一端。在许多轿车发动机上用气门间隙自动补偿器代替摆臂支座实现零气门间隙。气门间隙自动补偿器无论是结构或是工作原理都与液力挺柱相同，之所以不称其为液力挺柱，是因为它不是凸轮的从动件，仅仅是摆臂的一个支承而已。因此，它既是摆臂的支座又是补偿气门间隙变化的装置。摆臂与气门间隙自动补偿器如图1-2-22所示。

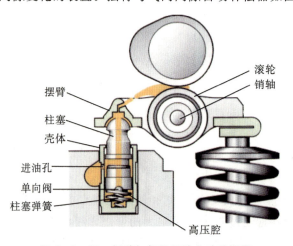

图1-2-22 摆臂与气门间隙自动补偿器

3 配气机构的类型

3.1 按凸轮轴布置形式分类

凸轮轴布置形式可分为凸轮轴下置式、中置式和上置式3种，如图1-2-23所示。

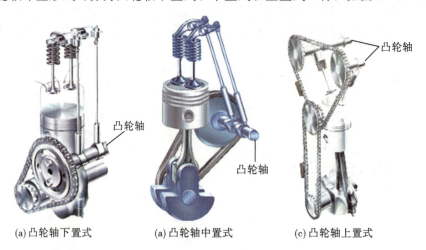

(a) 凸轮轴下置式　　(a) 凸轮轴中置式　　(c) 凸轮轴上置式

图1-2-23 凸轮轴布置形式

(1)凸轮轴下置式:凸轮轴位于曲轴箱中部,主要缺点是气门和凸轮轴相距较远,因而气门传动零件较多,结构较复杂,发动机高度也有所增加。

(2)凸轮轴中置式:凸轮轴位于缸体上部,由凸轮轴经过挺柱直接驱动摇臂,省去了推杆。

(3)凸轮轴上置式:凸轮轴位于气缸盖上,凸轮轴通过挺柱直接驱动气门,配气机构的往复运动质量更小,特别适用于高速发动机。

3.2 按气门的布置形式分类

气门布置形式分为气门侧置式和气门顶置式(图1-2-24)。气门位于气缸体侧面称为气门侧置式配气机构,由凸轮、挺柱、气门和气门弹簧等组成。省去了推杆、摇臂等零件,简化了结构。因为它的进排气门在气缸的一侧,压缩比受到限制,进排气门阻力较大,发动机的动力性和高速性均较差,逐渐被淘汰。

气门位于气缸盖上称为气门顶置式配气机构,由凸轮、挺柱、推杆、摇臂、气门和气门弹簧等组成。其特点是进气阻力小,燃烧室结构紧凑,气流搅动大,能达到较高的压缩比,目前汽车发动机基本都采用气门顶置式配气机构。

(a) 气门侧置式　　(b) 气门顶置式

图1-2-24　气门布置形式

3.3 按曲轴和凸轮轴的传动方式分类

凸轮轴传动方式有齿轮传动式、链条传动式和齿带传动式三种,如图1-2-25所示。

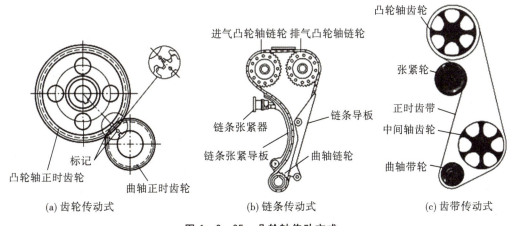

(a) 齿轮传动式　　(b) 链条传动式　　(c) 齿带传动式

图1-2-25　凸轮轴传动方式

（1）齿轮传动式：凸轮轴下置、中置的配气机构大多采用圆柱形正时齿轮传动，一般从曲轴到凸轮轴只需一对正时齿轮传动，若齿轮直径过大，可增加一个中间齿轮。为了啮合平稳，减小噪声，正时齿轮多用斜齿。

（2）链条传动式和齿带传动式：凸轮轴上置的配气机构多采用这种传动方式，但其工作可靠性和耐久性不如齿轮传动式。其齿带传动噪声小、工作可靠、成本低。

3.4 按每气缸气门数目分类

一般发动机都采用每缸两个气门，即一个进气门和一个排气门的结构，如图1-2-26所示。为了改善换气，在可能的条件下，应尽量加大气门的直径，特别是进气门的直径。但是由于燃烧室尺寸的限制，气门直径最大一般不能超过气缸直径的一半。当气缸直径较大，活塞平均速度较高时，每缸一进一排的气门结构就不能保证良好的换气质量。因此，在很多汽车发动机上多采用每缸四个气门结构，即两个进气门和两个排气门，甚至出现了五气门结构，即三进两出。

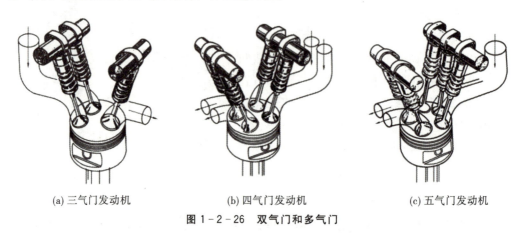

(a) 三气门发动机　　(b) 四气门发动机　　(c) 五气门发动机

图1-2-26　双气门和多气门

3.5 按凸轮轴驱动形式分类

配气机构按气门驱动形式分类，可分为摇臂驱动、摆臂驱动和直接驱动三种类型。

（1）摇臂驱动、单凸轮轴上置式配气机构。凸轮轴推动液力挺柱，液力挺柱推动摇臂，摇臂再驱动气门；或凸轮轴直接驱动摇臂，摇臂驱动气门，如图1-2-27所示。

（2）摆臂驱动、凸轮轴上置式配气机构。由于摆臂驱动气门的配气机构比摇臂驱动式刚度更好，更适用于高速发动机，因此在轿车发动机上的应用比较广泛，如图1-2-28所示。

（3）直接驱动、凸轮轴上置式配气机构。这种形式的配气机构，凸轮通过吊杯形机械或液压挺柱驱动气门。与上述各种形式的配气机构相比，直接驱动式配气机构的刚度最大，驱动气门的能量损失最小，因此，在高度强化的轿车发动机上得到广泛的应用，如图1-2-29所示。

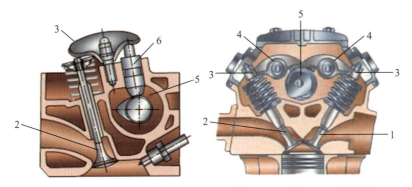

1—进气门；2—排气门；3—摇臂；4—摇臂轴；5—凸轮轴；6—液力挺柱。
图 1-2-27 摇臂驱动、单凸轮轴上置式配气机构

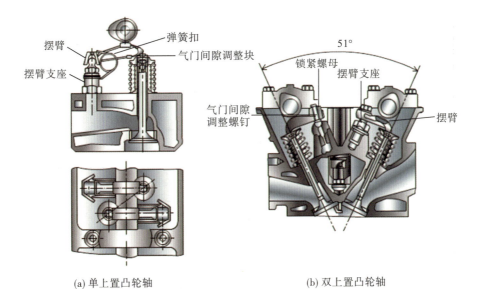

(a) 单上置凸轮轴　　　　　　(b) 双上置凸轮轴
图 1-2-28 摆臂驱动、凸轮轴上置式配气机构

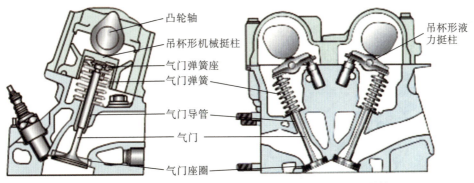

(a) 单上置凸轮轴　　　　　　(b) 双上置凸轮轴
图 1-2-29 直接驱动、凸轮轴上置式配气机构

任务实施

1 作业说明

发动机存在烧机油严重的问题,经检查把故障锁定在配气机构,经进一步分析,怀疑上次发动机大修时,将进排气门杆油封装反所致,需通过拆卸后重新装配。本作业是在气缸盖已拆下的情况进行的。

2 技术标准与要求

气门导管磨损极限/mm	进气门导管 0.80,排气门导管 0.80
气门头部直径/mm	进气门 33.85±0.10,排气门 28.0±0.1
气门杆杆部直径/mm	进气门 5.98±0.01,排气门 5.96±0.1
气门杆长度/mm	进气门 104.0±0.2,排气门 101.9±0.2
气门锥角/(°)	进气门 45,排气门 45

3 设备器材

设备与零件总成	
常用工具	
专用工具	
耗材及其他	

4 作业流程

操作视频 1

(1)按图 1-2-30 所示使用气门弹簧压力器,压缩气门弹簧并拆下 2 个气门锁片、挡圈和弹簧座。

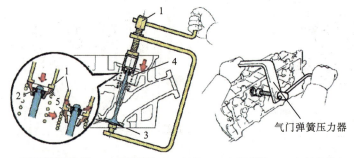

1—气门弹簧压力器;2—气门锁片;3—气门;4—气门弹簧;5—气门弹簧座。
图 1-2-30 气门弹簧拆卸方法

①设置气门弹簧压力器,使其与气门和弹簧座底部在同一直线上。
②上紧气门弹簧压力器,使其压缩弹簧并拆卸两块气门锁片。
③松开气门弹簧压力器,拆卸弹簧座和弹簧,然后将气门朝燃烧室方向往外拉,拆卸气门。

(2)拆下气门杆油封和气门弹簧座,如图1-2-31所示。
①使用尖嘴钳夹住油封底部的金属部分,然后拆下油封。
提示:不要拉油封的橡胶部分,因为容易损坏橡胶。
②使用一把螺丝刀,撬起气门弹簧座,再用磁力手柄,将气门弹簧座取出。

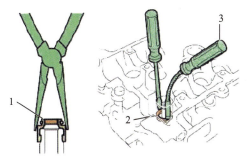

1—气门杆油封;2—气门弹簧座;3—磁力手柄。
图1-2-31 气门杆油封和气门弹簧座拆卸方法

(3)使用百分表检测气门导管,确定松旷间隙,如图1-2-32所示。将气门插入气门导管中。气门杆末端必须紧贴导管。因为杆直径不同,进气门只能用在进气门导管中,而排气门只能用在排气门导管中。

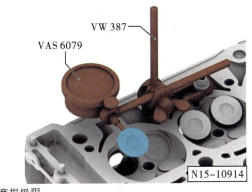

磨损极限

进气门导管	排气门导管
0.80 mm	0.80 mm

图1-2-32 气门导管检测

(4)使用千分尺器与游标卡尺检测气门尺寸,如图1-2-33所示。

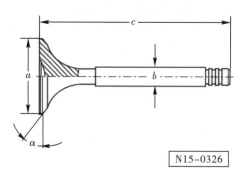

项目	进气门尺寸	排气门尺寸
$\varnothing a$/mm	33.85±0.10	28.0±0.1
$\varnothing b$/mm	5.98±0.01	5.96±0.01
c/mm	104.0±0.2	101.9±0.2
a/(°)	45	45

图1-2-33 气门尺寸检测

(5)拆下气门导管。使用气门导管拆卸和更换工具组、气门杆油封更换工具和锤子使导管衬套通过燃烧室敲出,如图1-2-34所示。

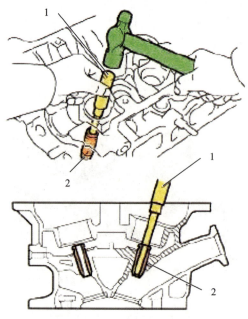

1—拆卸和更换工具;2—气门导管衬套。

图1-2-34 气门导套拆卸方法

(6)安装气门导管。使用气门杆油封更换工具、100号手柄和锤子将新导套敲入规定的凸起高度,如图1-2-35所示。

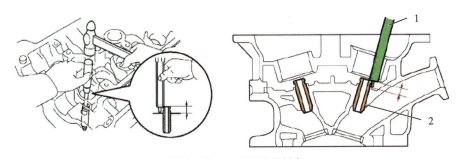

1—游标卡尺;2—气门导管衬套。

图1-2-35 气门导管衬套安装方法

(7)按图1-2-36所示,使用铰刀,清理导管衬套里面的毛刺。

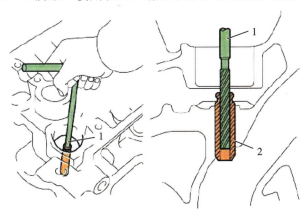

1—铰刀;2—气门导管衬套。

图1-2-36 气门导管衬套内表面处理方法

(8)安装气门弹簧座。

(9)安装气门杆油封。

①取适量机油涂抹至气门杆油封的唇部。

②将气门杆油封固定在气门杆油封更换工具上,如图1-2-37所示。

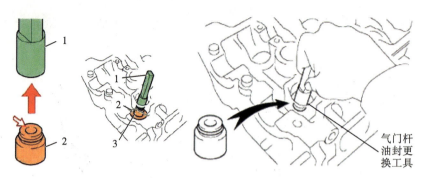

1—气门杆油封更换工具；2—气门杆油封；3—弹簧座。

图1-2-37　气门杆油封安装方法

③将气门杆油封直接推入气门导管衬套中。

(10) 安装内压缩弹簧，如图1-2-38所示。

①使用适量机油涂抹在气门杆上，然后将杆从燃烧室插入气门导管中。

②确保气门能够平滑移动。

③安装弹簧和弹簧座。

④设置气门弹簧压缩器与气门位于同一直线上。

⑤上紧气门弹簧压缩器直到气门锁片安装好。

⑥防止气门锁片滑落，在气门锁片内部涂上薄薄一层油脂，然后再将其安装在气门内。

⑦拆卸气门弹簧压缩器。

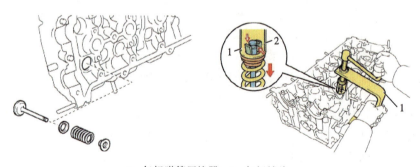

1—气门弹簧压缩器；2—气门锁片。

图1-2-38　安装气门与内压缩弹簧

5　填写考核工单

一、查询并记录发动机信息					
发动机类型		发动机排量		选装代码	
缸径		压缩比		点火顺序	

二、按照维修手册的标准流程拆装和检查气缸盖及指定的气门

1. 拆装步骤及紧固规格（拆卸后需向考官报备）			
气门拆装步骤	第　章　节　页	气缸盖螺栓扭力规格	

2. 气门检查及测量

检查项目	气门座宽度	气门杆直径	进气凸轮升程	排气凸轮升程	气门弹簧高度
标准值					
测量值					
判断	正常□ 异常□	正常□ 异常□	正常□ 异常□	正常□ 异常□	正常□ 异常□

汽车动力与驱动系统**综合分析技术**

自我测试

(1) 气门弹簧采用变螺距的作用是什么？

(2) 试分析在气门拆装时应注意哪些问题。

(3) 简述气门的拆装流程及技术要点。

拓展学习

可变压缩比技术

可变压缩比的目的在于提高增压发动机的燃油经济性，如图 1-2-39 所示。在增压发动机中，为了防止爆震，其压缩比低于自然吸气式发动机。在增压压力低时热效率降低，使燃油经济性下降。特别在涡轮增压发动机中，由于增压度上升缓慢，在低压缩比条件下扭矩上升也很缓慢，形成所谓的增压滞后现象。也就是说，发动机在低速时，增压作用滞后，要等到发动机加速至一定转速后增压系统才起到作用。为了解决这个问题，可通过可变压缩比技术，根据发动机的不同运行状态，在低速增压较弱时提升发动机的压缩比，在高速增压较强时适当降低发动机的压缩比，从而使得发动机在全部的运行阶段都能获得较高的动力性和燃油经济性。

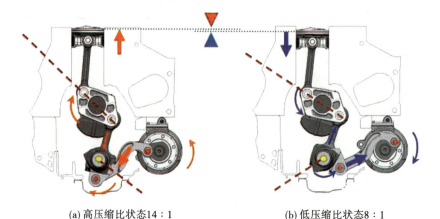

(a) 高压缩比状态14∶1   (b) 低压缩比状态8∶1

图 1-2-39　可变压缩比技术示意图

任务 3

活塞连杆组拆装量测检修

任务引入

某顾客的大众迈腾轿车最近表现出动力下降、机油消耗快的问题。经过判断后将原因锁定在活塞环,需对发动机体进行分解,对活塞环进行更换。

学习目标

(1)掌握曲柄连杆机构的组成、功能;
(2)能够按照工艺规范完成活塞连杆组等拆装量测检修;
(3)能够快速准确地选用及使用专业工具进行操作;
(4)提升团队合作、密切协作的能力;
(5)养成自主学习、遵守车间7S管理规范的习惯;
(6)培养严谨求实、精益求精的工作作风。

知识准备

1 曲柄连杆机构概述

1.1 功能与组成

曲柄连杆机构是内燃机实现工作循环、完成能量转换、传递力和改变运动方式的机构;在做功行程中可把活塞的往复运动转变成曲轴的旋转运动,对外输出动力;而在其他三个行程中,即进气、压缩、排气行程中,又把曲轴的旋转运动转变成活塞的往复直线运动。

发动机工作时，曲轴的旋转速度很高，活塞往复运动的线速度相当大，并且润滑困难。活塞直接与高温高压气体接触并受到化学腐蚀作用。可见，曲柄连杆机构的工作条件相当恶劣。

曲柄连杆机构由机体组、活塞连杆组和曲轴飞轮组三部分组成，如图1-3-1所示。

机体组：主要由气缸体、曲轴箱、气缸盖、气缸套和气缸垫等不动件组成。

活塞连杆组：主要由活塞、活塞环、活塞销和连杆等运动件组成。

曲轴飞轮组：主要由曲轴和飞轮等机件组成。

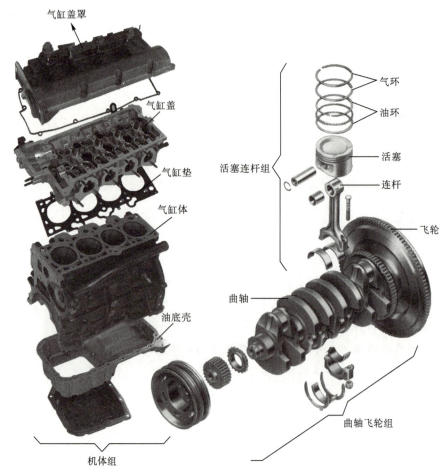

图1-3-1 曲柄连杆机构结构

1.2 工作原理和受力分析

作用在曲柄连杆机构上的力有气体力和运动质量惯性力。

曲柄连杆机构中的作用力及其传递如图1-3-2所示，气体力作用于活塞顶上，在活塞的四个行程中始终存在，但只有做功行程中的气体力是发动机对外做功的原动力。

气体力通过连杆、曲柄销传到主轴承。气体力同时也作用于气缸盖上，并通过气缸盖螺栓传给机体。作用于活塞上和气缸盖上的气体力大小相等、方向相反，在机体中相互抵消而不传至机体外的支承上，但使机体受到拉伸。

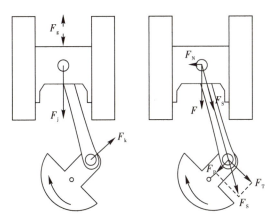

图1-3-2　曲柄连杆机构中的作用力及其传递

曲柄连杆机构可视为由往复运动质量和旋转运动质量组成的当量系统。往复运动质量包括活塞组零件质量和连杆小头集中质量，它沿气缸轴线做往复变速直线运动，产生往复惯性力；旋转运动质量包括曲柄质量和连杆大头集中质量，它绕曲轴轴线旋转，产生旋转惯性力，也称离心力。往复惯性力和旋转惯性力通过主轴承和机体传给发动机支承。

2　机体组的结构

汽车发动机机体组主要由气缸盖罩、气缸盖、气缸衬垫、气缸体以及油底壳等部分组成，如图1-3-3所示。

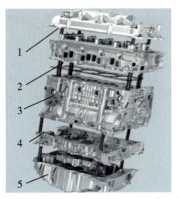

1—气缸盖罩；2—气缸盖；3—气缸衬垫；4—气缸体；5—油底壳。

图1-3-3　汽车发动机机体组

机体组是发动机的支架，是曲轴连杆机构、配气机构和发动机各系统主要零部件的装配基体。气缸盖用来封闭气缸顶部，并与活塞顶和气缸壁一起形成燃烧室。另外，气缸盖和机体内的水套和油底壳又分别是冷却系统和润滑系统的组成部分。

2.1 气缸体

2.1.1 气缸体的基本结构

气缸体是发动机中体积最大、结构最复杂的零部件。气缸体在工作时表面与高温、高压的气体接触，气缸体还是发动机各机构和系统的装配机体，因此要求气缸体具有足够的强度和刚度，且耐磨损和耐腐蚀，并需要对气缸体进行适当的冷却，以免机体损坏和变形。气缸体一般用高强度灰铸铁或铝合金铸造。在轿车发动机上，采用铝合金气缸体越来越普遍。

水冷式发动机的气缸体和曲轴箱常铸成一体，称为气缸体-曲轴箱，简称为气缸体，如图1-3-4所示。气缸体上部按一定规律排列。为活塞运动导向的圆柱形空腔称为气缸，气缸外壁周围的空腔相互连通构成水套，冷却液在其间流动，以增强散热。气缸体下部支承曲轴转动的空间称为曲轴箱。在曲轴箱的前、后端及中间隔板处布有纵、横油道，以满足润滑需要。

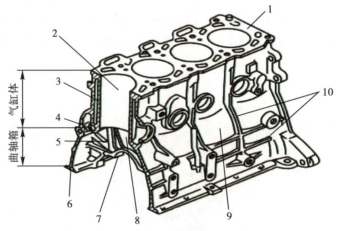

1—气缸体上平面；2—气缸；3—水套；4—主油道；5—横隔板上的加强筋；6—气缸体底部；7—主轴承座；8—缸间隔板；9—气缸体侧壁；10—侧壁上的加强筋。

图1-3-4 气缸体

2.1.2 气缸体的分类

(1)气缸体结构可分为平分式、龙门式和隧道式三种，如图1-3-5所示。

平分式气缸体结构如图1-3-5(a)所示。其特点是油底壳安装平面和曲轴旋转中心在同一高度。这种气缸体的优点是整体高度小、质量轻、结构紧凑、便于加工及曲轴拆卸方便；缺点是刚度和强度较差，且前、后端与油底壳接合面的密封性差，多用于中、小型发动机。

龙门式气缸体结构如图1-3-5(b)所示。其特点是油底壳安装平面低于曲轴的旋转中心。它的优点是强度和刚度较好，能承受较大的机械负荷；缺点是工艺性较差、结构笨重、加工较困难。

隧道式气缸体结构如图1-3-5(c)所示，主轴承座孔为整体式结构。其特点是结构刚度比龙门式更好，主轴承座孔的同轴度易保证，结构紧凑、刚度和强度好；缺点是加工精度要求高、工艺性较差、曲轴拆卸不方便。它主要安装在一些负荷较大的柴油机上。

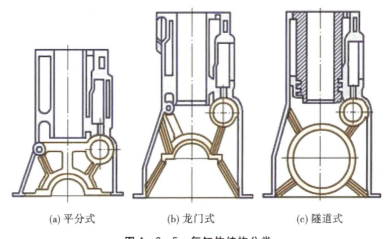

(a) 平分式　　　　(b) 龙门式　　　　(c) 隧道式

图1-3-5　气缸体结构分类

(2)按照气缸排列形式分为：直列式、V形和水平对置式，如图1-3-6所示。

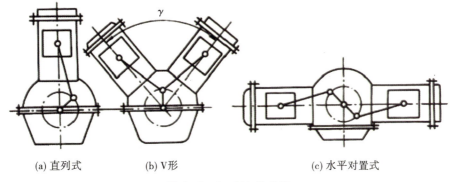

(a) 直列式　　　　(b) V形　　　　(c) 水平对置式

图1-3-6　气缸体分类

(3)气缸直接镗在气缸体上叫作整体式气缸，如图1-3-7所示。整体式气缸强度和刚度较好，能承受较大的载荷，一般轿车多采用整体式气缸。但整体式气缸对气缸材料要求较高，成本也比较高。如果用耐磨的优质材料制成气缸套，然后再装到用价格较低的一般材料制造的气缸体内，这样不但可以降低制造成本，而且由于气缸套可以从气缸中取出，便于修理和更换，可大大延长气缸体的使用寿命。

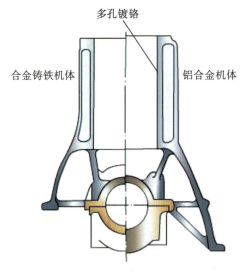

图 1-3-7　整体式气缸

（4）按照气缸套是否与冷却液接触，分为干式和湿式，如图 1-3-8 所示。

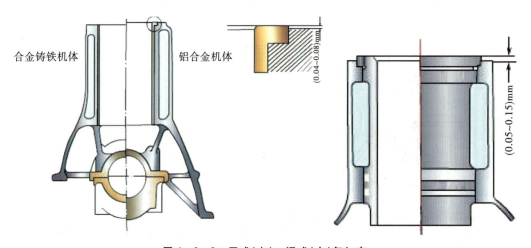

图 1-3-8　干式（左）、湿式（右）气缸套

干式气缸套，即气缸套的外表面不直接与冷却液接触，而是和气缸体的壁面直接接触，其壁厚一般为 1～3 mm。为了保证散热效果和缸套的定位，缸套的外表面与气缸体的缸套孔内表面均有较高的加工精度，并采用一定的过盈量将气缸套压装到缸套孔中。这种气缸具有整体式气缸的优点，强度和刚度都较好，但气缸套加工比较复杂，内外表面都需要进行精加工，拆装不方便，散热不良，多用于汽油机。

湿式气缸套的特点是气缸套装入气缸体后，其外壁直接与冷却液接触，气缸套仅在上、下各有一圆环带和气缸体接触，壁厚5~9 mm。这种气缸散热良好、冷却均匀、拆装方便、加工容易，通常只需要精加工气缸套的内表面，而与水接触的外表面不需要加工。其缺点是强度、刚度都不如用干式气缸套的气缸好，而且容易产生漏水现象，多用于柴油机。

2.2 气缸盖

如图1-3-9所示，气缸盖安装在气缸体的上面，从上部密封气缸并构成燃烧室。它经常与高温高压燃气相接触，因此承受很大的热负荷和机械负荷。为了保证气缸的良好密封，气缸盖既不能损坏，也不能变形。为此气缸盖应具有足够的强度和刚度。为了使气缸盖的温度分布尽可能地均匀，避免进排气门座之间发生热裂纹，缸盖下端面的冷却液孔与缸体的冷却液孔相通，对气缸盖进行良好的冷却。气缸盖一般都由优质灰铸铁或合金铸铁铸造，铝合金的导热性好，有利于提高压缩比，所以近年来轿车用的汽油机越来越多地采用铝合金气缸盖。

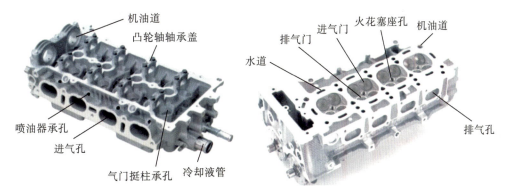

图1-3-9 气缸盖

气缸盖上还装有进排气门座，气门导管孔，用于安装进气门、排气门，还有进气通道和排气通道等。汽油机的气缸盖上加工有安装火花塞的孔，而柴油机的气缸盖上加工有安装喷油器的孔。顶置凸轮轴式发动机的气缸盖上还加工有凸轮轴轴承孔，用以安装凸轮轴。

当活塞位于上止点时，活塞顶面以上、气缸盖底面以下所形成的空间称为燃烧室。燃烧室的形状对发动机的工作影响很大，由于汽油机和柴油机的燃烧方式不同，其气缸盖上组成燃烧室的部分差别较大。汽油机的燃烧室主要在气缸盖上，而柴油机的燃烧室主要在活塞顶部的凹坑。这里只介绍汽油机常见的三种燃烧室形式，如图1-3-10所示。

（1）半球形燃烧室。

半球形燃烧室结构最紧凑，火花塞布置在燃烧室中央，火焰行程短，燃烧速率高，热效率高。进排气门呈两列倾斜布置，进气口直径较大，充气效率较高，火焰传播距离较短，虽然使配气机构变得较复杂，但有利于排气净化，在轿车发动机上被广泛地应用。

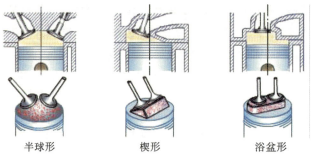

图 1-3-10 燃烧室形式

（2）楔形燃烧室。

楔形燃烧室结构比较紧凑，散热面积小，热损失也小，能保证混合气在压缩行程中形成良好的涡流运动，有利于提高混合气的混合质量，进气阻力小，提高了充气效率。气门排成一列，使配气机构简单，但火花塞置于楔形燃烧室高处，火焰传播距离长些。

（3）浴盆形燃烧室。

浴盆形燃烧室结构简单，气缸盖工艺性好，制造成本低，气门与气缸轴线平行，进气道弯度较大，压缩行程终了能产生挤气涡流，但因气门直径易受到限制，进气、排气效果要比半球形燃烧室差。

2.3　气缸衬垫

气缸衬垫是气缸体顶面与气缸盖底面之间的密封件，如图 1-3-11 所示。其作用是保持气缸密封不漏气，保持由机体流向气缸盖的冷却液和机油不泄漏。气缸衬垫承受拧紧气缸盖螺栓时造成的压力，并受到气缸内燃烧气体高温、高压的作用以及机油和冷却液的腐蚀。气缸衬垫应该具有足够的强度，并且要耐压、耐热和耐腐蚀。另外，还需要有一定的弹性，以补偿机体顶面和气缸盖底面的粗糙度和平面度误差以及发动机工作时反复出现的变形。

按所用材料的不同，气缸衬垫可分为金属-石棉衬垫、金属-复合材料衬垫和全金属衬垫等多种。

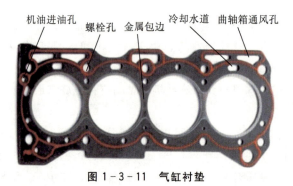

图 1-3-11　气缸衬垫

2.4 油底壳

油底壳的主要功用是储存机油和封闭机体或曲轴箱,如图1-3-12所示。油底壳用薄钢板冲压或用铝铸制而成。油底壳内设有挡板,用以减轻汽车颠簸时油面的震荡。此外,为了保证汽车倾斜时机油泵能正常吸油,通常将油底壳局部做得较深。油底壳底部设放油螺栓。有的放油螺栓带磁性,可以吸附机油中的铁屑。

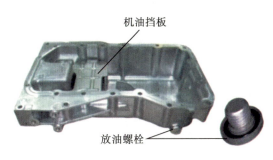

图 1-3-12 油底壳

3 活塞连杆组

3.1 活塞

3.1.1 活塞的功用

如图1-3-13所示,活塞与气缸盖、气缸壁共同组成燃烧室,是发动机中工作条件最严酷的零件。活塞的主要功用是承受燃烧气体压力,并将此力通过活塞销传给连杆以推动曲轴旋转。作用在活塞上的有气体力和往复惯性力。活塞在侧压力的作用下沿气缸壁面高速滑动,由于润滑条件差,因此摩擦损失大,磨损严重。现代汽车发动机不论是汽油机还是柴油机都广泛采用铝合金活塞,只在极少数汽车发动机上采用铸铁或耐热钢活塞。

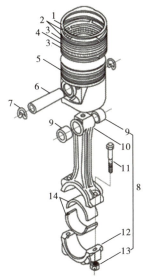

1,2—气环;3—油环刮片;4—油环衬簧;5—活塞;6—活塞销;7—活塞销卡环;8—连杆组;
9—连杆衬套;10—连杆;11—连杆螺栓;12—连杆盖;13—连杆螺母;14—连杆轴承。

图 1-3-13 活塞连杆组的结构

3.1.2 活塞的基本构造

活塞可视为由顶部、头部和裙部等3部分构成,如图1-3-14所示。

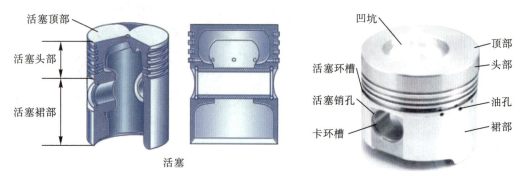

图 1-3-14 活塞结构

3.1.2.1 活塞顶部

活塞顶部是燃烧室的组成部分,其形状和燃烧室的具体形式有关,目的是形成良好的可燃混合气,实现完全燃烧。活塞顶部形状可分为四大类,平顶活塞、凸顶活塞、凹顶活塞和成型顶活塞,如图1-3-15所示。

图 1-3-15 部分活塞顶部结构

平顶活塞的顶部是一个平面,结构简单,制造容易,受热面积小,顶部应力分布较为均匀,一般用在汽油机上,柴油机很少采用。

凸顶活塞的顶部凸起呈球顶形,其顶部强度高,起导向作用,有利于改善换气过程,二行程汽油机常采用凸顶活塞。

凹顶活塞顶部呈凹陷形,凹坑的形状和位置必须有利于可燃混合气的燃烧,有双涡流凹坑、球形凹坑、U形凹坑等。

3.1.2.2 活塞头部

由活塞顶至油环槽下端面之间的部分称为活塞头部。在活塞头部有用来安装气环和油环的气环槽和油环槽。在油环槽底部还有回油孔或横向切槽,油环从气缸壁上刮下来的多余机油,经回油孔或横向切槽流回油底壳。

如图1-3-16所示,活塞头部应该足够厚,从活塞顶到环槽区的断面变化要尽可能圆滑,过渡圆角 R 应足够大,以减小热流阻力,便于热量从活塞顶经活塞环传给气缸壁，使活塞顶部的温度不致过高。

在第一道气环槽上方设置一道较窄的隔热槽的作用是隔断由活塞顶传向第一道活塞环的热流，使部分热量由第二、第三道活塞环传出，从而可以减轻第一道活塞环的热负荷，改善其工作条件，防止活塞环黏结。

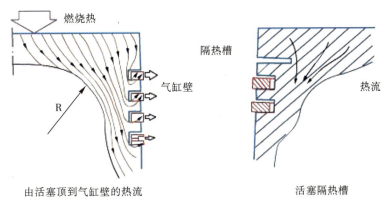

图 1-3-16　活塞头部受热情况

3.1.2.3　活塞裙部

活塞头部以下的部分为活塞裙部。裙部的形状应该保证活塞在气缸内得到良好的导向，气缸与活塞之间在任何工况下都应保持均匀的、适宜的间隙。间隙过大，活塞敲缸；间隙过小，活塞可能被气缸卡住。此外，裙部应有足够的实际承压面积，以承受侧向力。活塞裙部承受膨胀侧向力的一面称为主推力面，承受压缩侧向力的一面称为次推力面，如图 1-3-17 所示。

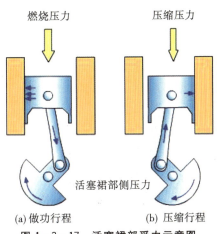

图 1-3-17　活塞裙部受力示意图

发动机工作时，活塞在气体力和侧向力的作用下发生机械变形，而活塞受热膨胀时还发生热变形。这两种变形的结果都是使活塞裙部在活塞销孔轴线方向的尺寸增大。

因此，为使活塞工作时裙部接近正圆形与气缸相适应，在制造时应将活塞裙部的横断面加工成椭圆形，并使其长轴与活塞销孔轴线垂直。现代汽车发动机的活塞均为椭圆形。另外，沿活塞轴线方向，活塞的温度上高下低，活塞的热膨胀量自然上大下小。因此为使活塞工作时裙部接近圆柱形，须把活塞制成上小下大的圆锥形或桶形。活塞变形示意图如图1-3-18所示。

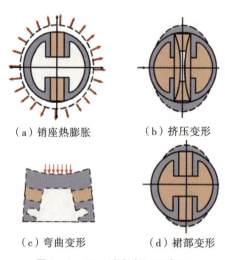

(a) 销座热膨胀　　(b) 挤压变形

(c) 弯曲变形　　(d) 裙部变形

图1-3-18　活塞变形示意图

3.1.3　活塞的冷却

高强化发动机尤其是活塞顶上有燃烧室凹坑的柴油机，为了减轻活塞顶部和头部的热负荷而采用油冷活塞。用机油冷却活塞的方法包括：

(1) 自由喷射冷却法。从连杆小头上的喷油孔或从安装在机体上的喷油嘴向活塞顶内壁喷射机油，如图1-3-19所示。

(2) 振荡冷却法。从连杆小头上的喷油孔将机油喷入活塞内壁的环形油槽中，由于活塞的运动使机油在槽中产生振荡而冷却活塞，如图1-3-20所示。

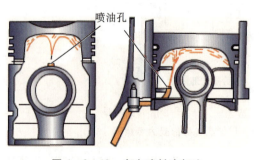 

图1-3-19　自由喷射冷却法　　图1-3-20　振荡冷却法

(3)强制冷却法。在活塞头部铸出冷却油道或铸入冷却油管,使机油在其中强制流动以冷却活塞。强制冷却法广泛为增压发动机所采用,如图1-3-21所示。

3.1.4 活塞的表面处理

根据不同的目的和要求,进行不同的活塞表面处理,其方法包括:

(1)活塞顶进行硬模阳极氧化处理,形成高硬度的耐热层,增大热阻,减少活塞顶部的吸热量。

图1-3-21 强制冷却法

(2)活塞裙部镀锡或镀锌,可以避免在润滑不良的情况下运转时出现拉缸现象,也可以起到加速活塞与气缸的磨合作用。

(3)在活塞裙部涂覆石墨,石墨涂层可以加速磨合过程,可使裙部磨损均匀,在润滑不良的情况下可以避免拉缸。

3.2 活塞环

活塞环是具有弹性的开口环,有气环和油环之分,如图1-3-22所示。根据活塞环的功用及工作条件,制造活塞环的材料应具有良好的耐磨性、导热性、耐热性、冲击韧性、弹性和足够的机械强度。目前广泛应用的活塞环材料有优质灰铸铁、球墨铸铁、合金铸铁和钢带等。第一道活塞环外圆面通常进行镀铬或喷钼处理。多孔性铬层硬度高,并能储存少量机油,可以改善润滑、减轻磨损。钼的熔点高,也具有多孔性,因此喷钼同样可以提高活塞环的耐磨性。

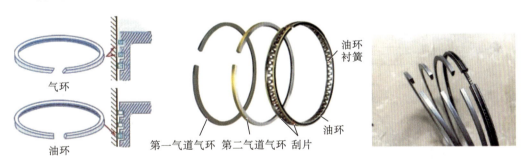

图1-3-22 活塞环

3.2.1 气环

气环的主要功用是密封和传热。保证活塞与气缸壁间的密封,防止气缸内的可燃混合气和高温燃气漏入曲轴箱,并将活塞顶部70%~80%的热量传给气缸壁,避免活塞过热。

气环在自然状态下不是正圆形,其外廓尺寸比气缸直径大。装入气缸后,因压缩产生弹力,在弹力作用下,紧贴在气缸壁上。当发动机工作时,高压气体的压力会增强活塞环的密封作用,如图 1-3-23 所示。

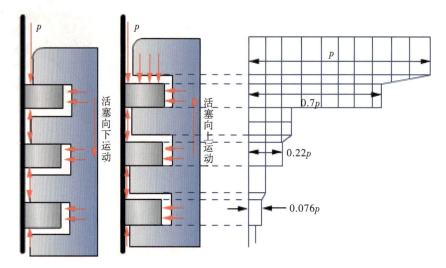

图 1-3-23 气环的密封原理

开口形状[图 1-3-24(a)]对漏气量有一定影响。直开口工艺性好,但密封性差;阶梯形开口密封性好,工艺性差;斜开口的密封性和工艺性介于前两种开口之间,斜角一般为 30°或 45°。气环的断面形状多种多样,根据发动机的结构特点和强化程度,选择不同断面形状的气环组合,可以得到最好的密封效果和使用性能。常见的气环断面形状如图 1-3-24(b)所示。

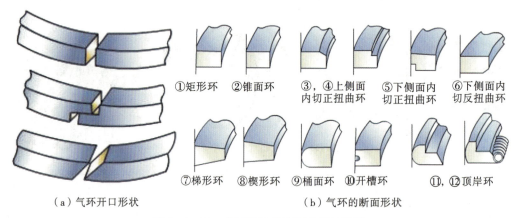

(a)气环开口形状　　　　　　　　　　(b)气环的断面形状

图 1-3-24 气环开口及断面形状示意图

3.2.2 油环

油环的主要功用是上行时刮除飞溅到气缸壁上的多余的机油,下行时在气缸壁上涂布一层均匀的油膜。活塞环在高温、高压、润滑不良的条件下在气缸内高速滑动。

由于气缸壁面的形状误差，使活塞环在上下滑动的同时还在环槽内产生径向移动。这不仅加重了环与环槽的磨损，还使活塞环受到交变弯曲应力的作用而容易折断。

目前，汽车发动机的油环有普通油环和组合油环两种，如图 1-3-25 所示。

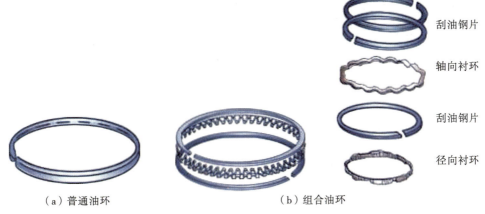

图 1-3-25　油环

油环有槽孔式、槽孔撑簧式和钢带组合 3 种类型。

(1) 槽孔式油环。如图 1-3-26 所示，因为油环的内圆面基本上没有气体力的作用，所以槽孔式油环的刮油能力主要靠油环自身的弹力。为了减小环与气缸壁的接触面积，增大接触压力，在环的外圆面上加工出环形集油槽，形成上下两道刮油唇，在集油槽底加工有回油孔。由上下刮油唇刮下来的机油经回油孔和活塞上的回油孔流回油底壳。这种油环结构简单，加工容易，成本低。

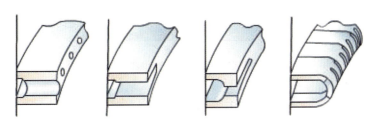

图 1-3-26　槽孔式油环的断面形状

(2) 槽孔撑簧式油环。在槽孔式油环的内圆面加装撑簧即为槽孔撑簧式油环。一般作为油环撑簧的有螺旋撑簧、板形撑簧和轨形撑簧三种，如图 1-3-27 所示。这种油环由于增大了环与气缸壁的接触压力，而使环的刮油能力和耐久性有所提高。

(3) 钢带组合油环。如图 1-3-28 所示，其结构形式很多，钢带组合油环由上、下刮片和轨形撑簧组合而成。撑簧不仅使刮片与气缸壁贴紧，而且还使刮片与环槽侧面贴紧。这种组合油环的优点是接触压力大，既可增强刮油能力，又能防止上窜机油。

另外，上下刮片能单独动作，因此对气缸失圆和活塞变形的适应能力强。但钢带组合油环需用优质钢制造，成本高。

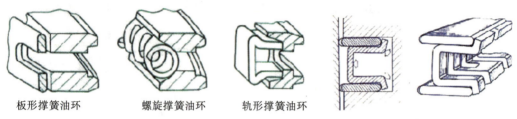

图1-3-27　槽孔撑簧式油环　　　　　图1-3-28　钢带组合油环

3.3 活塞销

活塞销用来连接活塞和连杆，并将活塞承受的力传给连杆。活塞销的结构形状很简单，基本上是一个厚壁空心圆柱。其内孔形状有圆柱形、两段截锥形和组合形。圆柱形孔加工容易，但活塞销的质量较大。两段截锥形孔的活塞销质量较小，且因为活塞销所受的弯矩在其中部最大，所以接近于等强度梁，但锥孔加工较难。活塞销的结构如图1-3-29所示。

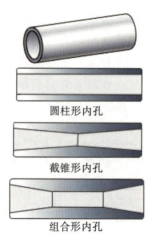

图1-3-29　活塞销的结构

在汽车发动机中连杆小头与活塞销的连接方式有两种，即全浮式和半浮式，如图1-3-30所示。全浮式活塞销在发动机运转过程中，能在连杆小头孔和活塞销孔中转动，可以保证活塞销沿圆周磨损均匀，为防止活塞销的轴向窜动而刮伤气缸壁，在活塞销孔外侧装置活塞销挡圈。半浮式活塞销是用螺栓将活塞销夹紧在连杆小头孔内，这时活塞销只在活塞销孔内转动，在小头孔内不转动。小头孔不装衬套，活塞销孔中也不装活塞销挡圈。

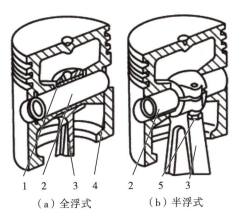

（a）全浮式　　（b）半浮式

1—连杆衬套；2—活塞销；3—连杆；4—活塞销挡圈；5—紧固螺栓。

图 1-3-30　活塞销连接方式

3.4　连杆

连杆组包括连杆衬套、连杆轴承盖、连杆螺栓和连杆轴承等零件，功用是将活塞承受的力传给曲轴，并将活塞的往复运动转变为曲轴的旋转运动，如图 1-3-31 所示。连杆小头与活塞销连接，同活塞一起做往复运动；连杆大头与曲柄销连接，同曲轴一起做旋转运动，因此在发动机工作时连杆做复杂的平面运动。

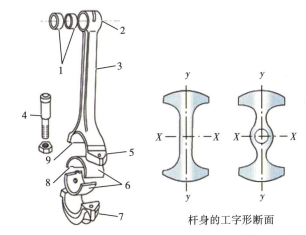

杆身的工字形断面

1—连杆衬套；2—连杆小头；3—连杆杆身；4—连杆螺栓；5—连杆大头；
6—连杆轴承；7—连杆轴承盖；8—凸键；9—凹键。

图 1-3-31　连杆组结构

连杆盖和连杆大头用连杆螺栓连在一起，工作时连杆螺栓承受交变载荷，因此在结构上应尽量增大连杆螺栓的弹性，而在加工方面要精细加工过渡圆角，消除应力集中，以提高其抗疲劳强度。连杆螺栓用优质合金钢制造，经调质后滚压螺纹，表面进行防锈处理。连杆螺栓如图1-3-32所示。

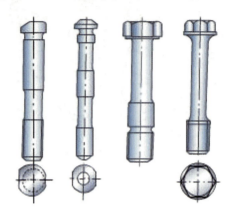

图1-3-32 连杆螺栓

安装连杆盖拧紧连杆螺栓螺母时,要用扭力扳手分2~3次交替均匀地拧紧到规定的扭矩,拧紧后还应可靠地锁紧。连杆螺栓损坏后绝不能用其他螺栓来代替。

3.5 连杆轴承

为了减小摩擦阻力和曲轴连杆轴颈的磨损,连杆大头孔内装有瓦片式滑动轴承,简称连杆轴承。轴承分上、下两个半片,目前多采用薄壁钢背轴承,在其内表面浇铸有耐磨合金层。耐磨合金层具有质软、容易保持油膜、磨合性好、摩擦阻力小、不易磨损等特点。常用的耐磨合金有巴氏合金、铜铝合金、高锡铝合金。连杆轴承的背面有很高的光洁度。半个轴承在自由状态下不是半圆形,当它们装入连杆大头孔内时,又有过盈,故能均匀地紧贴在大头孔壁上,具有很好的承受载荷和导热的能力,并可以提高工作可靠性和延长使用寿命。

连杆轴承上制有定位凸键,供安装时嵌入连杆大头和连杆盖的定位槽中,以防轴承前后移动或转动,有的轴承上还制有油孔,安装时应与连杆上相应的油孔对齐,如图1-3-33所示。

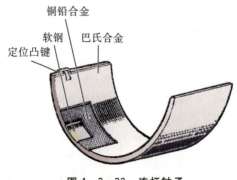

图1-3-33 连杆轴承

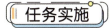

1 项目说明

大众迈腾轿车发动机出现动力下降、机油消耗快等故障的可能原因是活塞环的损坏或原活塞环装配错误等。需通过拆卸、检查和重新装配来消除故障。本作业在进气、排气支管、发电机、皮带轮、水泵、发动机固定支架、曲轴皮带轮、正时链条盖、正时链条、凸轮轴等已拆卸，同时在机油与冷却液已排放的基础上进行。

2 技术标准与要求

项目	内容
活塞环高度间隙	第1个气环　新：0.06～0.09 mm，磨损极限 0.20 mm 第2个气环　新：0.03～0.06 mm，磨损极限 0.15 mm
活塞环开口间隙	第1个气环　新：0.30～0.40 mm，磨损极限 0.80 mm 第2个气环　新：0.40～0.50 mm，磨损极限 0.80 mm 刮油环　　新：0.40～0.50 mm，磨损极限 0.80 mm
活塞直径	82.42 mm，偏差最大 0.04 mm
气缸内径	82.51 mm，偏差最大 0.08 mm
缸盖螺丝初上紧扭矩	45 N·m＋90°
活塞环装配时错开角度	120°
连杆盖螺栓扭矩	20 N·m

3 设备器材

项目	内容
设备与零件总成	
常用工具	
专用工具	
耗材及其他	

4 作业流程

操作视频2

(1)拆卸气缸盖螺栓。

如图1-3-34所示,1～10的顺序,从两端向里使用相应大小内双六角套筒和扭力扳手分数次均匀地将10支气缸盖螺栓旋松,然后拆下10支气缸盖螺栓及平垫。

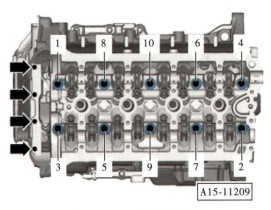

图1-3-34 拆卸气缸螺栓

(2)拆卸气缸盖。

如图1-3-35所示,气缸盖与缸体之间抹有密封胶,使用塑料锤轻敲缸盖肋部使缸盖与缸体逐步分离,并拆卸气缸盖。

提示:当气缸盖被拆卸后,残留在气缸盖中的少许冷却液和机油会从水套和油孔中流出。将被拆卸的气缸盖放在一个垫有布的工作台上或者拆卸盘里,以便保持工作区的清洁。

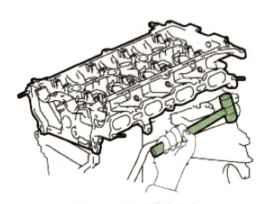

图1-3-35 拆卸气缸盖

(3)拆卸油底壳。

①按顺序拧下螺栓1至20,然后拆下油底壳下部件,如图1-3-36所示。

②拧下螺栓1,取下机油防溅板2,如图1-3-37所示。

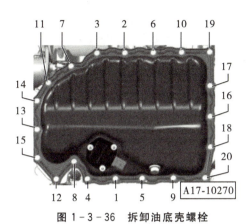

图 1-3-36 拆卸油底壳螺栓

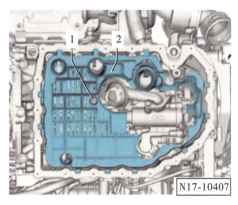

图 1-3-37 机油防溅板拆卸

③拧下箭头指向螺栓，然后拆下机油泵，如图 1-3-38 所示。

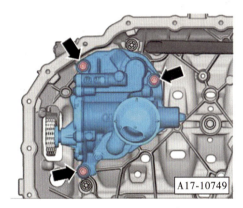

图 1-3-38 机油泵拆卸

(4)拆卸连杆轴承盖。

①使用记号笔标出活塞的安装位置和所属气缸。

②使用记号笔在各连杆与盖的接合处写上匹配的气缸号。

提示：保证连杆和盖的匹配标记是为了确保正确地进行重装。

③拆下连杆盖螺栓。

提示：如果拆卸轴承盖有困难，将两只已经被拆卸的螺栓放在螺栓孔内，并在拆卸轴承盖时扭动螺栓。

④确认连杆盖的凸起部分是否朝向正确，如图 1-3-39 所示。

(5)拆卸连杆轴承。将头部缠有胶带的一字螺丝刀小心插入轴瓦的狭缝中，然后通过使用螺丝刀将轴承往外撬进行拆卸，并做好标记。如图 1-3-40 所示。

(6)拆卸活塞。使用锤子木柄敲打连杆。然后将活塞连同连杆一起拆下。

提示：注意敲击连杆时不要碰到气缸内壁而损坏气缸。

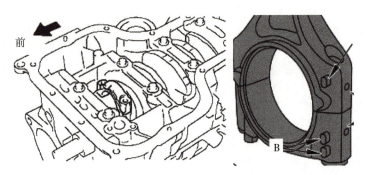

图 1-3-39 连杆盖安装标记

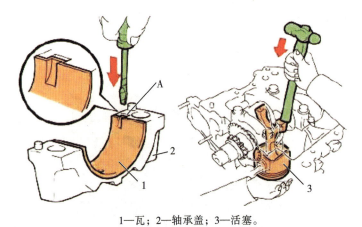

1—瓦；2—轴承盖；3—活塞。

图 1-3-40 连杆轴承拆卸方法

如果连杆上有螺栓，在各螺栓上套上塑料管，以防损坏气缸内壁，如图 1-3-41 所示。

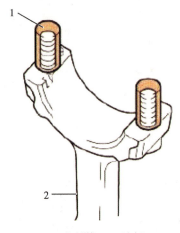

1—塑料管；2—连杆。

图 1-3-41 活塞连杆螺栓安装塑料管

(7)拆卸活塞环。

①使用活塞环膨胀器,以活塞环平整地与扩张器的座面接触的方式,依次拆卸一号和二号活塞环。活塞环拆卸方法如图1-3-42所示。

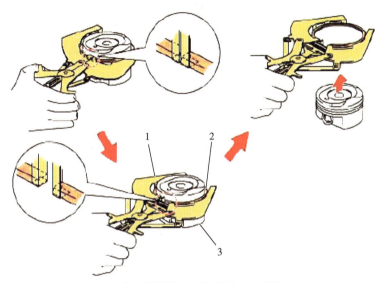

1—塞环扩张器;2—活塞环;3—活塞。

图1-3-42 活塞环拆卸方法

②用手拆卸油环,如图1-3-43所示。

提示:活塞环扩张过度或者扭曲会损坏。

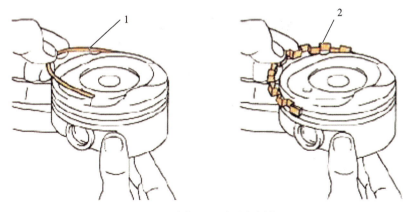

1—油环护轨;2—油环膨胀圈。

图1-3-43 油环拆卸方法

(8)使用厚薄规检查活塞环高度间隙,如图1-3-44所示。

图 1-3-44　活塞环高度间隙测量

活塞环	新的尺寸/mm	磨损极限尺寸/mm
第1个气环	0.06~0.09	0.20
第2个气环	0.03~0.06	0.15
刮油环	无法测量	

(9)将活塞环垂直于气缸壁从上推入下部气缸开口，离气缸边缘约 15 mm，使用厚薄规检测活塞环开口间隙，如图 1-3-45 所示。

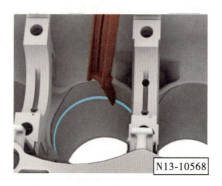

活塞环	新的尺寸/mm	磨损极限尺寸/mm
第1个气环	0.30~0.40	0.80
第2个气环	0.40~0.50	0.80
刮油环	0.20~0.40	0.80

图 1-3-45　活塞环开口间隙测量

(10)拆卸活塞销。

①使用小螺丝刀撬出活塞销卡环，如图 1-3-46 所示。

②将活塞径直放入活塞销拆卸和更换工具中，使用液压机将活塞销拆卸和更换工具往里推并拆卸活塞销，如图 1-3-47 所示。

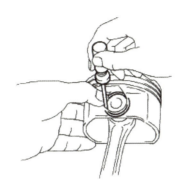

图 1-3-46 活塞销卡环拆卸方法

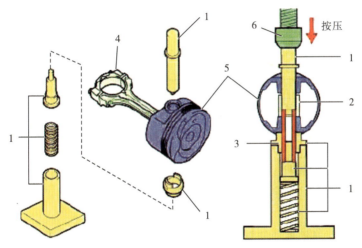

1—活塞销拆卸和更换工具；2—连杆；3—活塞销；4—轴承盖；5—活塞；6—液压机。

图 1-3-47 活塞销拆卸方法

(11) 检查活塞。用外径千分尺(75~100 mm)在距下沿约 15 mm 处测量，与活塞销轴线错位 90°，与公称尺寸的偏差最大 0.04 mm，如图 1-3-48 所示。

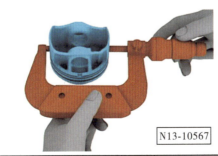

N13-10567

项目	活塞直径/mm
基本尺寸	82.42

图 1-3-48 活塞检查

(12)检查气缸内径。使用内径千分表检查气缸与活塞配合间隙,在横向 A 和纵向 B 上交叉测量①②③三个位置,与公称尺寸的偏差最大 0.08 mm,如图 1-3-49 所示。

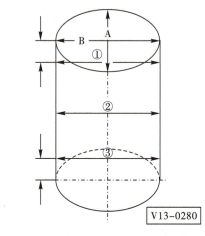

项目	气缸内径/mm
基本尺寸	82.51

图 1-3-49 气缸内径检查

(13)重新装配活塞和连杆。对齐活塞和连杆的向前标记,将活塞、活塞销以及连杆固定到活塞销拆卸和更换工具上,并且用一个压力器插入活塞销,如图 1-3-50 所示。

提示:如果活塞销拆卸和更换工具与活塞倾斜,活塞便可能损坏。

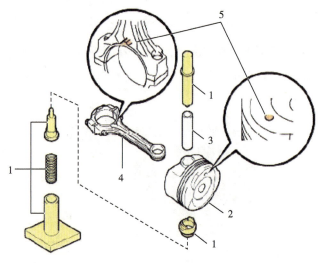

图 1-3-50 装配活塞和连杆

(14)安装活塞环。

①用手安装油环,"上止点"和"R"标记必须向上指向活塞顶,如图1-3-51所示。

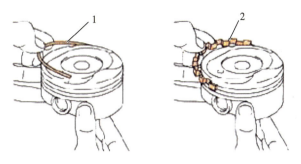

1—环护轨;2—油环膨胀圈。

图1-3-51 装配油环

②用活塞环扩张器安装两道气环,并使环的"TOP""R"代码标记朝上,如图1-3-52所示。

③不要将所有的活塞环端隙放成一排,因为这样会通过端隙漏更多的压缩气体,接口错开120°。

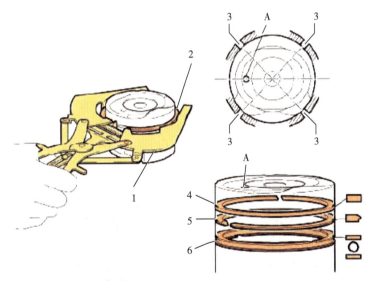

1—塞环扩张器;2—活塞环;3—活塞环端隙;
4——号活塞环;5—二号活塞环;6—油环;A—向前标记。

图1-3-52 装配气环

(15)安装连杆轴瓦。

①在轴承盖和连杆上安装连杆轴承,如图1-3-53所示。

②在轴瓦表面涂上机油。

③左右尺寸必须一致。

提示：清洁轴承背面和连杆的轴承表面，切勿沾到油污。

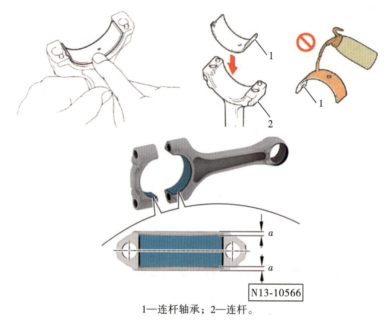

1—连杆轴承；2—连杆。

图1-3-53　装配连杆轴承

(16)将活塞连杆放入气缸中。

①定位气缸体并保持安装面竖直朝上。

提示：如果气缸体的定位发生偏差或者倾斜，活塞连杆可能造成气缸内壁的损坏，活塞连杆放入气缸的方法如图1-3-54所示。

如果连杆上有螺栓，在各螺栓上套上塑料管，以防损坏气缸内壁，如图1-3-41所示。

图1-3-54　活塞连杆放入气缸的方法

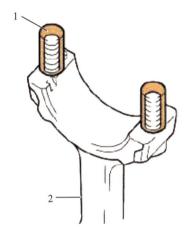

1—塑料管；2—连杆。

图1-3-41 活塞连杆螺栓安装塑料管

②用活塞环压缩器收紧活塞环，如图1-3-55所示。

提示：如果在活塞环压缩器内转动活塞，则活塞的位置可能发生改变或损坏。

如果将活塞环压缩器放至活塞裙部以下，则很难把活塞放到气缸中。

在活塞环压缩器的内表面涂机油，以免损坏活塞和活塞环。

③通过锤柄轻轻击打，将活塞从气缸顶部插入，其定位向前标记应当朝向发动机的前面。

④每次装配一个活塞时，转动曲轴，确保其能自由转动，然后装配活塞。

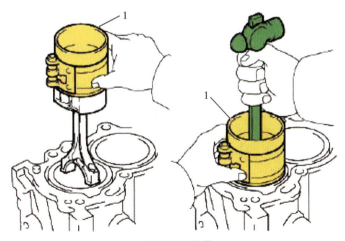

1—活塞环压缩器。

图1-3-55 活塞环压缩器使用方法

(17)检查连杆径向间隙。

①将与轴承宽度同样长的塑料线间隙规测量线放在轴颈或轴瓦上。

②装上连杆轴瓦并用原有的螺栓拧紧,45N·m,90°,拧紧时不要转动曲轴。

③再次拆卸连杆轴承盖。

④将曲轴径向间隙测量线的宽度与测量刻度进行比较。

⑤径向间隙:0.02~0.06 mm。磨损极限:0.09 mm。

(18)安装连杆轴承盖并上紧螺栓。

①检查连杆轴承盖的凸起部分是否朝向正确方向,同时使连杆轴承盖的编号与连杆的相同编号匹配,如图1-3-56所示。

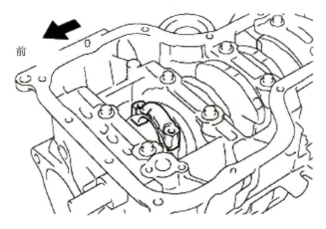

图1-3-56 装配连杆轴承盖

②在连杆盖螺栓螺纹上和螺栓头下轻抹一层机油。

③连杆螺栓对称分多次拧紧螺栓到45 N·m扭矩,如图1-3-57所示。

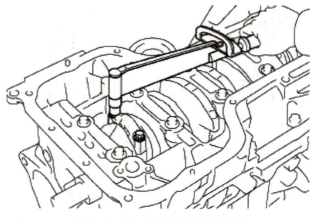

图1-3-57 活塞连杆螺栓初上紧

④用标记笔在连杆盖螺栓前做标记,按图1-3-58所示再次拧紧连杆螺栓90°。

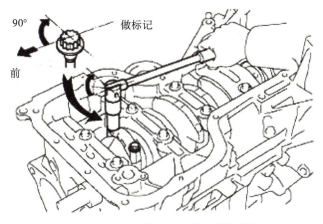

图1-3-58 活塞连杆螺栓拧紧90°

⑤检查曲轴是否平稳转动。

(19)安装气缸垫前的部件清洁。

①如图1-3-59所示,使用刮刀刮去气缸盖下部和气缸体上部附着的积炭,并用刷子和油石进行清洁。

提示:根据部件材质选择合适的刷子,避免对部件表面的损坏。

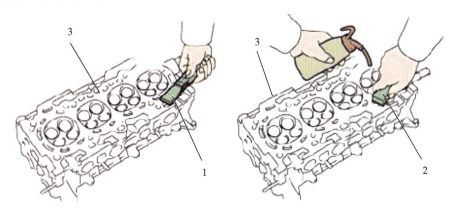

1—刮刀;2—油石;3—气缸盖。

图1-3-59 清洁气缸表面

②清洁螺栓及螺栓孔并清除任何油污或者湿气。

如图1-3-60所示,使用汽油或者煤油配合钢丝刷对缸盖螺栓进行清洗,然后用压缩空气吹干。

同时用压缩空气对螺栓孔内残留的油污或者湿气进行清洁。

提示:如果不除去异物而紧固螺栓将损坏螺栓和部件。

如果安装螺栓时螺栓孔内仍有油污或湿气,气缸则可能由于液压作用而损坏。清洁螺栓孔如图1-3-61所示。

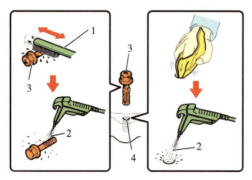

1—刷子;2—压缩空气;3—螺栓;4—螺栓孔。

图1-3-60 清洁螺栓

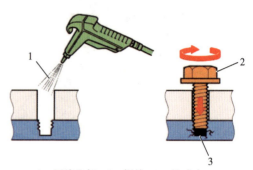

1—压缩空气;2—螺栓;3—油或水。

图1-3-61 清洁螺栓孔

(20)安装气缸垫片。

气缸垫片是不可重复使用的部件,安装新的气缸垫片时,既要注意定位孔的位置,同时要将带有标记的面朝上进行安装,如图1-3-62所示。

提示:如果垫片未正确定位,油孔和水套就可能被覆盖,从而造成漏油、漏水。

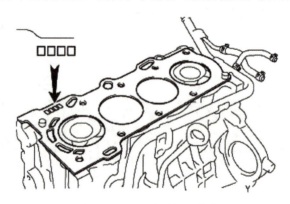

图1-3-62 安装气缸垫片

(21)安装气缸盖。

如图1-3-63所示安装气缸盖,将气缸垫与气缸体上的锁销对准,然后将气缸盖放在气缸体上。

提示:气缸盖放在气缸体上时应小心轻放,不要移动气缸盖。否则,锁销可能损坏气缸盖的底部。

(22)安装气缸盖螺栓。

提示:气缸盖螺栓为塑性域螺栓,能提供加强的轴向张紧力和稳定性,螺栓头是十二边形。

①如图1-3-64所示，在安装气缸盖螺栓前在螺栓螺纹部与螺栓头底部涂抹一层薄薄的机油。

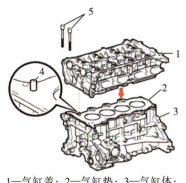

1—气缸盖；2—气缸垫；3—气缸体；
4—锁销；5—缸盖螺栓。

图1-3-63 安装气缸盖

图1-3-64 螺栓螺纹部与螺栓头底部涂抹机油

②放入气缸盖螺栓平垫，用标记笔在每个气缸盖螺栓头上做一个标记，然后按图1-3-65所示顺序由中间向两端，使用双六角套筒分数次均匀地将10支气缸盖螺栓扭到标准扭矩。

③依序将各气缸盖螺栓分2～3次拧紧90°，如图1-3-66所示。

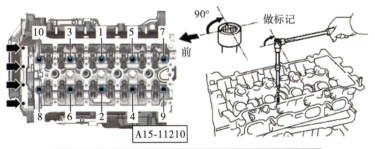

步骤	螺栓	拧紧力矩/继续旋转角度
1	-1至10-	用手拧到底
2	-1至10-	40 N·m
3	-1至10-	继续旋转90°
4	-1至10-	继续旋转90°
5	-箭头-	8 N·m
6	-箭头-	继续旋转90°

图1-3-65 安装气缸盖螺栓

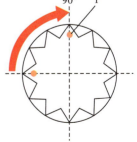

图1-3-66 气缸盖螺栓拧紧方法

(23)其他步骤与拆卸步骤相反即可完成活塞连杆组安装。

5 填写考核工单

一、查询并记录发动机信息					
发动机类型		发动机排量		选装代码	
缸径		压缩比		点火顺序	
二、查询用户手册记录发动机保养项目里程及周期					
1. 拆装步骤及紧固规格					
活塞连杆拆装步骤		第 章 节 页		连杆盖螺栓扭力规格	
2. 活塞环检查及测量					
检查项目		第一道		第二道	油环
活塞环类型		压缩环(气环)			
活塞环开口间隙	标准值				
	测量值				
活塞环至环槽间隙	标准值				
	测量值				
活塞环厚度	标准值				
	测量值				
判断		正常□ 异常□			

自我测试

(1)简述发动机活塞连杆组的结构特点。

(2)试分析螺栓、螺母上紧顺序对总成装配的影响。

(3)简述活塞连杆组的拆装流程及技术要点。

拓展学习

气缸体、气缸盖裂纹与损伤的检查

气缸盖、气缸体产生裂纹会导致发动机漏气、漏水和漏油。气缸盖、气缸体发生裂纹现象多是由使用维护不当造成的,如长时高负荷运转,热应力过大;发动机在高温状态突然加入冷水等。缸体、缸盖裂纹大多发生在气门座附近或水套薄壁处。

检查气缸体、气缸盖的裂纹时,应首先将气缸体、气缸盖各表面清洗干净,并清除缸体、缸盖内的积炭,然后检查缸体、缸盖表面是否有裂纹现象。检查裂纹可用目视法、水压法和染色法三种。

(1)目视法即将清洗后的缸体、缸盖用眼睛仔细检查,可看出裂纹比较明显的部位,以便有针对性地修复。

(2)水压法则是将气缸盖、气缸垫装于气缸体上,将盖板装于气缸体前壁进水口处,并用水管与水压机连通,封闭其他各水道口,将水以 300～1000 kPa 的压力压入水套,并保持 5 min,检查表面有无渗漏现象,如有渗漏则该处有裂纹。

(3)染色法是利用液体的毛细现象来检测表面裂纹。在这种检查中,要用到三种液体:渗透剂(红色)、洗涤液(蓝色)和显影剂(白色)。将染色渗透剂喷于被检查的部位,片刻之后使用洗涤液将其擦干,再喷洒显影剂,如果表面裂纹处呈现红色则说明该处有裂纹存在。

气缸体、气缸盖裂纹一般采用环氧树脂胶粘接修复,这种方法大多适用于水套部分裂纹的修理。对于燃烧室,气门座附近等工作温度很高的部位发生裂纹或裂纹处受力较大的地方,应采用焊修法修复。对于受力不大部位的裂纹,且裂纹长度小于 50 mm 时,也可采用螺钉进行填补。如果缸体或缸盖裂纹有很多处,或裂纹比较严重(如裂纹长度大于 50 mm)时,则应更换缸体或缸盖。

修复后的气缸体和气缸盖必须再次进行水压试验,检查并确保无渗漏后才能使用。

任务 4

曲轴飞轮组拆装量测检修

任务引入

某顾客反馈其大众迈腾轿车最近在加油、减油时发动机下部会听到有金属撞击声，发动机会抖动。放出一些机油，发现机油中有明显金属屑，经过判断后将问题锁定在曲轴轴瓦问题上，需对发动机机体进行分解，对曲轴飞轮组进行检查。

学习目标

(1) 掌握曲轴飞轮组的组成、功能；
(2) 能够按照工艺规范进行曲轴飞轮组的拆装量测；
(3) 提升团队合作、密切协作的能力；
(4) 养成自主学习、遵守车间7S管理规范的习惯；
(5) 培养严谨求实、精益求精的工作作风。

知识准备

1 曲轴飞轮组

曲轴飞轮组主要由曲轴和飞轮以及一些附件组成，如图1-4-1所示。

汽车动力与驱动系统**综合分析技术**

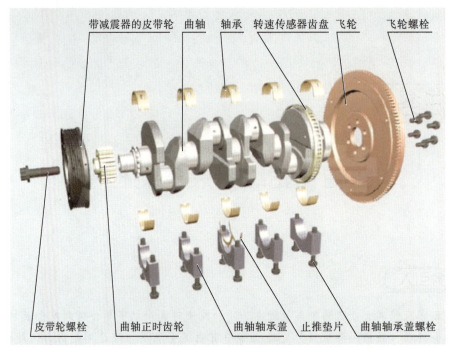

图 1-4-1 曲轴飞轮组

2 曲轴

曲轴一般由主轴颈、连杆轴颈、曲柄、平衡块、前端和后端等组成(图1-4-2)，功用是把活塞、连杆传来的气体力转变为转矩，用以驱动汽车的传动系统和发动机的配气机构以及其他辅助装置。曲轴在周期性变化的气体力、惯性力及其力矩的共同作用下工作，承受弯曲和扭转交变载荷。因此，曲轴应有足够的抗弯曲、抗扭转的疲劳强度和刚度；轴颈应有足够大的承压表面和耐磨性；曲轴的质量应尽量小；对各轴颈的润滑应该充分。

一个主轴颈、一个连杆轴颈和一个曲柄组成一个曲拐。直列式发动机曲轴的曲拐数目等于气缸数，V形发动机曲轴的曲拐数目等于气缸数的一半。

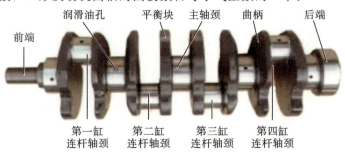

图 1-4-2 曲轴的组成

曲轴前端借助甩油盘和橡胶油封实现密封,如图1-4-3所示。发动机工作时,落在甩油盘上的机油,在离心力的作用下被甩到定时传动室盖的内壁上,再沿壁面流回油底壳。即使有少量机油落到甩油盘前面的曲轴上,也会被装在定时传动室盖上的自紧式橡胶油封挡住。

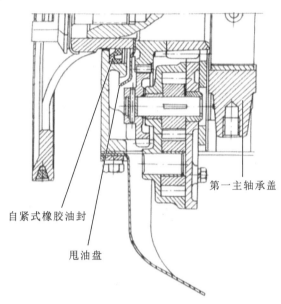

图1-4-3 曲轴前端的密封

如图1-4-4所示,曲轴后端的密封装置。由于近年来橡胶油封的耐油、耐热和耐老化性能的提高,在现代汽车发动机上曲轴后端的密封越来越多地采用与曲轴前端一样的自紧式橡胶油封。自紧式油封由金属保持架、氟橡胶密封环和拉紧弹簧构成。

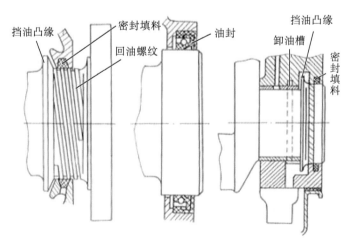

图1-4-4 曲轴后端的密封

3 发动机的工作顺序

(1) 直列四缸四冲程发动机各缸的工作顺序有 1-3-4-2 和 1-2-4-3 两种，如图 1-4-5 所示。

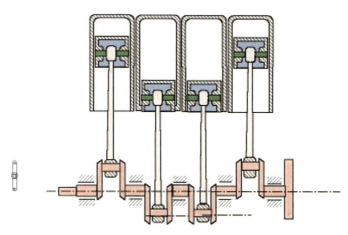

图 1-4-5 直列四缸四冲程工作顺序

(2) 直列六缸四冲程发动机各缸的工作顺序为 1-5-3-6-2-4，如图 1-4-6 所示。

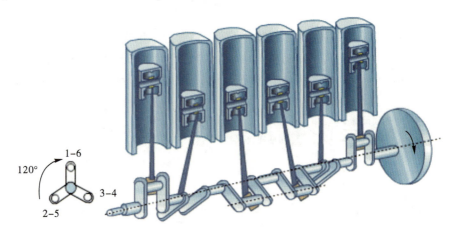

图 1-4-6 直列六缸四冲程发动机

(3) V 形八缸四冲程发动机的工作顺序随气缸序号的排列方法而定。四冲程 V8 发动机的发火间隔角为 720°/8＝90°，4 个曲拐互成 90°，如图 1-4-7 所示。工作顺序基本上有两种：R1—L1—R4—L4—L2—R3—L3—R2 和 L1—R4—L4—L2—R3—R2—L3—R1。

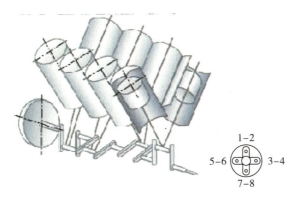

图 1-4-7　V形八缸四冲程发动机工作顺序

4　飞轮

飞轮的主要作用是将做功行程中发动机传输给曲轴的一部分能量储存起来，用于非做功行程克服阻力，从而使曲轴的转速和输出转矩尽可能均匀，使发动机有克服短期超负荷的能力，并将发动机的动力传给离合器。除此之外，飞轮还有下列功用：飞轮是摩擦式离合器的主动件；在飞轮轮缘上镶嵌有供启动发动机用的飞轮齿圈；在飞轮上还刻有上止点记号，用来校准点火定时或喷油定时以及调整气门间隙。飞轮的结构如图1-4-8所示。

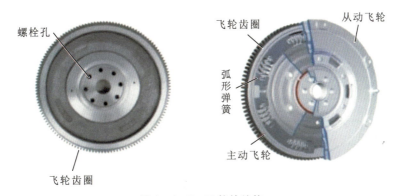

图 1-4-8　飞轮的结构

5　曲轴扭转减振器

曲轴是一种扭转弹性系统，其本身具有一定的自振频率。当发动机工作时，曲轴在周期性变化的转矩作用下，各曲拐之间发生周期性相对扭转的现象称为扭转振动，简称扭振。当发动机转矩的变化频率与曲轴扭转的自振频率相同或成整数倍时，就会发生共振。共振时扭转振幅增大，并导致传动机构磨损加剧，发动机功率下降，甚至使曲轴断裂。为了消减曲轴的扭转振动，现代汽车发动机多在扭转振幅最大的曲轴前端装置扭转减振器。汽车发动机多采用橡胶扭转减振器、硅油扭转减振器和硅油-橡胶扭转减振器等。

任务实施

1 项目说明

大众迈腾轿车在驾驶过程中，加油、减油时发动机下部会有金属撞击声，发动机会抖动。经过初步诊断分析，可能是由发动机长期超负荷运转，且机油更换不及时造成的。需通过拆卸、检查和重新装配来消除故障。本作业是在进气、排气支管、发电机、皮带轮、水泵、发动机固定支架、曲轴皮带轮、正时链条盖、正时链条、凸轮轴、油底壳等已拆卸，同时在机油与冷却液已排放的基础上进行的。

2 技术标准与要求

项目	内容
曲轴的轴向间隙/mm	0.07～0.23（磨损极限：0.30）
曲轴的径向间隙/mm	0.017～0.037（磨损极限：0.15）
曲轴轴承轴径/mm	58.00
连杆轴承轴颈/mm	47.80

3 设备器材

项目	内容
设备与零件总成	
常用工具	
耗材及其他	

4 作业流程

操作视频3

（1）拆卸双质量飞轮。

①转动双质量飞轮B，使螺栓A位于钻孔中心；在旋转螺栓A时，勿将螺栓头脱开在双质量飞轮钻孔中心箭头处，以避免继续旋转时螺栓头损坏双质量飞轮。拆卸气缸螺栓如图1-4-9所示。

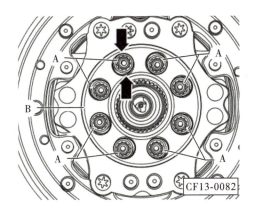

图 1-4-9 拆卸气缸螺栓

②将夹具 3067 插入气缸体中的孔 B 中，松开并拆下飞轮螺栓，如图 1-4-10 所示。

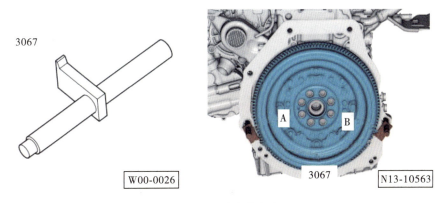

图 1-4-10 飞轮螺栓拆卸

(2)拆卸密封法兰。

①将隔板从密封法兰上和空心定位销上取下，如图 1-4-11 所示。

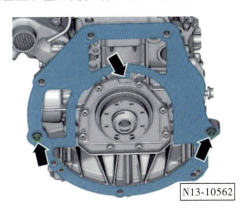

图 1-4-11 隔板拆卸

②拧出螺栓1至8，取下密封法兰，如图1-4-12所示。

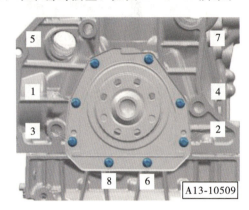

图1-4-12 密封法兰拆卸

(3)测量曲轴的轴向间隙(图1-4-13)。

①将千分表用通用千分表支架拧紧在气缸体上，然后对着曲轴臂调到约2 mm的预紧量。

②将曲轴用手压向千分表，将千分表调到"0"。

③从千分表上推开曲轴，读取测量值。

轴向间隙，0.07～0.23 mm(磨损极限：0.30 mm)。

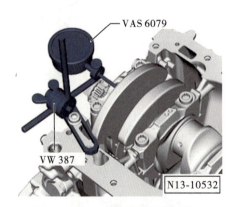

图1-4-13 曲轴轴向间隙测量

(4)测量曲轴的径向间隙(图1-4-14)。

①拆卸主轴轴承盖，清洁轴承盖和轴承颈。

②根据轴承宽度将曲轴径向间隙测量线放入轴颈或轴瓦。

③塑料线间隙规必须位于轴瓦中央。

④装上曲轴轴承盖并用原有的螺栓1至10拧紧，拧紧时不要转动曲轴。

⑤重新拆下轴承盖，将曲轴径向间隙测量线的宽度与测量刻度进行比较。径向间

隙，新：0.017～0.037 mm（磨损极限：0.15 mm）。

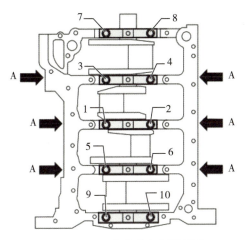

图 1-4-14　曲轴径向间隙测量

（5）使用外径千分尺，测量曲轴轴承轴颈与连杆轴承轴颈，如图 1-4-15 所示。

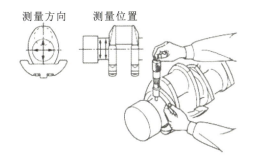

项目	曲轴轴承轴颈	连轴轴承轴颈
基本尺寸/mm	58.00	47.80

图 1-4-15　曲轴轴承轴颈与连杆轴承轴颈测量

（6）匹配主轴瓦。

①出厂时，气缸体已匹配了具有正确厚度的轴瓦。彩色点用于标记轴瓦厚度。

提示：需要在气缸体的何处安装何种轴瓦（上部轴瓦），都已用字母标记在气缸体的下密封面上。需要在轴承盖的何处安装何种轴瓦（下部轴瓦），都要在曲轴上用字母标记。第一个字母对应轴承盖 1，第二个字母对应轴承盖 2。

②气缸体的轴瓦标记。气缸体上的标记与气缸体轴瓦对应，记下字母并根据表格找出磨损了的颜色标记，如图 1-4-16 所示。

③轴承盖的轴瓦标记。曲轴上的标记与轴承盖轴瓦对应，记下字母并根据表格找

出磨损了的颜色标记，如图 1-4-17 所示。

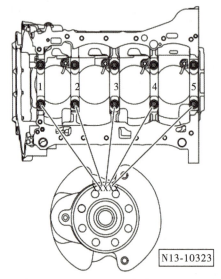

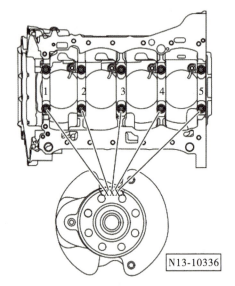

标记字母	对应颜色
S	黑色
R	红色
G	黄色
B	蓝色
W	白色

图 1-4-16 气缸体的轴瓦标记

标记字母	对应颜色
S	黑色
R	红色
G	黄色
B	蓝色
W	白色

图 1-4-17 轴承盖的轴瓦标记

（7）安装曲轴轴承盖。

①用手拧紧螺栓 1～10 和螺栓 A，如图 1-4-18 所示。

②将螺栓 1～10 用 65 N·m 的力矩预紧。

③用刚性扳手将螺栓 1～10 再转动 90°。

④用 20 N·m 的力矩预紧螺栓 A。

⑤用刚性扳手将螺栓 A 再转动 90°。

（8）安装密封法兰。

①在新的密封法兰的干净密封面上涂敷一层硅胶密封剂，密封剂条厚度为 2～3 mm，如图 1-4-19 所示。

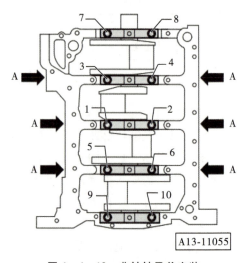

图 1-4-18 曲轴轴承盖安装

提示：密封法兰必须在涂敷硅胶密封剂后 5 min 内安装。

②将装配套专用工具插到曲轴轴颈 A 上，将密封法兰通过装配套专用工具推到曲轴轴颈上，如图 1-4-20 所示。

提示：用发动机机油略微浸润密封环。

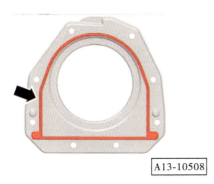 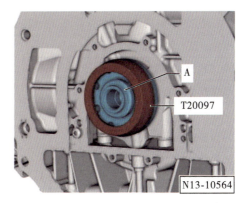

图 1-4-19　密封法兰涂抹硅胶密封剂　　　图 1-4-20　密封法兰安装到曲轴轴颈

③按所示顺序均匀拧紧新螺栓，如图 1-4-21 所示。

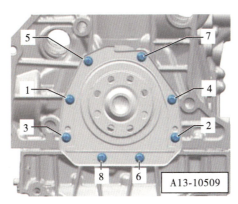

按所示顺序均匀拧紧新螺栓：

步骤	螺栓	拧紧力矩/继续旋转角度
1	1至8	用手拧到底
2	1至8	9 N·m

图 1-4-21　螺栓安装

5　填写考核工单

一、查询并记录发动机信息					
发动机类型		发动机排量		选装代码	
缸径		压缩比		点火顺序	
二、查询用户手册记录发动机保养项目里程及周期					
1. 拆装步骤及紧固规格					
曲轴飞轮拆装步骤		第　章　节　页		轴承盖螺栓扭力规格	
2. 环检查及测量					
检查项目	测量值		标准值	极限值	判断
曲轴的轴向间隙					正常□　异常□
曲轴的径向间隙					正常□　异常□
曲轴轴承轴颈					正常□　异常□
连杆轴承轴颈					正常□　异常□

自我测试

(1) 简述发动机曲轴飞轮组的结构特点。

(2) 简述发动机曲轴飞轮组的拆装流程及技术要点。

拓展学习

发动机高压缩比技术

汽车的压缩比越高，空气压缩的比例就越高，注入发动机内的空气密度越高，氧气含量也越高，所以燃烧越充分，动力更强劲，就越省油。但压缩比越大，通常伴随的是发动机振动会更大，甚至出现"爆燃"和"表面点火"的情况。为了避免爆震，工程师们采取了多种技术去控制。

(1) 控制凸轮轴在不同转速时的凸起变化，实现进气门晚关技术，实现了米勒循环，从而降低缸内的实际压力，实现膨胀比大于压缩比，最终控制缸内实际压力。

(2) 超高压的喷油控制，使燃油的雾化更彻底，燃烧时间更短，缩短雾化时间。

(3) 在活塞顶部专门设计了特殊的凹孔，优化气流，从而增加混合气流转效率，降低缸内温度。

(4) 加长排气技术，增加排气背压，降低排气残留。

(5) 零部件都进行轻量化设计，比如采用滚轮从动件，可以使节气门摩擦力减少50%以上，采用了电控可变油压小型油泵，使泵送损失减少约45%，对连杆、主轴颈、曲轴、活塞、活塞销轻量化设计，还采用了低张力活塞环，减少摩擦损失。

模块二
润滑系统部件检修

机油油泵、机油压力传感器、机油集滤器拆检

任务引入

某顾客的大众迈腾轿车最近出现机油报警灯时亮时灭的问题。经过对润滑系统机油品质、相关电子器件以及卸压阀等的检查后,发现问题很可能出在机油泵上,需对发动机体润滑系统进行分解进一步查找原因并排除。

学习目标

(1)掌握润滑系统的功用、结构组成及其工作原理;
(2)能正确描述润滑系统的装配要求;
(3)能够按照工艺规范完成活塞连杆组等拆装量测检修;
(4)能够快速准确地选用及使用专业工具进行操作;
(5)提升团队合作、密切协作的能力;
(6)养成自主学习、遵守车间7S管理规范的习惯;
(7)培养严谨求实、精益求精的工作作风。

知识准备

1 润滑系统的功用及组成

1.1 润滑系统的功能

发动机工作时,很多具有相对运动的零件表面都在很小的间隙下做高速相对运动,如活塞、活塞环与气缸壁表面、曲轴主轴颈与主轴承、配气机构各运动副及传动齿轮副等。零件表面的相对运动必然产生摩擦，摩擦产生的热会使零件工作表面烧损，致使发动机无法运转。为保证发动机的正常工作，减少发动机的功率损失，必须对相对运动零件表面进行润滑。

润滑系统的功用就是在发动机工作时连续不断地把数量足够、温度适当的洁净机油输送到全部传动件的摩擦表面，并在摩擦表面之间形成油膜，实现液体润滑，从而减小摩擦阻力、降低功率消耗、减轻机件磨损，以达到提高发动机工作可靠性和耐久性的目的。

(1) 润滑作用。在两个相对运动的零件表面之间形成油膜，减少零件相对运动表面之间的摩擦与磨损，降低摩擦功率消耗。

(2) 冷却作用。润滑油在润滑零件表面的流动过程中，不断地将零件表面因摩擦而产生的部分热量带走，以使零件摩擦表面不致因温度过高而熔化。

(3) 清洗作用。不断过滤和循环的润滑油在对零件进行润滑的过程中，冲洗零件表面，带走零件表面产生的金属屑和其他杂质，从而清洁零件表面，减少金属屑的磨料磨损作用。

(4) 密封作用。由于润滑油的黏性作用，在活塞和气缸壁之间形成的油膜增强了活塞、活塞环和气缸壁之间的密封作用，减少了活塞与气缸壁之间的漏气现象。

(5) 防锈作用。润滑油附着于零件表面，防止了零件表面与水、空气直接接触而发生氧化和腐蚀。

(6) 缓冲作用。在运动零件表面形成油膜，吸收冲击并减小振动。

1.2　发动机的润滑方式

根据发动机中各运动副不同的工作条件，可采用以下三种不同的润滑方式。

(1) 压力润滑。在机油泵的作用下以一定的压力将润滑油不断输送到摩擦表面的润滑方式。曲轴主轴承、连杆轴承及凸轮轴轴承等承受负荷较大、运动速度高的摩擦表面采用压力润滑。

(2) 飞溅润滑。是利用发动机工作时运动零件击溅起来的油滴或油雾来润滑摩擦表面的润滑方式。主要用来润滑负荷较小的气缸壁面和配气机构的凸轮、挺柱、气门杆以及摇臂等零件的工作表面。

(3) 润滑脂润滑。是通过润滑脂嘴定期加注润滑脂来润滑零件工作表面的润滑方式。主要用于负荷小、摩擦力不大，露于发动机体外的一些附件的润滑面上，如水泵、发电机、起动机等部件轴承的润滑。

1.3　润滑系统的组成及油路

发动机润滑系统主要由机油泵、油管、油道、油底壳、机油滤清器以及机油压力传感器和压力指示装置等部件组成。现代汽车发动机润滑系统的基本构成和油路大致相同，如图 2-1 所示。润滑系统基本构成和油路如图 2-2 所示。

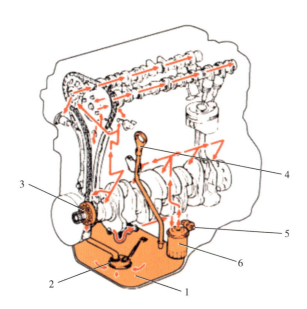

1—油底壳；2—机油集滤器；3—机油泵；4—机油尺；5—机油压力开关；6—机油滤清器。

图 2-1　润滑系统基本构成和油路

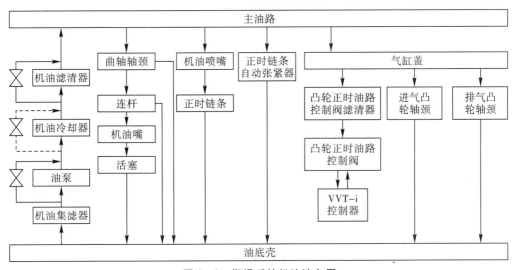

图 2-2　润滑系统机油流向图

2　润滑系统主要部件的构造

2.1　机油泵

机油泵的作用是提高润滑系统内的机油压力，强制地将机油压送到各运动机件的摩擦表面，使机油在润滑油路中不断循环，以保证发动机的良好润滑。根据其结构和工作原理的不同，机油泵可分为齿轮式、转子式和摆动式几种型式。

2.1.1 齿轮式机油泵的结构与工作原理

图2-3所示为齿轮式机油泵的一般结构。这种机油泵主要由泵体、泵盖、主动齿轮、从动齿轮、释放阀等零件组成。

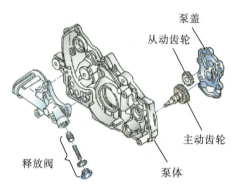

图2-3 齿轮式机油泵

齿轮式机油泵的工作原理如图2-4所示。发动机工作时，主动齿轮带动从动齿轮反向旋转。两齿轮旋转时，将充满在齿轮齿槽间的机油沿油泵壳壁由进油腔带到出油腔。在进油腔一侧，由于齿轮脱开啮合以及机油被不断带出而产生真空，使油底壳内的机油在大气压力作用下经集滤器进入进油腔，而在出油腔一侧由于齿轮进入啮合和机油被不断带入而产生挤压作用，机油以一定压力被泵出。

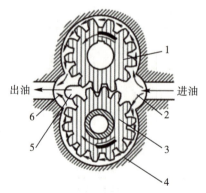

1—主动齿轮；2—进油口；3—从动齿轮；4—泵壳；5—卸油槽；6—出油口。
图2-4 齿轮式机油泵工作原理图

2.1.2 转子式机油泵的结构与工作原理

转子式机油泵主要由内转子、外转子、泵壳、泵盖、限压阀等零件组成，如图2-5所示。转子式机油泵一般装在发动机前端，由曲轴通过一根单独的链条驱动。内转子固定在机油泵传动轴上，外转子自由地安装在泵体内，并与内转子啮合转动。内转子比外转子少一个齿,内、外转子之间有一定的偏心距。

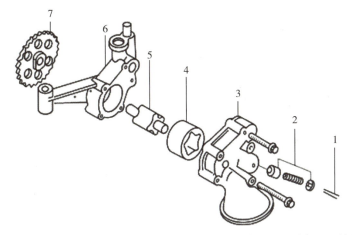

1—开口销;2—限压阀;3—泵盖;4—外转子;5—内转子;6—泵壳;7—链轮。

图 2-5　转子式机油泵

如图 2-6 所示,当内转子旋转时,带动外转子转动。转子齿形齿廓线的设计使得转子转到任何位置时,内、外转子的每个齿的齿形齿廓线上总能保持点接触状态。这样,内、外转子间便形成四个工作腔。当某一工作腔从吸油腔转过时,容积增大,产生真空,机油从进油孔被吸入工作腔;随着内、外转子的继续转动,该工作腔转到与压油腔相通的位置时,容积变小,油压升高,机油经压油腔从出油孔压入润滑油道中。

转子式机油泵的优点是结构紧凑,供油量大,供油均匀,噪声小,吸油真空度较高。

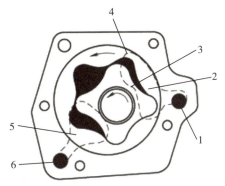

1—进油孔;2—吸油腔;3—内转子;4—外转子;5—压油腔;6—出油孔。

图 2-6　转子式机油泵工作原理示意图

2.1.3　摆动式机油泵的结构与工作原理

摆动式机油泵由泵体、内转子、外转子、泵盖及释放阀等组成,如图 2-7 所示。其与转子式机油泵的结构相似,但其内、外转子的齿数比转子式机油泵多;且内转子是由曲轴直接驱动的，可减少零件的数量及重量，以及降低机械摩擦与噪声，在现代小型车上普遍采用。

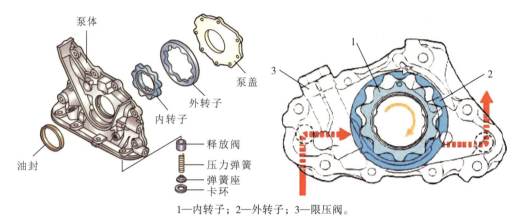

1—内转子；2—外转子；3—限压阀。

图 2-7 摆动式机油泵

2.2 机油滤清器

机油滤清器是用来滤清润滑油中的金属屑、机械杂质及机油氧化物，如各种有机酸、沥青质以及碳化物等，防止它们进入零件的摩擦表面而将零件拉毛、刮伤，使磨损加剧，以及防止润滑系统通道堵塞而出现烧坏轴瓦等严重事故。

润滑油流到摩擦表面之前，经过滤清器滤清的次数越多，则润滑油越清洁。但滤清次数越多，润滑油流动阻力也越大。为解决这一问题，在润滑系统中安装了几个不同滤清能力的滤清器：集滤器、粗滤器、细滤器。它们分别串联或并联在主油道中。与主油道串联的滤清器称为全流式滤清器；与主油道并联的滤清器，称为分流式滤清器，如图 2-8 所示。

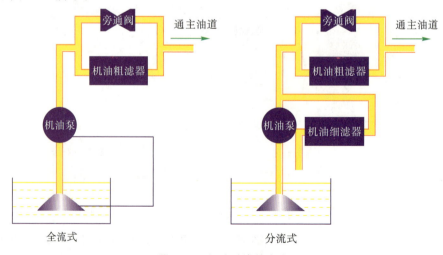

图 2-8 机油过滤的方式

2.2.1 集滤器

集滤器一般是滤网式的,安装在机油泵的进油管上,滤除较大的杂质。固定式机油集滤器(图2-9)的吸油管总成上端有与机油泵进油孔连接的凸缘,下端与滤网支座中心固定连接。滤网夹装在支座与罩之间。滤网靠自身的弹力紧压在罩上。罩的边缘有四个缺口,形成进油通道。

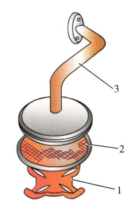

1—罩;2—滤网;3—吸油管总成。

图2-9 固定式机油集滤器

2.2.2 机油滤清器

机油滤清器由外壳、滤芯、旁通阀及止回阀等组成,如图2-10所示。从机油泵输出的压力油经端盖上的进油孔从滤芯的外围进入,经滤芯过滤后,从滤清器的中央送出,滤清器的工作流程如图2-11所示。

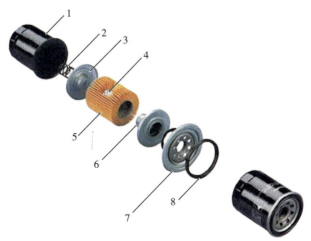

1—滤清器外壳;2—旁通阀弹簧;3—旁通阀;4—内支架;5—滤芯;6—止回阀;7—滤清器盖;8—密封圈。

图2-10 机油滤清器结构

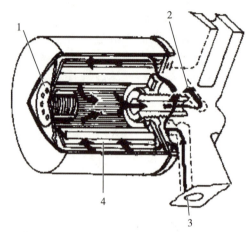

1—旁通阀；2—流向发动机的清洁润滑油；3—从油壳流入的脏油；4—褶纸滤芯。

图 2-11　滤清器工作流程图

机油滤清器装有用吸附能力不同的棉花、毛绒、人造纤维等材料制成的褶纸滤芯和尼龙(锦纶)滤芯。两种滤芯串联连接，能滤去直径为 0.05～0.1 mm 的机械杂质。细滤器能滤去直径为 0.001 mm 以上的机械杂质。机油滤清器还装有旁通阀和止回阀，防止滤芯被堵以及发动机停止工作时润滑油道内缺油。

为维护方便，机油滤清器采用旋装式结构，滤芯为纸质折叠结构，封闭式外壳，定期更换时直接旋装于滤清器盖上。

2.3　安全阀

机油泵必须在发动机各种转速下都能供给足够数量的机油，以维持足够的机油压力，保证发动机的润滑。机油泵的供油量与其转速有关，而机油泵的转速又与发动机转速成正比。因此，在设计机油泵时，都是使其在低速时有足够大的供油量。但是，在高速时机油泵的供油量明显偏大，机油压力也显著偏高。另外，在发动机冷启动时，机油黏度大，流动性差，机油压力也会大幅度升高。为了防止油压过高，在润滑油路中设置安全阀或限压阀。一般安全阀装在机油泵或机体的主油道上。当安全阀安装在机油泵上时，如果油压达到规定值，安全阀开启，多余的机油返回机油泵进口。如果安全阀安装在主油道上，多余的机油经过安全阀流回油底壳。安全阀结构如图 2-12 所示，安全阀工作过程如图 2-13 所示。

图 2-12　安全阀结构

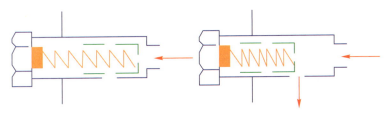

图 2-13 安全阀工作过程

2.4 机油散热器

机油散热器用来对润滑油进行强制冷却，以保持润滑油在适宜的温度范围（70～80℃）工作。发动机机油散热器分为风冷式和水冷式两类，如图 2-14 与图 2-15所示。风冷式机油散热器很像一个小型散热器，利用汽车行驶时的迎面风对润滑油进行冷却。由于风冷式机油散热器在发动机启动后需要很长的暖机时间才能使润滑油达到正常的工作温度，所以普通轿车上很少采用。水冷式机油散热器的外形尺寸小，布置方便，且不会使机油冷却过度，机油温度稳定，因而在轿车上应用较广。

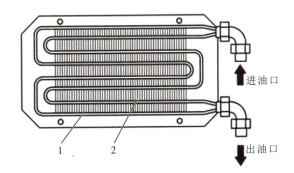

1—散热油管；2—散热片。

图 2-14 风冷式机油散热器

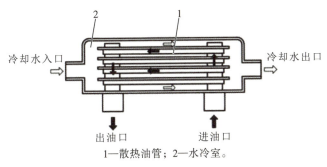

1—散热油管；2—水冷室。

图 2-15 水冷却式机油散热器

2.5 油底壳和油尺

2.5.1 油底壳

油底壳又称机油盘,安装在曲轴箱的下方,其作用是收集和储存从机体内各机件上流回的润滑油。油底壳受力很小,一般用薄钢板冲压而成,其结构如图 2-16 所示。为了保证汽车在纵坡道行驶时机油泵能吸到足够的机油,一般将油底壳后端底面做得深一些。同时,为了防止汽车振动时油面波动过大,在油底壳底部装有挡油板。在油底壳底部最低处装有放油螺塞,放油螺塞通常具有磁性,以便将沉积在机油中的金属屑吸住,避免进入再循环。

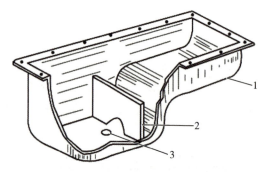

1—壳体;2—挡油板;3—放油螺塞。

图 2-16 油底壳

2.5.2 油尺

发动机工作时,应保证供给足够的润滑油。若油量不够,则会使油压不足,造成润滑不良,甚至加速机件磨损。但油量过多,又会增加机件运动阻力,造成发动机功率下降。若过多的机油进入燃烧室还会造成燃烧室积炭等故障,所以在油底壳中设有油尺,以便随时检查发动机机油量的多少,如图 2-17 所示。检查发动机机油量应在发动机启动之前或停止运转 5 min 以后,油量应保持在油尺的上下限之间。

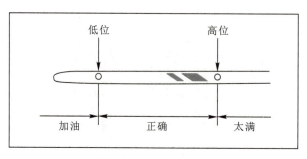

图 2-17 发动机油尺

任务实施

1 项目说明

机油报警灯时亮时灭，经检查发现问题很可能出在机油泵上，需通过拆卸、检查和重新装配来消除故障。

2 技术标准与要求

项目	内容
放油螺塞预紧力	30 N·m
油底壳螺栓预紧力	8 N·m+90°
机油防溅板固定螺栓预紧力	4 N·m+45°
机油油位和机油温度传感器固定螺栓预紧力	9 N·m
机油压力调节阀固定螺栓预紧力	4 N·m+90°
油压开关预紧力	20 N·m
机油压力降低开关预紧力	20 N·m

3 设备器材

项目	内容
设备与零件总成	
常用工具	
专用工具	
耗材及其他	

4 作业流程

操作视频 4

（1）拆下隔音垫，如图 2-18 所示。

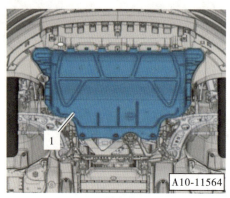

1—隔音垫。

图 2-18 隔音垫拆卸

(2)排空机油。

(3)拆卸油位和油温传感器。脱开电气连接插头，松开螺母，然后拆下油位和油温传感器，如图 2-19 所示。

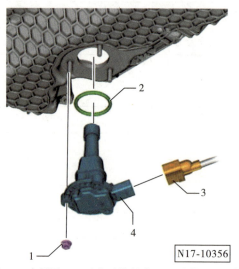

1—螺母；2—密封圈；3—电气连接插头；4—油位和油温传感器。

图 2-19 油位和油温传感器

(4)拆卸油底壳。

①拧下螺栓 1 至 20，然后拆下油底壳下部件，如图 2-20 所示。

②拧下螺栓，取下机油防溅板，如图 2-21 所示。

③用装配工具 T10118 按箭头方向拉动链条张紧装置的弹簧。然后将锁销 T40265 的锁芯(1)插入链条张紧装置的孔(2)中，将其锁止，机油泵链条张紧器松开方法如图 2-22 所示。

模块二 润滑系统部件检修

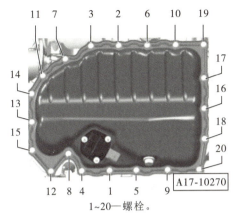

1~20—螺栓。

图 2-20 拆卸油底壳螺栓

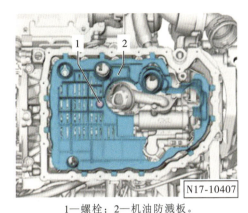

1—螺栓；2—机油防溅板。

图 2-21 机油防溅板拆卸

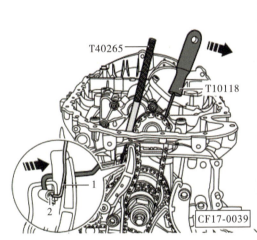

1—锁芯；2—链条张紧装置的孔。

图 2-22 机油泵链条张紧器松开方法

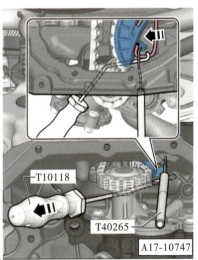

④拧下箭头指向螺栓，然后拆下机油泵，如图 2-23 所示。

(5)拆卸机油滤清器，如图 2-24 所示。

(6)拆卸油压开关（图 2-25）与油压调节。

(7)拆卸机油压力调节阀 N428（图 2-26）。脱开电气连接插头 1，拧下螺栓 2，拔出机油压力调节阀。

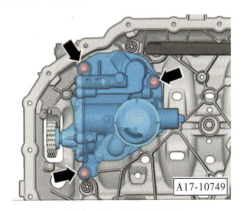

图 2-23 拆卸机油泵

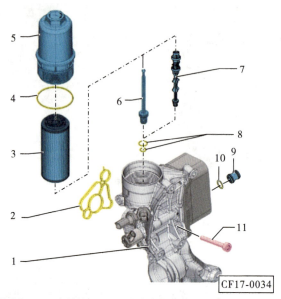

1—辅助总成支架；2—密封垫；3—机油滤清器；4—O形圈（用发动机机油润湿）；
6，7—排油接头；8—O形圈；9—管接头；
10—O形圈（用冷却液润湿）；11—螺栓。

图 2-24 拆卸机油滤清器

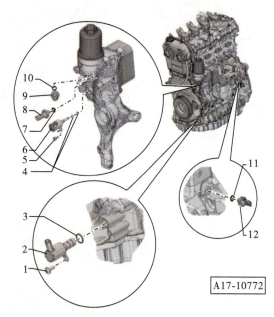

1—螺栓（4N·m+90°）；2—机油压力调节阀N428；3，4—O形圈；5—螺栓（4N·m+45°）
6—活塞冷却喷嘴控制阀N522；7—密封垫；8—油压开关F22（20N·m）；
9—机油压力降低开关F378（20N·m）；10，11—密封垫；12—油压开关3挡F447（20N·m）。

图 2-25 拆卸油压开关

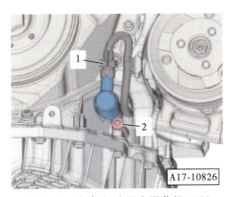

图 2-26　拆卸机油压力调节阀 N428

(8)拆卸油压开关 F22。脱开油压开关 F22 上的电气连接插头，拧下油压开关 1。如图 2-27 所示。

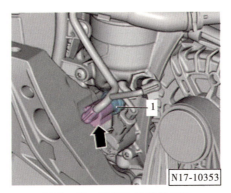

图 2-27　拆卸油压开关 F22

(9)拆卸机油压力降低开关 F378(图 2-28)。将连接插头从机油压力降低开关 F378 上断开，拧下油压开关 1。

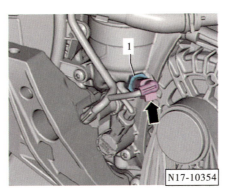

图 2-28　拆卸机油压力降低开关 F378

(10)其他步骤与拆卸步骤相反即可完成机油泵总成安装。

5 填写考核工单

一、查询并记录发动机信息					
发动机类型		发动机排量		选装代码	
缸径		压缩比		点火顺序	
二、查询用户手册记录发动机保养项目里程及周期					
油底壳杆拆装步骤	第 章 节 页		油底壳螺栓预紧力		
机油防溅板拆装步骤	第 章 节 页		机油防溅板固定螺栓预紧力		
机油油位和机油温度传感器拆装步骤	第 章 节 页		机油油位和机油温度传感器固定螺栓预紧力		
机油压力调节阀拆装步骤	第 章 节 页		机油压力调节阀固定螺栓预紧力		
油压开关拆装步骤	第 章 节 页		油压开关预紧力		
机油压力降低开关拆装步骤	第 章 节 页		机油压力降低开关预紧力		

自我测试

(1) 润滑系统由哪些部件组成？

(2) 一般润滑油路中有哪几种机油滤清器，它们应该串联还是并联？为什么？

(3) 简述机油油泵、机油压力传感器、机油集滤器的拆装流程及技术要点。

拓展学习

机油的选用

在选用机油时，一方面要根据发动机的强化程度选用合适的机油使用级，另一方面要根据地区的季节气温选用适当黏度等级。

机油黏度选择的主要依据是环境温度的高低。一般情况下，在4～9月，全国大部分地区都可选用20～40号的各级夏季用机油。冬季用机油的选择就要注意一下了，在我国长江以南、南岭以北地区，冬季最低温度可达 −10～0 ℃，可用25 W级；在黄河以南、长江以北地区，冬季最低温度可达 −5～−15 ℃，可用20 W级；在华北、中西部以及黄河以北地区，冬季最低温度可达 −15～−25 ℃，可用15 W或10 W级；而在东北、西北等严寒地区，冬季最低温度可达 −25～−30 ℃，要用5 W级；对于其他高寒地区，冬季最低温度也能到 −30 ℃以下，就需要用0 W级。当然，也可以选用冬夏两用的多级机油，各种多级机油的适用范围如表2-1所示。

表 2-1 机油黏度与温度对应及适用地区表

稀	黏度	适应温度	适用地域（中国）
↓	5W30	−35 ℃至25 ℃	北方冬季低温用油
↓	10W30	−25 ℃至30 ℃	
↓	10W40	−25 ℃至40 ℃	大部分地区适用
↓	15W40	−20 ℃至40 ℃	
稠	20W50	−15 ℃至50 ℃	南方夏季高温用油

注：本表只对SL级别机油适用。

模块三
冷却系统部件检修

水温传感器、水泵、散热器、冷却风扇等拆检

任务引入

某顾客反映其大众迈腾轿车在驾驶过程中,发动机水温报警灯突然亮起。经过维修人员对车主的询问以及检查后,确认问题很可能出在冷却系统的水泵、节温器或者散热器上,需对发动机体冷却系统进行进一步检修排除故障。

学习目标

(1)掌握冷却系统的功能、组成与原理;
(2)能够正确选用发动机冷却液;
(3)能够按照工艺规范完成水泵、水温传感器、散热器等拆装检修;
(4)能够快速准确地选用及使用专业工具进行操作;
(5)提升团队合作、密切协作的能力;
(6)养成自主学习、遵守车间7S管理规范的习惯;
(7)培养严谨求实、精益求精的工作作风。

知识准备

1 冷却系统的功能

发动机做功行程中,气缸与燃烧室内的气体温度可高达 2073~2273 K。因此,必须在发动机上设置冷却系统,以对高温机件进行冷却,保证发动机的正常工作。

冷却系统的冷却强度的调节是否合适，对发动机的工作影响很大。冷却不足，会造成发动机过热，导致发动机充气量下降而影响发动机功率输出，对于汽油机来说，还可能会造成早燃、爆燃和表面点火等不正常燃烧；同时，过高的温度会使润滑油黏度降低，导致机件磨损加剧。冷却过度，会使发动机过冷，导致燃料蒸发困难，可燃混合气形成条件变差。燃烧不完全不但会造成发动机功率下降、油耗量增大，而且还会引起废气排放污染增加。

冷却强度必须适度。不论何种形式的冷却系统，除能满足发动机在最大热负荷情况下冷却外，还必须能在发动机各种工况下，对冷却强度进行调节，以维持发动机的正常工作温度，保证发动机的正常工作，这就是发动机冷却系统的作用。

2　冷却系统的分类

冷却系统按照冷却介质不同可以分为水冷系统和风冷系统。

(1)水冷系统指通过冷却液在发动机水套中循环流动而吸收多余的热量，再将此热量散入大气而进行冷却的一系列装置。由于水冷系统冷却均匀、易调节，便于冬季启动且发动机运转噪声小，目前被广泛采用。采用水冷系统时，气缸盖内冷却液的温度应保持在80～90 ℃，气缸壁的温度则不超过197～277 ℃。

(2)风冷系统指将发动机中高温零件的热量，通过装在气缸体和气缸盖表面的散热片直接散入大气中而进行冷却的一系列装置。风冷系统因缸体和缸盖刚度差，振动大，噪声大，容易过热等缺点，仅用于部分小排量及军用汽车发动机。采用风冷系统时，气缸体和气缸盖的允许温度分别为150～180 ℃及160～200 ℃。

3　冷却系统的组成及工作原理

3.1　冷却系统的组成

目前汽车发动机上采用的水冷系统均为强制循环水冷系统，即利用水泵提高冷却液的压力，强制冷却液在发动机中循环流动。这种系统包括水泵、散热器、冷却风扇、节温器、补偿水桶、发动机机体和气缸盖中的水套以及其他附加装置等，如图3-1所示。

模块三 冷却系统部件检修

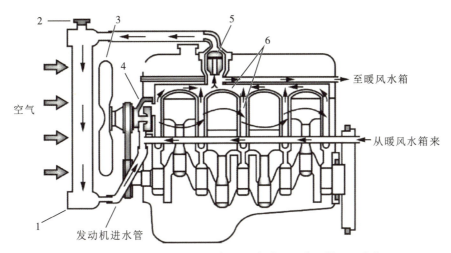

1—散热器；2—散热器盖；3—风扇；4—水泵；5—节温器；6—水套。

图 3-1 发动机水冷系统的组成

3.2 冷却系统的工作原理

散热器内的冷却液加压后通过气缸体进水孔压送到气缸体水套和气缸盖水套内，冷却液在吸收了机体的大量热量后经气缸盖出水孔流回散热器。由于有风扇的强力抽吸，空气流由前向后高速通过散热器。因此，受热后的冷却液在流过散热器芯的过程中，热量不断地散发到大气中去，冷却后的水流到散热器的底部，又被水泵抽出，再次压送到发动机的水套中。如此不断循环，把热量不断地送到大气中去，使发动机不断地得到冷却。

通常，冷却液在冷却系统内的循环流动路线有两条，一条为大循环，另一条为小循环。所谓小循环就是水温低时，冷却液不经过散热器而进行的循环流动，如图3-2(a)所示；而大循环是水温高时，冷却液经过散热器而进行的循环流动，如图3-2(b)所示。

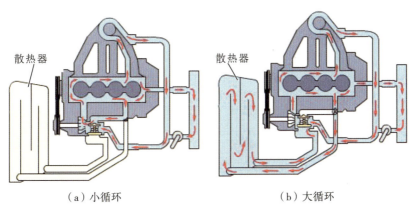

(a) 小循环　　　　　　　　　(b) 大循环

图 3-2 发动机强制循环式水冷系统示意图

• 129 •

4 水冷系统的主要部件

4.1 散热器

散热器俗称水箱，安装在发动机前的车架横梁上。其作用是将冷却液在水套中所吸收的热量传给大气，使水温下降。散热器要用导热性能良好的材料制造，并应保证足够的散热面积。

图3-3所示的散热器一般由上水室、散热器芯、下水室、散热器盖、放水开关等部件组成。上、下水室用于储存冷却液，散热器芯用于吸收冷却液的热量并将其传给周围高速流过的空气。在上水室上开有进水口，用橡胶软管与缸盖上的出水口相连，由缸盖出水口流出的温度较高的冷却液经橡胶软管从进水口流入上水室。上水室上还设有加水口，并用散热器盖封闭。在下水室底部开有出水口和放水开关。出水口用橡胶软管与水泵进水口相连，冷却液通过散热器冷却后从下水室流出，经水管被吸入水泵，压入缸体水套中。

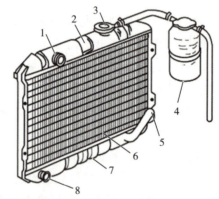

1—进水口；2—上水室；3—散热器盖；4—副贮水箱；5—出水口；6—散热器芯；7—下水室；8—放水开关

图3-3 散热器

散热器一般为纵流式，即冷却液从顶部流向底部，如图3-4所示。为降低汽车发动机罩轮廓的高度，有些轿车采用了横流式散热器，即冷却液从一侧的进水口进入水箱，然后水平横向流动到另一侧的出水口，如图3-5所示。

 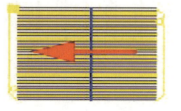 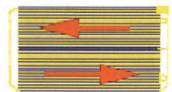

图3-4 纵流式散热器　　　　图3-5 横流式散热器

散热器芯由许多冷却管和散热片组成。对于散热器芯，应该有尽可能大的散热面积。采用散热片是为了增加散热器芯的散热面积。散热器芯有多种构造形式，常用的有管片式和管带式两种。

如图 3-6(a)所示，管片式散热器芯冷却管的断面大多为扁圆形，它连通上、下水室，是冷却液的通道。和圆形断面的冷却管相比，不但散热面积大，而且一旦管内的冷却液结冰膨胀，扁管可以借其横断面变形而避免破裂。采用散热片不但可以增加散热面积，还可增大散热器的刚度和强度。这种散热器芯强度和刚度都好，耐高压，但制造工艺较复杂，成本高。

如图 3-6(b)所示，管带式散热器芯采用冷却管，散热带沿纵向间隔排列的方式。散热带上的小孔是为了破坏空气流在散热带上形成的附面层，使散热能力提高。这种散热器芯散热能力强，制造工艺简单，成本低，但结构刚度不如管片式大，一般多在轿车发动机上使用，近年来在一些中型车辆上也开始使用。

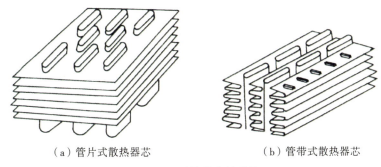

（a）管片式散热器芯　　　　（b）管带式散热器芯

图 3-6　散热器芯的结构

正确的冷却液面对冷却系统的有效工作极其重要。因此，有些汽车装有冷却液回收装置，可将受热溢出的冷却液回收在膨胀箱内。这时，检查液面和加注冷却液都在膨胀箱上进行，安全方便。发动机处于冷态时，冷却液面应在膨胀水箱的 MIN 和 MAX 两标记之间；发动机处于热态时，液面应不高于 MAX 标记。

4.2　散热器盖

闭式水冷系的散热器盖可自动调节冷却系内部压力，提高冷却效果。其优点一是闭式水冷系可使系统内的压力提高 98~196 kPa，冷却液的沸点相应地提高到 120 ℃左右，从而扩大了散热器与周围空气的温差，提高了散热器的换热效率，可以相应减小散热器的尺寸；二是闭式水冷系可减少冷却液的外溢及蒸发损失。

散热器盖有蒸汽阀和空气阀，当发动机热状态正常时两阀在弹簧力作用下处于关闭状态。当冷却系统内蒸汽压力超过大气压力 0.026~0.037 MPa 时，蒸汽阀开启，如图 3-7(a)所示。此时一部分冷却液经溢流管流入副贮水箱，使冷却液内的压力下降，防止冷却液胀裂散热器。

当发动机停机后,冷却液的温度下降,冷却系统内的压力也随之降低。当冷却系统内蒸汽压力低于大气压力 0.01~0.012 MPa 时,空气阀开启,如图 3-7(b)所示。副贮水箱内的冷却液部分地流回散热器,可以避免散热器被大气压力压坏。

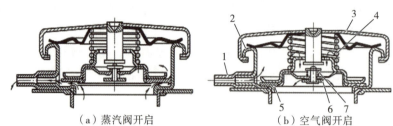

（a）蒸汽阀开启　　　　　　　　（b）空气阀开启
1—通气口；2—散热器加水口；3—加水口盖；4—蒸汽阀弹簧；5—蒸汽阀；6—空气阀；7—空气阀弹簧。

图 3-7　带空气－蒸汽阀的散热器盖

4.3　风扇

风扇的功用是增大流经散热器芯部的空气流速,以增强散热器的散热能力,加速冷却液的冷却。冷却风扇通常安装在散热器后面,并与水泵同轴。当风扇旋转时,对空气产生吸力,使气流由前向后通过散热器芯,从而使流经散热器芯的冷却液加速冷却。风扇的扇风量主要与风扇的直径、转速、叶片形状、叶片安装角及叶片数目有关。风扇的形式(图 3-8)很多,但汽车发动机上大多数采用螺旋桨式风扇,其叶片多用薄钢板冲压制成,横断面多为弧形,也可以用塑料或铝合金铸成翼型断面。翼型风扇虽然制造工艺较复杂,但效率较高,功率消耗较少,故在轿车和轻型汽车上广泛应用。叶片应与风扇旋转平面安装成一定的倾斜角度(一般为 30°~45°)。叶片数目通常为 4 片或 6 片。叶片之间的夹角一般不相等,以减小旋转时产生的振动和噪声。

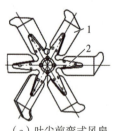 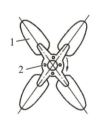 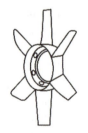

（a）叶尖前弯式风扇　　　　（b）尖窄根宽式风扇　　　　（c）塑料整体式风扇
　　　　　　　　　　　　　1—叶片；2—连接板。

图 3-8　风扇形式

4.4　水泵

水泵安装在发动机前端,通常与风扇一起用带轮同轴驱动。其作用是对冷却液加压,加速冷却液的循环流动,保证冷却可靠。车用发动机上多采用离心式水泵,离心式水泵具有结构紧凑、泵水量大，及因故障而停止工作时，不妨碍水在冷却系统内自然循环等优点。

离心式水泵主要由泵体、叶轮和水泵轴等组成，叶轮一般是径向或向后弯曲的，其数目一般为 6～9 片。离心式水泵如图 3-9 所示，当叶轮旋转时，水泵中的水被叶轮带动一起旋转，在离心力作用下，水被甩向叶轮边缘，然后经外壳上与叶轮成切线方向的出水管压送到发动机水套内。与此同时，叶轮中心因具有负压而使散热器中的水经进水管被吸入水泵。

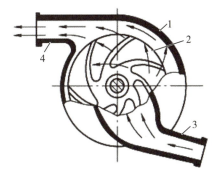

1—水泵壳体；2—叶轮；3—进水口；4—出水口。

图 3-9 离心式水泵示意图

4.5 节温器

节温器是改变流经散热器冷却液流量的零件。安装在水泵的进水口或气缸盖的出水口处。其作用是根据发动机冷却液温度的高低，自动改变冷却液的循环路线及流量，以使发动机始终在最合适的温度下工作。目前汽车上多采用蜡式节温器，如图 3-10 所示，其核心部分为蜡质感温元件。推杆的一端固定于支架上，另一端插入橡胶套的中心孔内，橡胶套与金属外壳间装有精制石蜡，利用石蜡受热后由固态变为液态时体积膨胀的性质进行控制。

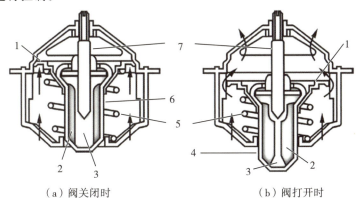

(a) 阀关闭时　　　　　　(b) 阀打开时

1—阀；2—蜡；3—合成橡胶；4,6—蜡室；5—弹簧；7—推杆。

图 3-10 蜡式节温器示意图

当冷却液的温度低时，石蜡为固体，体积小，弹簧的力量将蜡室及阀向上推，关闭气缸盖水套到水箱的通路。

当冷却液的温度上升时，石蜡开始熔化成液体，体积膨胀产生压力，压缩合成橡胶，并作用在推杆上。但因推杆固定在支架上不能动，其反作用力使蜡室克服弹簧弹力向下移动，而使阀打开，让水套冷却液流往散热器。

任务实施

1 项目说明

冷却液温度报警灯亮起，维修人员检查发现冷却液量明显不足，经对车主进一步询问得知该车不久前发生过追尾事故，因裂痕明显需对散热器等进行检查来消除故障。

2 技术标准与要求

项目	内容
发动机温度调节伺服元件安装螺栓扭矩	9 N·m
冷却液齿形皮带盖罩螺栓扭矩	9 N·m
冷却液泵螺栓扭矩	9 N·m
冷却液温度传感器螺栓扭矩和角度	4 N·m＋45°

3 设备器材

项目	内容
设备与零件总成	
常用工具	
耗材及其他	

4 作业流程

操作视频5

(1)打开冷却液膨胀罐的加注盖，拆卸发动机罩锁如图3-11所示。

提示：在发动机处于暖机状态时，冷却系统中存在过压。有被高温蒸汽和高温冷却液烫伤的危险。请将冷却液膨胀罐的密封盖用抹布盖住并小心打开。

(2)拆卸隔音垫，如图3-12所示。

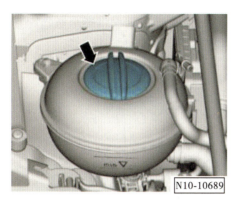
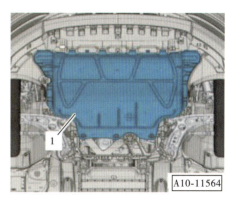

图 3-11　拆卸发动机罩锁　　　　　　图 3-12　拆卸隔音垫

(3)将右下冷却液软管 1 从散热器上拆下,并排出冷却液,如图 3-13 所示。

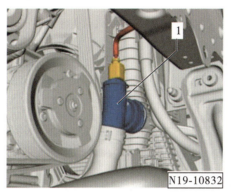

图 3-13　冷却液软管拆卸及冷却液排放

(4)拆卸空气滤清器壳体。

①拧出螺栓 1,沿箭头方向松开卡止装置,取下盖板 2。如图 3-14 所示。

②脱开冷却液软管 2,沿箭头方向松开卡止装置,取下空气导管上部件 1,如图 3-15 所示。

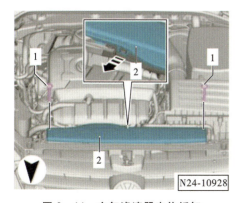
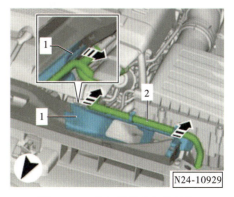

图 3-14　空气滤清器壳体拆卸　　　　图 3-15　空气导管上部件拆卸

③拔下真空软管1,松开软管卡箍2拆下空气导流软管,将空气滤清器壳体3向上从橡胶支座处拔出并翻出。空气滤清器壳体拆卸如图3-16所示。

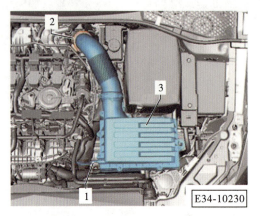

图3-16 拆卸空气滤清器壳体

(5)拆卸冷却液泵齿形皮带。

①拧出箭头所指左右螺栓,松开并取下空气导管的下部件1,如图3-17所示。

②松开箭头所指软管卡箍,并向下将增压空气软管1拆下,如图3-18所示。

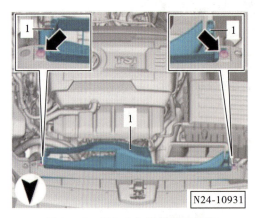

图3-17 拆卸空气导管的下部件

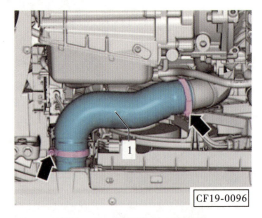

图3-18 拆卸增压空气软管

③脱开空气导管上的电线束固定卡1和2,松开螺旋卡箍3,拧出箭头所指螺栓,取下增压空气导管,如图3-19所示。

④拔出固定夹1,拔出上部冷却液接头并推到一侧,如图3-20所示。

⑤脱开油压开关2上的电气连接插头1,拆下油压开关,拧出箭头所指螺栓,取下齿形皮带护罩,如图3-21所示。

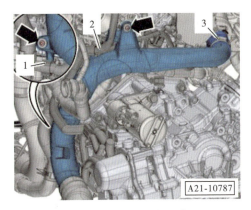
图 3-19 拆卸增压空气导管(一)

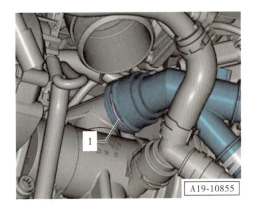
图 3-20 拆卸增压空气导管(二)

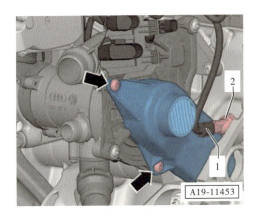
图 3-21 拆卸齿形皮带护罩

⑥用固定支架 T10355 反向把持住曲轴皮带轮,如图 3-22 所示。

⑦用扭矩扳手 V.A.G1410 和套筒扳手接头 T10360 松开冷却液泵驱动轮上的螺栓1,并转动 3 圈旋出,取下齿形皮带 2,如图 3-23 所示。

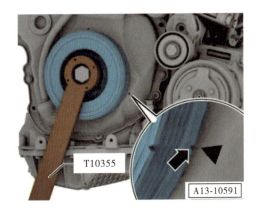
图 3-22 把持曲轴皮带轮

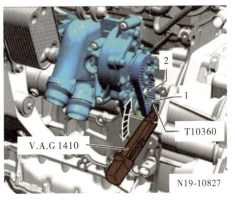
图 3-23 拆卸齿形皮带

(6)拆卸冷却液调节装置及冷却液泵,其装配关系如图 3-24 所示。

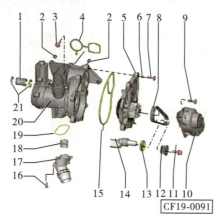

1—连接套管;2—定位销;3,7,9,11,16—螺栓;4—密封垫;5—冷却液泵;
6—螺栓衬套;8—齿形皮带;10—冷却液齿形皮带盖罩;12—齿形皮带的驱动轮;
13—进气侧平衡轴密封圈;14—进气平衡轴;15,19—密封垫;17—管接头;
18—弹簧;20—发动机温度调节伺服元件N493;21—O形圈

图 3-24 冷却液泵及冷却液调节装置示意图

①脱开连接插头 2、3 和 4,拧出紧固螺栓 1 并将支架置于一侧。拆卸支架如图 3-25 所示。

②脱开箭头所指线束卡子,并将线束置于一旁,如图 3-26 所示。

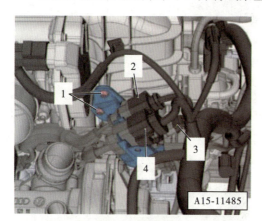

图 3-25 拆卸支架

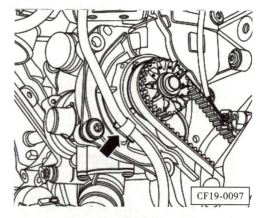

图 3-26 将线束置于一旁

③拧出螺栓 1~5,拆卸发动机温度调节伺服元件,如图 3-27 所示。
④拧出螺栓 1~4,拆卸发动机冷却液泵,如图 3-28 所示。

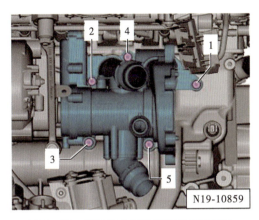
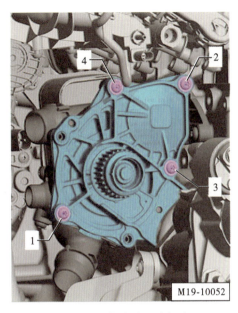

图 3-27 拆卸发动机温度调节伺服元件　　　图 3-28 拆卸发动机冷却液泵

(7) 拆卸冷却液温度传感器。

① 松开软管卡箍 2，拧出螺栓 1，将左侧空气导管略微向左按压，如图 3-29 所示。

② 脱开电气连接插头 1，拧出螺栓 2，取下冷却液温度传感器，如图 3-30 所示。

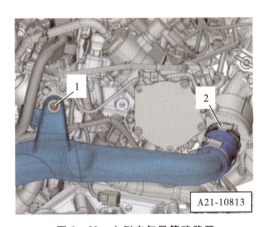
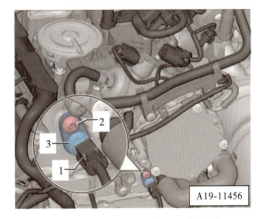

图 3-29 左侧空气导管略移开　　　图 3-30 拆卸冷却液温度传感器

(8) 拆卸散热器出口处的冷却液温度传感器。脱开电气连接插头 1，拔出固定夹 2、3，然后拔下散热器出口处的冷却液温度传感器，如图 3-31 所示。

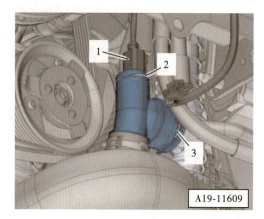

图 3-31 拆卸散热器出口处的冷却液温度传感器

(9)拆卸散热器。散热器装配示意图如图 3-32 所示。

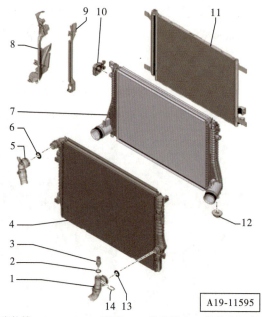

1、5—冷却液软管；2、6、13—O 形圈；3—散热器出口处的冷却液温度传感器；
4—冷却液散热器；7—增压空气冷却器；8、9—空气导流板；10—散热器支座；
11—冷凝器；12—橡胶支座；14—固定夹。

图 3-32 散热器装配示意图

①拆下螺栓 1、3，沿箭头方向脱开固定卡，然后拆下空气管道 2，如图 3-33 所示。

②从固定卡上脱开冷却液软管 2，沿箭头方向脱开固定卡，然后拆下上部进气管道 1，如图 3-34 所示。

模块三 冷却系统部件检修

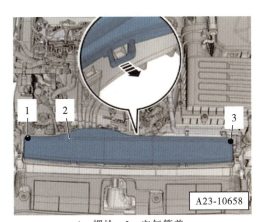

1—螺栓；2—空气管盖。

图 3-33 空气管盖拆卸

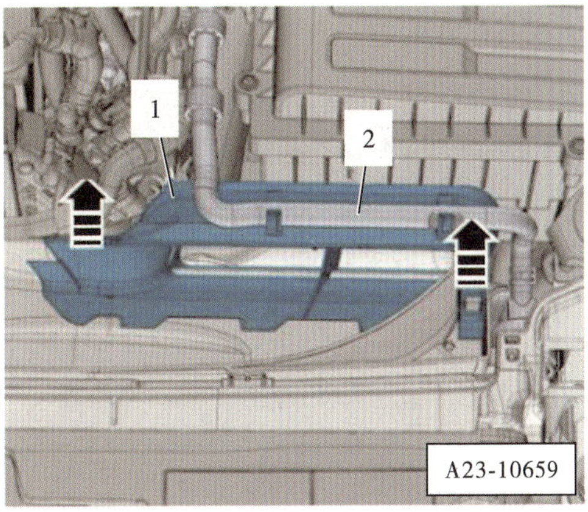

1—上部进气管道；2—冷却液软管。

图 3-34 上部进气管道拆卸

③拆下箭头所指的两侧螺栓，松开下部进气管道1，然后将其拆下，如图3-35所示。

④拔出箭头所指固定夹，然后将冷却液软管（左上）从散热器拔出，如图3-36所示。

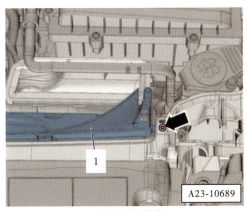

1—下部进气管道。

图 3-35 拆卸下部进气管道

图 3-36 冷却液软管拔出方法

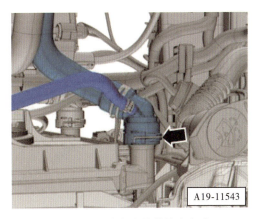

⑤用斜口钳夹住散热器支座左右侧箭头所指的卡扣，从上部将散热器略微推向发动机侧，如图3-37所示。

⑥按下散热器左右侧箭头所指的锁止卡，然后将散热器从增压空气冷却器拆下，如图3-38所示。

· 141 ·

汽车动力与驱动系统**综合分析技术**

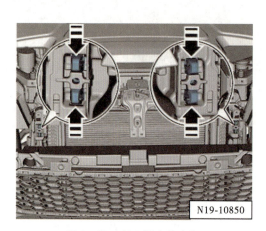

图 3-37 斜口钳夹住卡扣

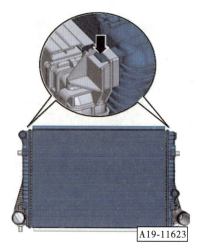

图 3-38 增压空气冷却器拆卸方法

(10) 拆卸散热器风扇，散热器风扇装配关系，如图 3-39 所示。

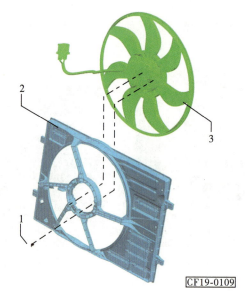

1—螺栓（5N·m）；2—风扇护罩；3—散热器风扇。

图 3-39 散热器风扇装配示意图

① 松开箭头所指软管卡箍，并拆下左侧增压空气软管 A，如图 3-40 所示。

提示：风扇会自动运转，操作前先脱开电气连接插头。

模块三 冷却系统部件检修

图 3-40 左侧增压空气软管拆卸

②沿箭头 A 方向推开锁止件并按压解锁装置,并拔下散热器风扇连接插头 1。沿箭头 B 方向按压风扇左右两侧的锁止凸耳,并向上从散热器上拉出风扇罩。从下方取出风扇罩,如图 3-41 所示。

③脱开电气连接插头箭头所指的固定卡,拧出螺栓 1,取下散热器风扇,如图 3-42 所示。

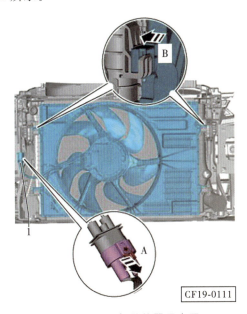

图 3-41 拆卸散热器风扇罩

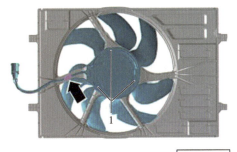

图 3-42 拆卸散热器风扇

(11)其他步骤与拆卸步骤相反即可完成机油泵总成安装。

5 填写考核工单

一、查询并记录发动机信息					
发动机类型		发动机排量		选装代码	
缸径		压缩比		点火顺序	
二、查询用户手册记录发动机保养项目里程及周期					
冷却液排出步骤		第　章　节　页		暖机状态排放冷却液注意事项	
空气滤清器壳体拆装步骤		第　章　节　页		空气导管上部件拆卸注意事项	
冷却液泵齿形皮带拆装步骤		第　章　节　页		齿形皮带的驱动轮固定螺栓预紧力	
发动机温度调节伺服元件拆装步骤		第　章　节　页		机油压力调节阀固定螺栓预紧力	
发动机冷却液泵拆装步骤		第　章　节　页		发动机冷却液泵固定螺栓预紧力	
冷却液温度传感器拆装步骤		第　章　节　页		冷却液温度传感器螺栓预紧力	
散热器拆装步骤		第　章　节　页		暖机状态拆卸注意事项	
散热器风扇拆装步骤		第　章　节　页			

自我测试

(1)封闭式液冷系统的散热器盖有何作用?

(2)为什么发动机决不允许在拆除节温器的状态下工作?

(3)冷却系统的哪些因素会导致发动机温度过高?

(4)简述水温传感器、水泵、散热器、冷却风扇等的拆装流程及技术要点。

拓展学习

汽车冷却液的正确使用方法

冷却液由水、防冻剂、添加剂三部分组成,按防冻剂成分不同可分为酒精型、甘油型、乙二醇型等类型冷却液。酒精型冷却液是用乙醇作防冻剂,价格便宜,流动性好,配制工艺简单,但沸点较低、易挥发损失、冰点易升高、易燃等,现已逐渐被淘汰。甘油型冷却液沸点高、挥发性小、不易着火、无毒、腐蚀性小,但降低冰点效果不佳、成本高、价格昂贵,用户难以接受,只有少数北欧国家仍在使用。乙二醇型冷却液是用乙二醇作防冻剂,并添加少量抗泡沫、防腐蚀等综合添加剂配制而成。由于乙二醇易溶于水,可以任意配成各种冰点的冷却液,其最低冰点可达-68 ℃,这种冷却液具有沸点高、泡沫倾向低、黏温性能好、防腐和防垢等特点,是一种较为理想的冷却液。目前,国内外发动机所使用的和市场上所出售的冷却液,几乎都是乙二醇型冷却液。

正确使用冷却液,可起到防腐蚀、防穴蚀渗漏、防散热器开锅,防水垢和防冻结等作用,能够使冷却系统始终处于最佳的工作状态,保证发动机的正常工作温度。在使用中应特别注意:

(1)要坚持常年使用冷却液。对于传统发动机,能够保证发动机正常工作的冷却液温度值为80~90 ℃,但对于电控发动机,由于其高转速、高压缩比和高功率的工作特点,其机械负荷及热负荷较大,摩擦热较高,因而对冷却液正常工作温度的要求已提高到95~105 ℃。这与人们形成的传统发动机冷却液"正常水温"观点不同,需要人们转变认识观念。使用时要注意冷却液使用的连续性,只在冬季使用冷却液的观点是错误的,切莫忽视了冷却液的防腐、防沸、防垢等作用。

(2)正确选用冷却液。冷却液冰点在选用时,要低于环境最低温度10 ℃左右。

(3)牌号选择。冷却液牌号即为其冰点值,不同地区的选购参考值有所区别,建议选用牌号:长江以北地区为-25号,东北地区、西北地区为-35号。不同厂家、不同牌号的冷却液不能混合使用,以免起化学反应,破坏各自的性能,甚至损坏发动机。

(4)加水稀释。为便于运输与储存,冷却液多加工成浓缩液状。使用时必须加水稀释才能取得最佳冷却效果。冷却液最好使用去离子水或蒸馏水稀释，切不可使用自来水、地下水或地表水稀释。否则，易导致水垢的产生或加快对冷却系统的腐蚀。加水稀释的比例应依据冷却液外包装上的使用说明，结合使用地区和季节确定，调配后的冰点值原则上应低于所在地区最低气温10 ℃。配比参考值为夏季时冷却液（浓缩液）体积分数为40%，蒸馏水体积分数为60%；冬季时，冷却液、蒸馏水体积分数各为50%。

(5) 更换周期。冷却液在高温状态下长期使用后，必然会导致变质，从而使其性能下降。为此，应定期更换冷却液。一般每行程40000~50000 km更换一次。更换冷却液时应放净旧液，将冷却系统清洗干净后，再换上新液。

(6) 防止中毒。冷却液多为工业乙二醇水基型，对人体有一定的毒副作用。禁止采用嘴吸操作法；一旦沾到手上或身上等处时，应及时用水清洗干净。另外，这种冷却液中的防腐添加剂具有致癌性，废液不要乱倒，以免污染环境。

(7) 正确加注。加注冷却液时应适量。加注量不足将导致冷却效果不够；也不能过量，由于工业乙二醇型冷却液膨胀系数较大，因此必须留出5%左右的膨胀空间，以免冷却液溢出。膨胀水箱应按液位标记加注少量冷却液，使其充分发挥水气分离、恒压泵水、减少氧化和穴蚀的作用。

(8) 清除水垢。当冷却系统有水垢时，在换用新冷却液之前，应使用专用的水垢清除剂清除水垢。如果冷却系统有水垢或更换冷却液之前又未清除的话，由于优质冷却液具有除垢、除锈功能，使用中也能将水垢和锈蚀物溶解，但此时会产生一定的二氧化碳气体，从散热器盖处冒出大量的泡沫到膨胀水箱，同时使冷却液变色，产生大量的絮状物（此为正常现象）。由于冷却液与水垢及锈蚀物反应后其性能有所下降，这样就必须及时更换新的冷却液，以保证其良好的工作效率。

(9) 要针对各种发动机具体结构特点选用冷却液种类。强化系数高的发动机，应选用高沸点冷却液；缸体或散热器用铝合金制造的发动机，应选用含有硅酸盐类添加剂的冷却液。另外，有一些高档汽车还为其发动机规定专用的冷却液。因此，在选用冷却液时要严格按照发动机使用说明书中的要求选用。

(10) 注意经常检查冷却液的液面高度和冷却系统的密封性。防止冷却液的渗漏，渗漏的结果不但会造成冷却液的损失，严重时，还会稀释机油，造成润滑系统故障。

模块四
点火系统部件检修

点火系统主要部件拆检

任务引入

某顾客的迈腾B8L轿车突然出现加速无力、低速行驶时顿挫的现象，经技术人员综合诊断后，初步判断可能的故障点是点火线圈、火花塞、爆震传感器、曲轴位置传感器及凸轮轴位置传感器。要锁定故障点，还需进一步检测诊断。

学习目标

(1) 掌握点火系统的功能与组成；
(2) 理解点火系统的工作原理；
(3) 能够按照工艺规范进行点火系统部件的拆卸、装配与调试；
(4) 能够规范选择、使用工具；
(5) 能够具备主动探索、深入思考、举一反三的学习习惯；
(6) 培养严谨求实、精益求精的工作作风。

知识准备

1 点火系统概述

微机控制点火系统通过点火线圈将电源的低压电转变为高压电，根据各种传感器提供的发动机工况信息，发出点火控制信号，控制点火时刻，将高压电送至各缸火花塞产生电火花，点燃可燃混合气。

1.1 点火系统的功用

点火系统的基本功用是在发动机各种工况和使用条件下，在气缸内适时、准确、可靠地产生电火花，以点燃可燃混合气，使发动机做功。如图 4-1-1 所示为微机控制点火系统简图。

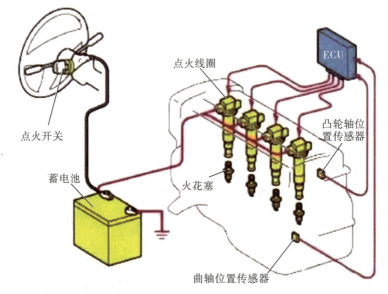

图 4-1-1　微机控制点火系统简图

1.2　微机控制点火系统组成

如图 4-1-2 所示，微机控制点火系统主要由各种传感器、电子控制单元（electrical control unit，ECU）、点火器、点火线圈、火花塞等组成。

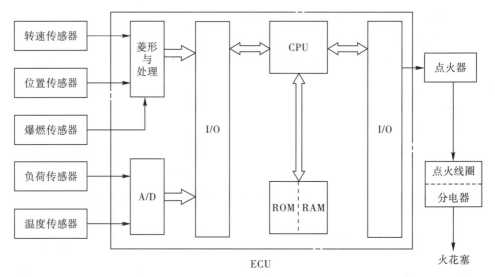

图 4-1-2　微机控制点火系统组成框图

1.3 微机控制点火系统工作原理

系统由各种传感器检测发动机的工况信息,并送给电控单元进行分析和计算。ECU 根据曲轴位置确定初始点火提前角,并依据发动机转速和负荷信号从存储器中调出基本点火提前角的原始数据;再根据传感器信号,对基本点火提前角进行修正;最后向点火器发出点火控制信号。点火器接收 ECU 发出的点火控制信号,在最佳时刻接通和断开点火线圈初级电路,点火线圈次级绕组产生高压电,使火花塞跳火点燃混合气。

任务实施

1 作业说明

迈腾 B8L 轿车出现加速无力,低速下顿挫的现象。造成该现象的原因可能是某缸火花塞失效、点火线圈、曲轴位置传感器等部件故障,需先对点火系统电子元件进行拆卸。本作业在迈腾 B8L 发动机拆装台架上完成。

2 技术标准与要求

项目	内容
点火线圈紧固力矩	
火花塞紧固力矩	
爆震传感器紧固力矩	
曲轴位置传感器紧固力矩	

注:请学员查阅维修资料后填写。

3 设备器材

项目	内容
设备与零件总成	
常用工具	
耗材及其他	

注:请学员根据场地实际设备器材填写。

4 作业流程

操作视频6

4.1 点火线圈的拆装

(1)检查点火线圈线束接头有无松动,点火线圈外观有无开裂等现象。

拔开点火线圈接插器,确认点火开关处于关闭状态。观察接插器锁扣形式,向外拉出锁舌,向下按压锁扣,确认解锁后,方可拉拔,勿蛮力操作;用拇指按下接插器锁扣,然后轻轻拔开点火线圈接插器;切勿拉扯接插器线束。

注意:若锁止装置无法解除,则尝试边按压锁止扣边向内推,直至锁止装置完全解除方可拔下连接器,以免损坏元器件。

(2)拆卸点火线圈固定螺栓:使用棘轮扳手拆卸点火线圈固定螺栓,因螺栓力矩较小,可以选择合适套筒配合棘轮扳手拆卸,注意防止螺栓掉落。

(3)使用点火线圈起拔器,将点火线圈从气缸上取下。

(4)做好标记,依次按缸序摆放整齐。

目视检查点火线圈外观是否有损坏、变形。

(5)按原拆装顺序安装点火线圈;用手轻按嵌入火花塞尾部,调整好螺栓固定孔位。安装到位的点火线圈密封圈应紧密贴合火花塞孔周围。

(6)安装点火线圈接插器;听见"咔嗒"声即可;复查安装是否到位。

(7)安装点火线圈固定螺栓,查阅维修手册,用扭力扳手上紧至规定力矩。

4.2 火花塞拆装

(1)查阅维修手册确认火花塞套筒尺寸,在不清楚选择多大火花塞套筒时,应依据从小到大原则。

(2)用扭力扳手或棘轮扳手拆卸火花塞。

(3)用套筒轻轻带出火花塞;如火花塞套筒未能取出火花塞时,可以用磁力棒将火花塞取出,或者用点火线圈将火花塞取出。

注意:用毛巾等盖住火花塞螺纹孔,以防止外物掉入燃烧室。

(4)安装火花塞:将少量密封胶涂抹在火花塞的螺纹部分,并用手将其拧入火花塞孔,查询维修手册,以规定力矩用扭力扳手拧紧。新更换的火花塞规格和型号要与原发动机的火花塞型号相符。

4.3 爆震传感器的拆装

(1)从爆震传感器G61上拔下电气连接插头。爆震传感器G61位于冷却液泵后的进气歧管下方,拔下电器连接插头时注意插头放置位置。

(2)拆卸发动机温度调节伺服元件 N493。

(3)拧出爆震传感器 G61。

(4)检查爆震传感器外观是否损坏,线路是否完整。

(5)安装爆震传感器时,用工具将爆震传感器固定螺栓预紧。预紧完成后。用 8 N·m 的力矩对其进行拧紧。

4.4 曲轴位置传感器的拆装

(1)拔下曲轴位置传感器插头。

(2)用工具拆卸曲轴位置传感器紧固螺栓。

(3)紧固螺栓拧下后将曲轴位置传感器从气缸体上拔出。

(4)取下曲轴位置传感器密封圈。检查是否老化、破损。

(5)检查密封圈完好后将其安装到传感器上。安装曲轴位置传感器时需安装到气缸体指定位置,拧上紧固螺栓。用工具对其进行预紧,预紧后用 10 N·m 的力矩对其进行拧紧。

(6)检查传感器插头是否完好。确认完整后插上插头。

4.5 凸轮轴位置传感器拆装

如图 4-1-3、图 4-1-4 所示,凸轮轴位置传感器拆装步骤如下:

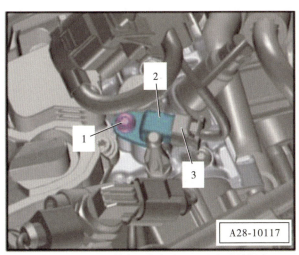

1—螺栓;2—凸轮轴位置传感器;3—电气连接插头。

图 4-1-3 凸轮轴位置传感器

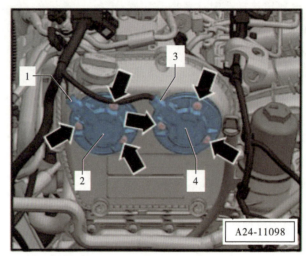

1—排气凸轮轴调节阀N318插头；2—排气凸轮轴调节阀N318；
3—凸轮轴调节阀N205插头；4—凸轮轴调节阀N205。

图 4-1-4　凸轮轴调节阀

(1)脱开图 4-1-3 中电气连接插头 3。

(2)拧出图 4-1-3 中 1 所示螺栓，并取下 2 所示凸轮轴位置传感器。

(3)拔出图 4-1-4 中 1 所示排气凸轮轴调节阀 N318 的插头和 3 所示凸轮轴调节阀 N205 的插头。

(4)将干净的抹布置于凸轮轴调节阀下方。

(5)拧出螺栓，取下凸轮轴调节阀 N318 及 N205。

5 填写考核工单

一、查询并记录发动机信息					
发动机类型		发动机排量		选装代码	
缸径		压缩比		点火顺序	

二、进行点火系统相关系统的识别及拆装，并进行记录

（一）找出下列零件的名称和位置

	名称： 位置：
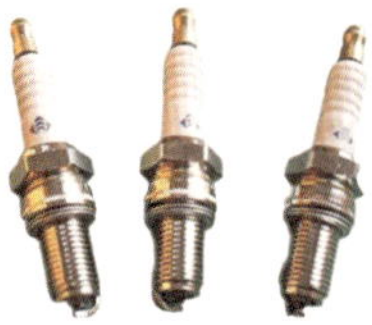	名称： 位置：
	名称： 位置：
	名称： 位置：
	名称： 位置：
	名称： 位置：

(二)各部件拆装			
(1)点火线圈的拆装			
检查点火线圈线束接头	□松动		□开裂
紧固螺栓尺寸			
是否做好标记	□是		□否
检查点火线圈外观	□损坏		□变形
安装插接器,是否有咔嗒声	□是		□否
(2)火花塞的拆装			
火花塞套筒尺寸			
如何取出火花塞			
是否遮盖螺纹孔			
火花塞尾部检查	□腐蚀		□松动
火花塞绝缘体	裂纹	□是	□否
火花塞外观	螺纹状况	□正常	□有损伤
	中心电极	□烧蚀	□积炭
	接地电极	□积炭	□变形
火花塞预紧力矩			
(3)爆震传感器的拆装			
选取工具尺寸			
外观是否损坏	□是		□否
线路是否完整	□是		□否
螺栓预紧力矩			
(4)曲轴位置传感器的拆装			
密封圈	老化	□是	□否
	破损	□是	□否
螺栓预紧力矩			
(5)凸轮轴位置传感器的拆装			
插头是否良好	□是		□否
螺栓预紧力矩			

自我测试

(1) 简述微机控制点火系统的组成。

(2) 简述点火线圈的拆装步骤。

(3) 简述爆震传感器的拆装步骤。

拓展学习

科技创新——TPS等离子点火系统新技术

在内燃机中，传统的点火系统是由火花塞执行发动机气缸内的燃料点火任务。而TPS是一种有趣的新型先进点火系统。它用一个点火模块取代了汽车发动机中传统的火花塞，该点火模块使用非常短的持续时间（纳秒）等离子脉冲，来点燃气缸内的燃料/空气混合物。如果将其安装在现有的发动机上，可以将燃料燃烧效率提高多达20%。

任务 2

点火系统故障码和数据流读取

任务引入

某客户的迈腾 B8L 轿车，停驶一周后该车的发动机不能启动。经检查发现，打开点火开关后，仪表是正常的，能够听到油泵的运转声音。进一步对发动机进行启动，起动机运转正常，但发动机无任何着车征兆，仅能听到油泵运转的声音。根据现有信息，技术专家初步判断其产生的原因可能为点火系统故障。要锁定故障点，还需进一步检测诊断。

学习目标

(1) 理解点火系统主要构件的结构及工作原理；
(2) 掌握点火线圈、火花塞的检测方法；
(3) 能够用示波器进行点火波形的检测；
(4) 能够进行点火系统故障码和数据流的读取；
(5) 能通过维修手册与国家标准规范资料的使用，加强职业规范操守与职业态度的提升；
(6) 能持续提升民族自豪感与爱国意识。

知识准备

1 点火系统主要构件的功用及结构

1.1 点火线圈

1.1.1 功能

点火线圈的作用是将低压电变为高压电，以满足火花塞跳火的需要。

1.1.2 类型

如图 4-2-1 所示，按照不同的结构，常见的点火线圈有笔式结构、顶置式结构、联排式结构和分组式结构。

笔式结构　　　　　顶置式结构　　　　　联排式结构　　　　　分组式结构

图 4-2-1　点火线圈类型

1.1.3 笔式点火线圈结构

笔式点火线圈如图 4-2-2 所示，主要由模块、外壳、磁片等组成。其线圈铁芯是闭合磁路，大大增强了能量的转换效率，提高了输出电压，使火花塞更容易点火。其采用的固体填充物主要是热固性环氧树脂，耐压绝缘性好，散热性、密封性非常优越。

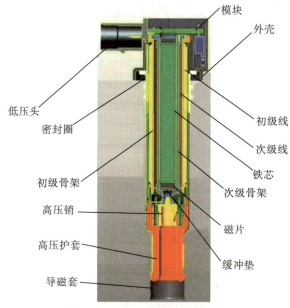

图 4-2-2　笔式点火线圈结构

1.2 火花塞

1.2.1 功能

火花塞的作用是把点火线圈产生的高压电引入发动机气缸，在火花塞电极的间隙之间产生电火花点燃混合可燃气。

1.2.2 类型

如图4-2-3所示,按照热值可将火花塞分为热型、中型和冷型火花塞。其中热型火花塞适用于低速、低压缩比、小功率发动机；冷型火花塞适用于高速、高压缩比、大功率发动机。

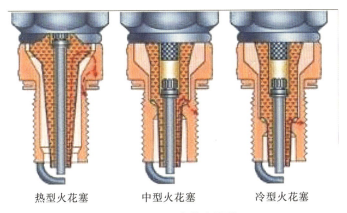

热型火花塞　　　中型火花塞　　　冷型火花塞

图4-2-3　火花塞类型

1.2.3 结构

火花塞的结构如图4-2-4所示。它主要由侧电极、中心电极、铜芯、绝缘瓷芯和端子等组成。侧电极和中心电极之间用高氧化铝绝缘瓷芯隔开,端子用于与高压线连接,六角形外壳部分供拆装火花塞用。火花塞下部制有螺纹,安装时拧入气缸盖相应的火花塞座孔中。为了保证火花塞在装入气缸盖后气缸的密封性,钢壳螺纹的上端装有铜包石棉的密封垫圈。

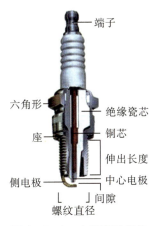

图4-2-4　火花塞的结构

任务实施

1 作业说明

迈腾 B8L 轿车出现无法启动的现象。造成该现象的可能原因是点火系统中的电子元件故障，需对点火系统相关部件进行拆卸、检测。

2 技术标准与要求

项目	内容
点火线圈次级电阻	16.8～25.2 kΩ
火花塞电极间隙	1.0～1.1 mm

注：请学员查阅维修资料后填写。

3 设备器材

项目	内容
设备与零件总成	
常用工具	
耗材及其他	

注：请学员根据场地实际设备器材填写。

4 作业流程

操作视频 7

4.1 点火线圈的检测

4.1.1 外观检测

目视检查线圈是否有烧损、开裂、溢胶；线圈插头是否松动。

4.1.2 万用表检测

使用万用表欧姆挡检测次级线圈电阻，若热车后电阻明显变小（接近 0 Ω）则说明内部短路，必须更换点火线圈。

4.2 火花塞的检测

4.2.1 外观检测

目视检查火花塞尾部端子状况，应无腐蚀、无松动；检查火花塞陶瓷绝缘体，应无裂纹，如有裂纹须更换。检查火花塞头部螺纹状况，应无损伤；检查中心电极，应无烧蚀,无积炭;检查侧电极,应无积炭,无变形,若烧蚀严重,则必须更换。

4.2.2 火花塞电极间隙检测

选用塞尺或者专用测量卡规,测量中心电极与侧电极之间的间隙,应符合相关车型维修手册技术要求。一般普通火花塞间隙为 0.8～1.0 mm,白金火花塞间隙为 1.1 mm。

4.3 点火系统检测

以迈腾 B8L 1.8 升发动机为例,对点火系统进行电压及波形检测。迈腾 B8L 1.8 升发动机点火系统相关电路如图 4-2-5 所示。

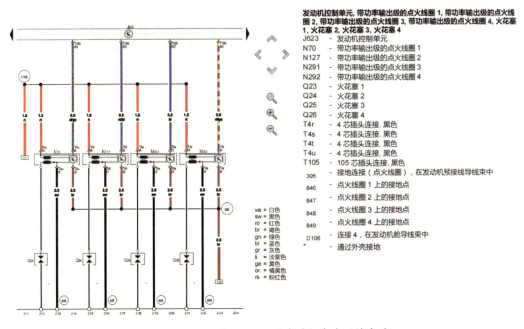

图 4-2-5 迈腾 B8L 1.8 升发动机点火系统电路

(1)点火系统电压检测。用万用表检测点火系统电压。取下发动机盖罩,拔下点火线圈电气插头,将点火开关至于 ON 挡,测量点火线圈 4 号端子与搭铁间的电压,为电源电压,说明供电正常。测量点火线圈 2 号端子与搭铁间的电压。2 号端子为信号线,测量电压在 5 V 以内说明正常。

(2)点火系统波形检测。使用诊断仪检测点火信号波形,将背插针插入点火线圈 2 号端子并确认接触到位,将示波器公共搭铁端加入发动机搭铁,示波器表笔探针端连接 2 号端子,启动发动机检测点火波型,如图 4-2-6 所示,该波形为正常信号。

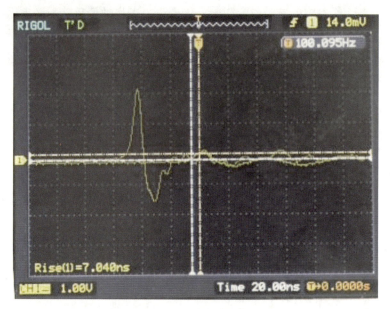

图 4-2-6　点火系统波形

4.4　点火系统故障码及数据流的读取

(1) 故障码读取。打开大众汽车专用故障诊断软件,如图 4-2-7 所示,选择相应发动机型号。

图 4-2-7　故障诊断软件启动界面

如图4-2-8所示，进入发动机电控系统选择读取故障存储器，选择故障储存器列表查看故障码。

图4-2-8　读取故障码

(2)数据流读取。如图4-2-9所示，进入联网图，选择发动机控制单元进入引导功能，选择测量值功能项，点击完成后进入数据流测量功能。选择需要测量的项目，等待读取完成后即可读取数据流。根据读取到的数据流进行分析，判断该项功能是否正常。

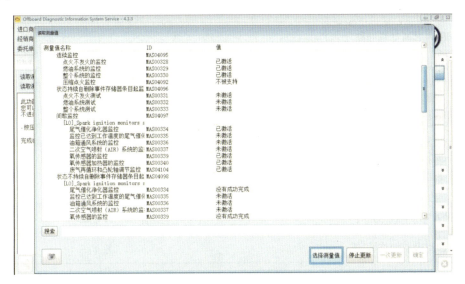

图4-2-9　读取数据流

5 填写考核工单

一、查询并记录发动机信息					
发动机类型		发动机排量		选装代码	
缸径		压缩比		点火顺序	
二、进行点火系统故障码及数据流读取、点火系统主要电子元件检测,并进行记录					
(一)读取和清除点火系统故障码并读取数据流(诊断仪连接后需向考官报备)					
故障现象						
故障码						
相关数据流						
(二)查询点火控制模块的维修手册与电气原理图					
点火控制模块部分端子的针脚定义						
(三)检测点火线圈电阻					
项目	检查结果		结果判断		
外观检查			正常□ 异常□		
点火线圈次级电阻			正常□ 异常□		
(四)检测火花塞电极间隙					
项目	检查结果		结果判断		
外观检查			正常□ 异常□		
火花塞电极间隙	.		正常□ 异常□		
(五)检测点火系统电压及波形					
项目	检查结果		结果判断		
检测点火系统的电压			正常□ 异常□		
检测点火系统波形			正常□ 异常□		

自我测试

(1) 简述点火线圈的检测方法；
(2) 简述点火系统波形的测试方法；
(3) 简述点火系统故障码的读取方法。

拓展学习

助推中国实现"双碳"目标——吉利先进精准射流点火系统

为实现发动机指示热效率提升至51%，吉利汽车提出了一种先进的精准射流点火系统概念（geely advanced precise jet ignition system，GAPJIS），通过先进的点火技术配合超高压缩比、长冲程技术，实现发动机的超稀薄燃烧。

射流点火在汽车上全称是预燃室射流点火，是在汽车发动机燃烧室顶端，把发动机原有的火花塞去掉，换成一个小的燃烧室（也就是预燃室，它与发动机的主燃烧室是通过一个小孔相通的），在小的燃烧室里喷入比较浓的混合气将其点燃，温度和压力的快速上升会使火焰束快速喷入发动机内，从而达到引燃主燃烧室混合气的作用。

有别于传统燃烧方式，GAPJIS在控制发动机缸内混合气流动和微观湍动能的同时，通过精准控制预燃室火焰的传播和扩散，大幅度提升了缸内燃烧稳定性并扩大稀薄燃烧的范围。

为搭建乘用车动力总成技术与产品的研讨交流平台，统一相关的行业技术标准，传播最新的前沿技术动态和发展战略，吉利联合国内主机厂和高校成立了中国乘用车动力总成专业委员会。作为牵头企业的吉利汽车，多年来致力于高效发动机效率提升领域的前瞻研究和关键技术攻关，助推全国"双碳"目标的加速实现。

模块五
进气控制部件检修

任务 1

电子节气门及进气管拆检

任务引入

李先生两年前购买的大众迈腾轿车,因为出差原因停放了两周未使用,今早李先生用车时发现车辆发动后踩下油门踏板,发动机转速无法达到预期转速,油门踩到底转速最高 1500 r/min,随即拖车至大众 4S 店,技术专家使用诊断仪读取车辆的故障信息,显示节气门位置不可信,初步判断可能的故障对象是节气门控制电机、节气门位置传感器、油门踏板位置传感器、相关线束及发动机控制单元本身。要锁定故障点,还需进一步检测诊断。

学习目标

(1)掌握燃油汽车进气系统的功能与组成;
(2)能正确描述节气门的分类;
(3)能够按照工艺规范进行电子节气门及进气管路检测及安装;
(4)能够描述油门踏板位置传感器和节气门位置传感器的工作原理;
(5)能够通过故障码、数据流分析可能的故障原因;
(6)提升团队合作、密切协作的能力;
(7)养成自主学习、遵守车间 7S 管理规范的习惯;
(8)培养严谨求实、精益求精的工作作风。

汽车动力与驱动系统**综合分析技术**

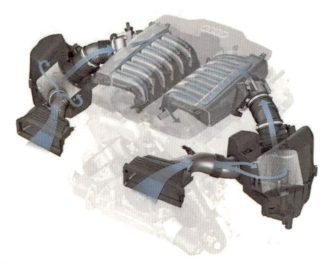

知识准备

1 进气系统概述

进气系统的主要功用是为发动机输送清洁、干燥、充足而稳定的空气以满足发动机的需求，避免空气中杂质及大颗粒粉尘进入发动机燃烧室造成发动机异常磨损。进气系统的另一个重要功能是降低噪声，进气噪声不仅影响整车通过噪声，而且影响车内噪声，对乘坐舒适性有着很大的影响。

进气系统设计的好坏直接影响到发动机的功率及噪声品质，关系到整车的乘坐舒适性。合理设计消声元件可降低子系统噪声，进而改善整车噪声、振动、声音粗糙程度(noise, vibration, harshness, NVH)。

1.1 功能与组成

如图 5-1-1 所示，汽车进气系统由空气滤清器滤芯、空气流量传感器、增压空气管和进气集气管等组成。如果具备进气增压的车辆还装备了涡轮增压器及中冷器等部件。

发动机工作时，新鲜空气由进气管导入空气滤芯器，空气滤芯器将空气中的灰尘颗粒过滤掉，干净的空气进入涡轮增压器被压缩成压缩气体，中冷器进一步冷却压缩空气，压缩空气经后进气管道送至电子节气门前端，经增压空气压力、温度传感器计算进气量，节气门接收发动机传递的控制信号定量、有序地将空气送至气缸内与燃油混合燃烧。

模块五 进气控制部件检修

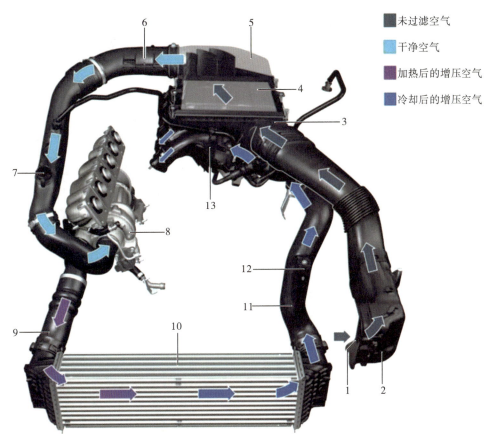

1—进气管；2—未过滤空气管路；3—进气消声器；4—空气滤清器滤芯；5—空气滤清器上盖；6—热膜式空气流量传感器；7—曲轴箱通风装置接口；8—废气涡轮增压器；9—增压空气管(前)；10—增压空气冷却器；11—增压空气管(后)；12—增压空气压力、温度传感器；13—进气集气管。

图 5-1-1 汽车进气系统结构组成

1.2 进气管路

1.2.1 进气总管

一般将节气门前端的管道称为进气总管，是空气的运输通道，自然吸气发动机进气管路的气压一般为负压；涡轮增压发动机管路在涡轮前为负压，增压后为正压。

1.2.2 进气歧管

进气歧管将经节气门节流控制后的空气均匀、平稳且高效地送至每个气缸。为了提高发动机在不同转速的进气效率，部分发动机设计了可变长度的进气歧管。

细而长的进气道有利于保障发动机怠速稳定，短而粗的进气道在大负荷高转速时

· 173 ·

有利于提升发动机功率。如图5-1-2所示为可变进气歧管的结构和工作原理。进气歧管里有一个转换长短气道的进气控制阀。当进气控制阀关闭时，进气歧管的有效长度增大，使发动机在低转速时进气效率提高，从而增大发动机的输出转矩。当进气控制阀打开时，进气歧管的有效长度减小，从而减小进气阻力，增大发动机中高速范围内的输出功率。

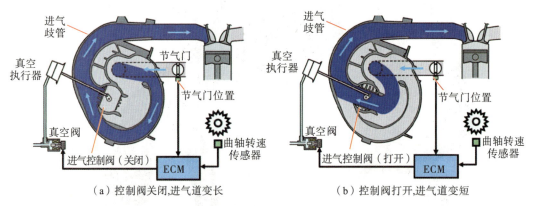

图5-1-2 可变进气歧管的结构和工作原理

1.3 节气门

节气门是控制空气进入发动机的一道可控阀门，气体进入进气歧管或气缸内后会和汽油混合变成可燃混合气，从而燃烧，做功。加速踏板位置传感器将驾驶员需要加速或减速的信息传递给节气门电子控制单元，ECU根据信息计算相应的节气门位置，向节气门执行器发出控制信号，由执行器将节气门开到适宜的开度位置。ECU与其他电子控制单元(如发动机电子控制单元和自动变速器电子控制单元等)进行通信，根据得到的节气门位置传感器信息、发动机转速传感器信号和车速传感器信号，对节气门的位置进行不断地修正，使节气门的开度达到驾驶员所需要的理想开度。

1.3.1 电子节气门控制系统

传统节气门采用拉线与油门踏板直接连接，踩下油门踏板，软轴拉动节气门转动以实现对发动机转速和转矩的控制。拉线直连的节气门结构简单，工作可靠，但是由于油门拉线使用时间长后润滑变差会导致卡涩。因此传统机械式节气门逐渐被电子节气门所代替。

电子节气门系统中节气门由一个直流电机进行驱动，取消了加速踏板与节气门之间的拉线。驾驶员踩下油门踏板后，将踏板深度信号发送至发动机ECU。发动机ECU根据油门深度信号发送控制指令至节气门控制单元，驱动直流电机转动，使节气门打开、关闭或维持在某一开启角度。

1.3.1.1 加速踏板位置传感器

加速踏板位置传感器检测踩下加速踏板踏量大小和速率变化,并将电压信号输入 ECU。

如图 5-1-3(a)所示为加速踏板结构。电子节气门系统采用"冗余设计",即 2 个加速踏板位置传感器。冗余设计可使两个传感器相互检测,当一个传感器发生故障时能及时被识别,在很大程度上增加了系统的可靠性,保证行车的安全性。G79 和 G185 分别是大众迈腾发动机两个加速踏板位置传感器。加速踏板位置传感器有 6 条线,其中有 2 根电源线,2 根搭铁线,2 根信号线,电路图如图 5-1-3(b)所示。G79 和 G185 传感器的供电及接地均来自发动机控制单元,信号自传感器发送至发动机控制单元,两组信号成两倍关系以验证信号可信性。

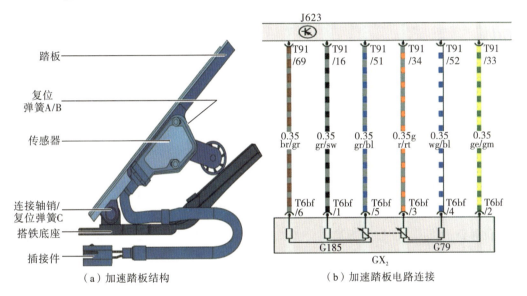

(a)加速踏板结构　　(b)加速踏板电路连接

图 5-1-3　加速踏板及电路连接

1.3.1.2　节气门位置传感器

如图 5-1-4 所示为节气门位置传感器。节气门位置传感器集成在节气门总成内部,为保证其信号可信及设计冗余性,由两组电位计式传感器组合而成,由发动机控制单元提供 5 V 供电及接地。当节气门位置发生变化时,电位器阻值也随之线性地改变,两组信号成反比例关系变化,该电压信号反映节气门开度大小和变化速率。

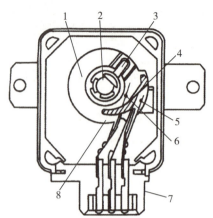

1—导向凸轮；2—节气门轴；3—控制杆；4—活动触点；
5—怠速触点；6—功率触点；7—连接装置；8—导向凸轮槽。

图 5-1-4 节气门位置传感器

1.3.1.3 节气门开度控制电机

节气门驱动电机一般为直流电机，控制单元通过脉冲宽度调制（pulse width modulation，PWM）调节占空比信号来控制直流电机转角的大小，电机方向则是由和节气门相连的复位弹簧控制。电机输出转矩和脉宽调制信号的占空比成正比。当占空比一定，电机输出转矩与回位弹簧阻力矩保持平衡时，节气门开度不变；当占空比增大时，电机驱动力矩克服回位弹簧阻力矩，节气门开度增大；反之，当占空比减小时，电机输出转矩和节气门开度也随之减小。若驱动电机故障，节气门不再受电机控制。节气门在回位弹簧的作用力下打开至怠速位置，此时踩下油门踏板，发动机控制单元能通过控制喷油量小幅度调整发动机转速。

1.3.1.4 发动机控制单元

节气门控制单元受发动机控制单元控制。当驾驶员踩下加速踏板时，发动机根据加速踏板深度及加速度计算出节气门开度，通过程序设计输出合适的占空比驱动电压给节气门控制单元。节气门控制单元将当前时刻的节气门位置反馈至发动机 ECU，对比此刻节气门开启角度与预期角度误差，发动机 ECU 通过 PID 算法闭环控制以调整误差值。

任务实施

1 作业说明

当进气管路出现裂纹或密封不良，或电子节气门出现故障时需要对进气管路和节气门进行拆卸检查；在重新装配进气管路或节气门时需要注意规范安装，避免密封漏气导致发动机运转不良。

2 技术标准与要求

空气供给系统是发动机能有效稳定运行的基础,各个部件和传感器各司其职,保证了整套系统的正常运行,在进行相关维修时,需要根据故障现象,制定合理的诊断维修方案,结合标准诊断流程及相关测量工具完成诊断维修。

序号	项目	力矩(增加指导性数据)
1	电子节气门拧紧力矩	7 N·m
2	空气口挡板拧紧力矩	2 N·m

注:请学员查阅维修资料后填写。

3 设备器材

序号	项目	名称
1	设备与零件总成	
2	常用工具	
3	耗材及其他	

注:请学员根据场地实际设备器材填写。

4 作业流程

操作视频 8

4.1 进气管道检查

进气管道检查主要通过目视及晃动检查管道上是否有裂纹,连接是否松动。一般步骤如下。

(1)从空气滤清器出发,目视检查管道是否有老化、裂纹及破损。

(2)在卡箍接口处用力摇晃管道,检查卡箍连接是否良好。

(3)检查管道与发动机固定处是否牢靠,是否出现松动及脱落等。

4.2 进气管道拆装

在进行节气门或进气管路检查时可能需要拆卸进气管道。一般步骤如下。

4.2.1 拆卸发动机罩盖

沿图 5-1-5 所示的箭头方向小心地将发动机罩盖依次从四个橡胶衬套上拔出。切勿猛然将发动机罩盖拔出,亦不能只拔一侧。

注意:拆卸时切勿敲击发动机罩盖以避免损坏罩盖。安装时将发动机罩盖以先左后右的顺序,按压进橡胶衬套。

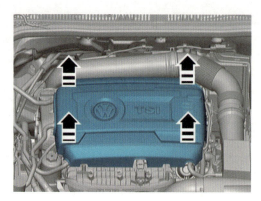

图 5-1-5　发动机罩盖拆卸

4.2.2　拆卸前冷却液管路

如图 5-1-6 所示为冷却液管路的拆卸。冷却液管路位于进气管路上方，拆卸进气管路前需要将其先拆卸。步骤一般如下。

(1) 使用软管夹 S3094 或 3094 夹住冷却液软管。

(2) 松开弹簧卡箍，拔下前冷却液软管。

(3) 旋出箭头所示的螺栓，拆下前冷却液管 1。

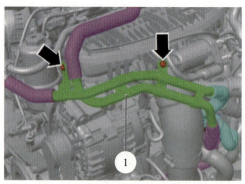

1—冷却液管。

图 5-1-6　拆卸冷却液管路

4.2.3　拆卸空气导管封盖

如图 5-1-7 所示为空气导管封盖的拆卸。首先拧下图中的封盖固定螺栓 1 和 3，再沿箭头方向掰动卡扣，拆下空气导管封盖。

4.2.4　拆卸进气口

如图 5-1-8 所示为进气口的拆卸。首先将图 5-1-8(a) 中冷却液软管 2 脱开，接着按图中箭头所示方向松开卡扣，拆下上部进气口；拧下图 5-1-8(b) 中箭头所示的两侧螺钉，拆下下部进气口。

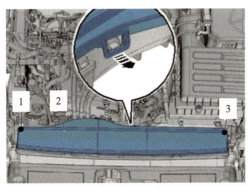

1,3—空气导管封盖固定螺栓；2—空气导管封盖。

图 5-1-7　空气导管封盖拆卸

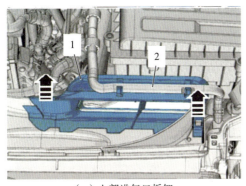 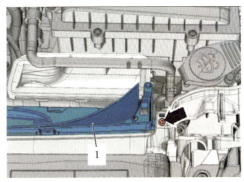

（a）上部进气口拆卸　　　　　　　　　（b）下部进气口拆卸

1—进气口；2—冷却软管。

图 5-1-8　拆卸进气口

4.2.5　拆卸增压空气软管

如图 5-1-9 所示为进气软管的拆卸。使用一字螺丝刀松开图中所示空气软管上的螺纹卡箍 2，拔下增压空气软管。

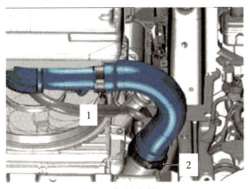

1,2—螺纹卡箍。

图 5-1-9　进气软管拆卸

4.2.6 拆卸进气导管

如图 5-1-10 所示为进气导管的拆卸。松开图中的卡子 3，将冷却液软管放置一旁，断开增压压力传感器 G31 和进气温度传感器 G299 的插接器，拧下图中箭头所示螺栓，松开螺纹卡箍 2，拔下节气门控制单元 J338 上的空气导管。

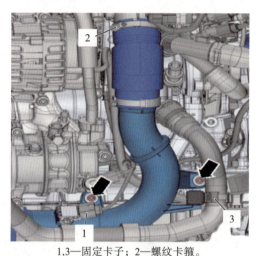

1,3—固定卡子；2—螺纹卡箍。

图 5-1-10 拆卸进气导管

4.3 电子节气门拆装

如图 5-1-11 所示为电子节气门的拆卸。电子节气门由四颗螺栓密封固定在进气歧管前端，需要先拔下 J338 节气门控制单元的插接器 1，再对角拧松并拆下箭头所示的固定螺栓。

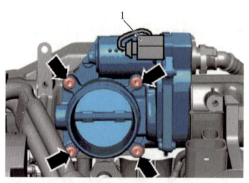

1—节气门插接器。

图 5-1-11 电子节气门拆卸

安装步骤与拆卸步骤相反即可。

注意：如果更换了新的节气门控制单元，需要使用非车载诊断信息系统（offboard

diagnostic information system，ODIS)清除学习值并重新将节气门控制单元与发动机控制单元进行匹配。

4.4 电子节气门检测

车辆上电瞬间，发动机控制单元会驱动电子节气门自检，如果节气门驱动电机、控制线路、位置传感器及发动机控制单元正常，则可听到电子节气门自检声音。如果位置传感器相关有故障，即自检位置信号与发动机控制单元目标自检设定信号偏差过大，发动机控制单元就会报节气门位置不可信。

将节气门空气导管拆除后，可以通过操作油门踏板的方式，检查节气门是否有动作，也可使用电压或波形的测量，检查节气门位置传感器信号变化趋势。具体的测量步骤参考本模块任务4进气传感器拆检。

5 填写考核工单

一、查询并记录车辆信息					
品牌		型号		VIN 代码	
行驶里程		故障码查询			
二、查询用户手册记录进气部件拆装流程及工艺标准					
(一)拆装步骤及紧固规格(拆卸后需向考官报备)					
进气管道拆装手册页码		拆卸前冷却液管路手册页码			
拆卸空气导管封盖手册页码		拆卸进气口手册页码			
拆卸增压空气软管手册页码		电子节气门拆装手册页码			
电子节气门拆装手册页码		电子节气门固定螺栓拧紧力矩			
(二)电子节气门匹配					
描述电子节气门匹配步骤					

自我测试

(1) 简述空气供给系统的结构组成。
(2) 试分析电子节气门控制过程。
(3) 简述电子节气门的拆装流程及技术要点。

拓展学习

发动机新的"呼吸"方式——无节气门发动机

"节气门"是发动机进气支管里一个长得像蝴蝶形状的气门阀。

那么减掉节气门有什么优点呢？各种测试结果都显示无节气门发动机可以比传统发动机节省7%以上的燃油消耗量。

要了解没有节气门的发动机省油的原因，我们必须先了解传统的发动机的油门是如何工作的。当踩油门加油时，驾驶员可能感觉到发动机加油了，但是实际上踩油门踏板并没有直接增加喷入发动机气缸的油量，而是通过改变进气管节气门开关的大小，从而改变进入气缸的空气量。汽车的喷射供油系统监测通过节气门的空气量，决定喷入的油量。这就是油门控制发动机的方式。这样设计主要是希望在不同的油门开度情况下，不会改变油气混合比例，以免造成熄火。在轻踩油门时，节气门只是稍微开启，然而同时活塞动作往下拉，企图从接近关闭的进气管吸入空气，这时节气门和活塞之间会形成真空，外界的大气压力对于活塞的动作形成很大的抵抗力，大大消耗能量，发动机转速越低，节气门就关得越紧，造成的能量损失就越大。

那么没有节气门的发动机为什么会省油呢？

省掉节气门后，发动机直接由电子控制进气阀门的开启深度来控制进气量。传统发动机在踩油门时的信号是以机械的方式传送，控制进气管的节气门。无节气门发动机在踩油门时的信号是以电子的方式，传给发动机进排气阀门顶上的步进电机。步进电机接到信号后会做适度转动，经由传动轴、活塞顶摇臂、挺杆改变进气阀门开启的深度，油门踩得越浅，进气阀门就开得越浅，油门踩得越深，进气阀门就开得越深。无节气门发动机省掉节气门，以电子的方式直接控制进气阀门调整进气，油门反应的时间加快，从而节省燃油。

勇敢地进行新的探索尝试是推动汽车技术发展的有效途径。我们要在探索中寻求汽车工业的新突破，实现我国汽车强国的新目标。

任务 2

可变正时链轮拆检

任务引入

有一辆大众迈腾汽车,近期在使用时,特别是早上刚启动发动机时,有特别大的金属摩擦声,且车主明显感觉到发动机无力,发动机故障灯亮起无法熄灭。通过检查维修,重新调整气门传动正时。

学习目标

(1)掌握发动机配气系统的功能与组成;
(2)能正确描述配气系统各部件的作用;
(3)能够按照工艺规范进行正时链、正时轮的拆装;
(4)能够按照工艺规范进行平衡轴链条、平衡轴轮的拆装;
(5)能够快速准确地选用及使用专业工具进行操作;
(6)提升团队合作、密切协作的能力;
(7)养成自主学习、遵守车间7S管理规范的习惯;
(8)培养严谨求实、精益求精的工作作风。

汽车动力与驱动系统**综合分析技术**

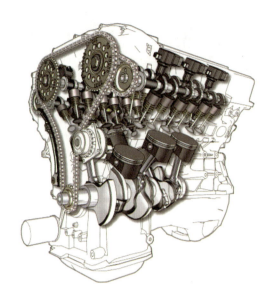

知识准备

1 正时机构概述

1.1 正时传动装置

汽车发动机正时传动装置的基本功用是使发动机发出的动力由曲轴传至凸轮轴，以保证气门按照发动机工作顺序和工作要求定时开闭。

如图5-2-1所示为正时传动装置的传动方式。根据安装传动机构的不同，正时传动装置可分为齿轮传动、链条传动和齿形带传动三种。

1—锁紧螺栓。
（a）齿轮传动

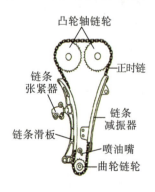

（b）链条传动

（c）齿形带传动

图5-2-1 正时传动装置

· 186 ·

1.1.1 正时齿轮传动装置

正时齿轮传动具有传动平稳可靠、传递力矩大和定位后不需调整等优点，大功率柴油机或部分采用下置凸轮轴式配气机构的汽油机采用此种传动装置。此种传动装置正时齿轮分别安装在曲轴和凸轮轴的前端，齿轮与轴靠花键传动。

正时齿轮一般采用斜齿轮且用不同的材料制成以降低转动惯性和减小传动噪声，通常曲轴上的小齿轮用金属材料制造，而凸轮轴上的大齿轮用非金属材料制造。凸轮轴正时齿轮的齿数为曲轴正时齿轮的两倍，传动比为2∶1。为保证气门的开启和关闭时刻正确，装配时，应对正两正时齿轮上的正时标记，如图5-2-1(a)所示。

1.1.2 正时链传动装置

如图5-2-1(b)所示为链条传动的正时传动装置。大功率的顶置凸轮轴式汽油机配气机构大多采用此类传动装置。正时链传动装置主要由正时链、凸轮轴链轮、曲轴链轮和正时链张紧装置等组成。凸轮轴正时链轮的齿数为曲轴正时链轮的两倍。

为防止正时链抖动，正时链传动装置设有导链板和张紧装置，导链板采用橡胶导向面为链导向；张紧装置使正时链保持一定的紧度，可分为机械式和液压式两种。机械式利用压紧弹簧将压板压向弹簧，液压式利用润滑油压力推动液压缸活塞，使张紧链轮压紧正时链，液压式正时链张紧装置应用较多。

1.1.3 正时带传动装置

如图5-2-1(c)所示为正时带传动装置。正时带传动装置具有价格便宜、传动噪声小、震动小、阻力小、精度高且同步性好等优点，广泛应用于一些小排量的汽油发动机中。正时带传动装置主要由同步带、同步带轮和张紧轮等组成。张紧轮对同步带起到轴向定位作用，靠弹簧压紧同步带；凸轮轴同步带轮的直径等于曲轴同步带轮直径的两倍。但是正时带强度较低，长期使用后易老化、拉伸变形或断裂，需要定时保养更换。

1.2 正时机构工作原理

发动机工作时，将燃油燃烧产生的化学能转化为内能推动活塞运动，活塞通过连杆将往复运动转换为曲轴的旋转运动，曲轴将旋转运动经正时链条（皮带）传递至正时链轮，正时链轮驱动凸轮轴转动，旋转的凸轮轴按照凸轮的外形曲线驱动气门以实现气门的开闭。

正时机构主要作用是让配气机构与曲柄活塞连杆机构耦合，对配气相位进行动态调整，根据发动机的工况变化调节进排气门的开启、关闭时刻，实现最佳的做功效率，以提升发动机的经济性，改善车辆的排放性能。

1.2.1 配气相位

如图5-2-2所示为配气相位。配气相位就是进排气门的实际开闭时刻，通常用相对于上下止点曲拐位置的曲轴转角的环形图来表示。

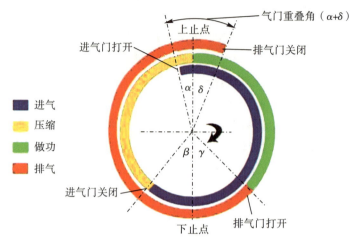

α—进气提前角；β—进气滞后角；γ—排气提前角；δ—排气滞后角。

图 5-2-2 配气相位

四缸发动机在换气过程中，每个工作行程曲轴要转 180°。现代发动机转速很高，一个行程经历的时间很短，由于进气、喷油和燃烧都不是瞬间完成的，存在一定的延时。故发动机延长进、排气时间，即气门开启和关闭时刻并不正好是活塞处于上止点和下止点的时刻，而是分别提前或延迟一定的曲轴转角，以改善进、排气状况，从而提高发动机经济性和动力性。

1.2.1.1 进气相位及进气提前角、滞后角

在排气终了，活塞到达上止点前，发动机运转时存在一定的进气惯性，此刻气缸残余废气压力已经较小，进气门预先开启，有利于提高充气量。从进气门开启到上止点间所对应的曲轴转角 α 称为进气提前角，进气提前角一般为 10°～30°。

活塞越过进气下止点一段后，从下止点延迟至进气门关闭所对应的曲轴转角 β 称为进气滞后角。进气滞后角一般为 30°～60°。延迟进气门关闭时刻，能够充分地利用进气行程结束前气缸内存在的压力差和较大的气流惯性继续进气。下止点过后，随着活塞上行，气缸内压力逐渐增大，进气气流速度逐渐减小；当气缸内外的压力差消失，流速接近 0 时，关闭进气门。若开角过大会引起进气倒流现象。这样进气门开启时间用曲轴转角表示为 $(180°+\alpha+\beta)$。

1.2.1.2 排气相位及排气提前角、滞后角

做功行程活塞到达下止点前，排气门提前打开，从排气门打开到下止点所对应的曲轴转角 γ 称为排气提前角，排气提前角一般为 30°～60°。排气门适当提前打开，虽然消耗了一定的做功行程功率，但可以利用较高缸内压力将大部分燃烧废气迅速排出，可以使排气行程所消耗的功率减少，提高排气效率、减少残余废气含量。

当活塞越过排气上止点后，从上止点延迟至排气门关闭所对应的曲轴转角 δ 称为

排气滞后角,排气滞后角一般为10°～30°。延时关闭可以有效利用扫气作用将废气挤出气缸提高充气效率。因此排气门开启时间用曲轴转角表示为$(180°+\gamma+\delta)$。

1.2.2　可变气门正时机构

可变气门正时机构(variable valve timing,VVT)的基本结构如图5-2-3所示,主要由可变气门凸轮正时调节器、油压控制阀(oil control valve,OVC)、曲轴转角传感器、凸轮转角传感器及发动机控制单元(ECU)等组成。曲轴转角传感器将发动机转速信号传给发动机控制单元,凸轮轴转角传感器将气缸识别信号传给发动机控制单元。发动机控制单元经分析、计算,发出指令,输出电流(占空比)控制油压控制阀,改变油压控制阀的高压油通道。油压控制阀控制可变气门正时执行器调节进气凸轮轴相位,以使气门正时达到最佳。

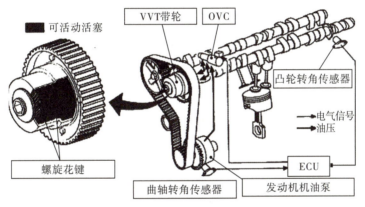

图5-2-3　可变气门正时机构的结构组成

(1)VVT调节器。VVT调节器的结构如图5-2-4所示,其由固定在进气凸轮轴上的叶片,与从动正时链轮一体的壳体以及锁销组成。叶片与壳组成的空腔,分为气门正时提前室(A腔道)和气门正时滞后室(B腔道),由凸轮轴正时机油控制阀将压力油传送给提前室或滞后室,促使调节器叶片带动凸轴旋转,达到调整进气门正时,获得最佳的配气相位的目的。

图5-2-4　VVT调节器结构

（2）油压控制阀。VVT油压控制阀结构如图5-2-5所示，其主要由调节电磁铁、挺杆、调节活塞及回位弹簧等组成。工作时，发动机控制单元接收各传感器传来的信号，经分析、计算后传给凸轮轴正时压力油控制阀控制指令，接通凸轮轴正时压力油控制阀电源，控制滑阀移动，将压力油输送给凸轮轴正时调节器，提前、滞后或保持位置。当发动机停机时，凸轮轴正时机油控制阀多处在滞后状态，以确保启动性能。

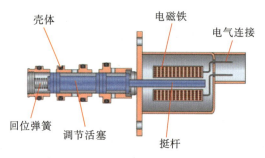

图5-2-5　VVT油压控制阀结构

VVT机构主要有以下几种工作状态：

（1）发动机启动时。可变气门正时执行器的止动销与转子啮合时（转子由于弹簧力处于最大配气延迟位置），凸轮轴链轮与凸轮轴作为一个整体旋转。当油泵压力升高并且止动销脱离时，便可对凸轮轴链轮与凸轮轴的相应角度进行调节。

（2）气门正时提前。当油压控制阀的调节活塞按照ECU信号移动到左侧时，油泵液压注入气门正时提前通道，并最终到达可变气门正时执行器的气门正时提前室（A腔道）。然后，转子与凸轮轴一起向气门正时提前方向旋转，与曲轴驱动的壳旋转方向相同，此时气门正时被提前，如图5-2-6所示。

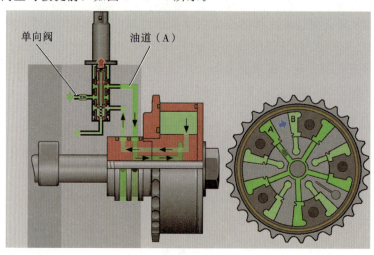

图5-2-6　VVT提前控制

(3) 气门正时延迟。当油压控制阀的滑阀按照 ECU 信号移动到左侧时，油泵液压注入到气门正时延迟通道，并最终到达可变气门正时执行器的气门正时延迟室(B 腔道)。然后，转子与凸轮轴一起向气门正时延迟方向旋转，与曲轴驱动的壳旋转方向相反，此时气门正时被延迟，如图 5-2-7 所示。

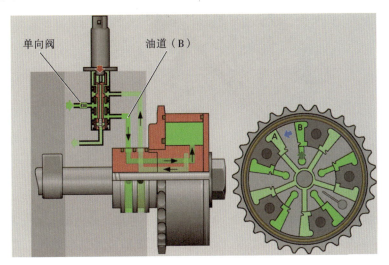

图 5-2-7 VVT 滞后控制

1.2.3 可变气门升程

可变气门升程(adjustable valve system，AVS)，传统的汽油发动机的气门受限于凸轮形状，其升程是固定不可变的。固定的气门开启升程，不能使发动机在高速区和低速区都得到良好响应。传统汽油机发动机的气门升程依靠凸轮型线设计，是对发动机在全工况下的平衡性选择。其结果是发动机既得不到最佳的高速效率，也得不到最佳的低速扭矩，但得到了全工况下最平衡的性能。

采用可变气门升程技术后，发动机在高速区和低速区都能得到满足需求的气门升程。从而改善发动机高速功率和低速扭矩，它实现了在低转速与高转速不同工况下，燃油经济性和动力性的完美结合。

发动机低转速运行时，进气及排气气流均较慢，此刻降低气门升程，提高了缸内废气的抽吸效应，使得排气更加彻底，并有效改善涡轮增压器在低转速的响应；发动机高转速运行时，增加气门升程，满足高转速下对更多进气量的需求，并使得排气顺畅。

一套 AVS 系统如图 5-2-8 所示，主要由带花键的排气凸轮轴、可移动凸轮件、AVS 控制电磁执行器组成。

图 5-2-8　AVS 系统主要组成

（1）凸轮轴-凸轮件机构如图 5-2-9 所示，为了使排气凸轮轴上两个不同的气门升程之间能相互切换，排气凸轮轴上有 4 个带有内花键的可移动凸轮件。每个凸轮件上都装有两对凸轮，通过两个电动执行器对两种升程进行切换。电动执行器接合每个凸轮件上的滑动槽，并移动凸轮轴上的凸轮件，以实现位置的变化。

图 5-2-9　凸轮轴-凸轮件机构

（2）AVS 电磁执行器。AVS 电磁执行器如图 5-2-10 所示。由壳体、电气连接、电磁线圈、电磁芯、极片、永磁铁、阻尼环和金属销组成。如果不需要切换时，线圈不通电，永磁铁产生的磁场与电磁芯吸合，金属销退回；若需要切换，电磁线圈通电，电磁芯产生的磁场与永磁铁磁场极性相反，产生的排斥力推动金属销伸出，以实现切换。

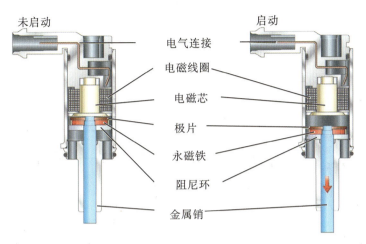

图 5-2-10 AVS 电磁执行器

如图 5-2-11 为 AVS 调节机构单元。每个凸轮段使用两个执行器。一个执行器使凸轮件从大凸轮调节到小凸轮，另一个执行器以相反方向调节。执行器由发动机控制单元 ECU 负责触发控制。调节槽的轮廓迫使凸轮段移动到另一个位置，通过弹簧加压球来进行锁紧。为了实现不同升程的切换，调整时每次启动两个执行器之一。直至金属销移动到调节槽内。

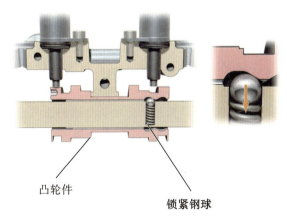

图 5-2-11 AVS 调节机构单元

调节槽的轮廓迫使凸轮段移动到另一个位置。当凸轮轴位置传感器检测到调整到位后，发动机控制单元将控制电磁执行器的金属销退回。

凸轮件是通过弹簧加锁紧钢球来进行锁紧的。而挡块则由阀盖提供。这是曲柄轴轴承的上半部分，作为支撑轴承。

小行程调节如图 5-2-12 所示。在较低转速范围下，为了使气体交换性能更佳，发动机管理系统通过凸轮轴调节器将进气凸轮轴提前，将排气凸轮轴延迟。气门升程切换至更小的排气凸轮轮廓，右侧执行器移动金属销，金属销接合滑动槽，将凸轮件移至小凸轮轮廓。

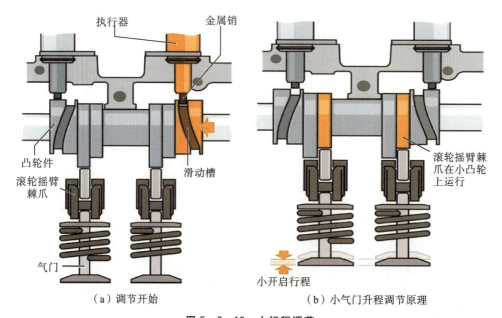

（a）调节开始　　　　　　　　（b）小气门升程调节原理

图 5-2-12　小行程调节

气门现在沿着较小的气门轮廓上下移动。两个小凸轮的位置在某种程度上是交错的，确保气缸两个排气门的开启时间是错开的。这两项措施会导致在废气被从活塞中排到涡轮增压器中时，废气气流的脉动减小，从而可在低转速范围达到较高的增压压力。

部分负载和全负载下发动机 ECU 通过凸轮轴调节器将进气凸轮轴提前，将排气凸轮轴延迟。为达到最佳的气缸充气性能，排气门需要最大的气门升程。为了实现此目的左执行器被启动，由左执行器移动其金属销，大气门升程调节原理如图 5-2-13 所示。

金属销通过滑动槽将凸轮件移向大凸轮。排气门现在以最大的升程打开和关闭。凸轮件通过凸轮轴中的锁紧钢球固定在当前最大升程位置。

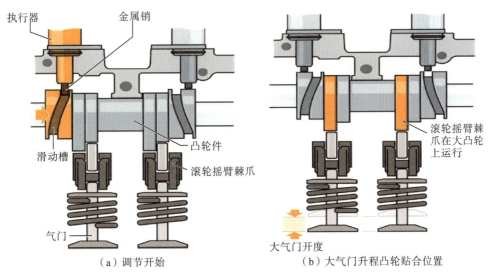

(a)调节开始　　　　　　　(b)大气门升程凸轮贴合位置

图 5-2-13　大气门升程调节原理

任务实施

1　作业说明

大众 EA888 发动机为链条驱动正时系统，缸体中部装备了两根平衡轴，并配备了进排气 VVT 技术，在进行正时链轮的拆装维修后需要按维修手册完成正时链条的对齐。由于正时机构非常重要，非标准的维修可能会导致气门顶缸等严重事故，因此必须严格遵守流程。

2　技术标准与要求

发动机正时系统为一套精密的闭环控制系统，各个运动件各司其职，保证了整套系统的正常运行，在进行相关维修时，需要根据故障现象，制订合理的诊断维修方案，结合标准诊断流程及相关测量工具完成诊断维修。

序号	项目	力矩
1	VVT 调节阀拧紧力矩	
2	VVT 轴承座拧紧力矩	
3	正时链条导轨拧紧力矩	
4	平衡轴导轨拧紧力矩	
5	曲轴皮带轮拧紧力矩	

注：请学员查阅维修资料后填写。

3 设备器材

序号	项目	内容
1	设备与零件总成	
2	常用工具	
3	耗材及其他	

注：请学员根据场地实际设备器材填写。

4 作业流程

操作视频 9

4.1 正时链拆卸

进行该工作项目前需要先将正时链轮的盖板取下，盖板拆卸步骤请按照相关维修手册进行。

(1)拆卸 VVT 控制阀及轴承座。使用装配工具 CT10352/2 拆下进、排气凸轮轴 VVT 控制阀(注意该阀门的拧动方向与其他螺栓不同，为反丝螺纹，顺时针拧动为松，逆时针为紧)；并旋出轴承座上的六颗内六花螺栓，取下轴承座。

(2)正时标记点对齐。如图 5-2-14(a)所示，使用止动工具 CT10355 或 T10355 将皮带盘旋转到"1 缸上止点"位置。凸轮轴链轮上的标记 1 必须与气缸盖上的标记 2 和 3 对齐。如图 5-2-14(b)所示，皮带盘上的切口必须对准正时链下部盖板上的箭头标记。

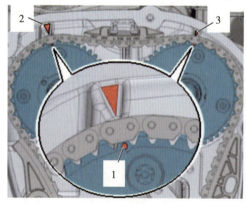 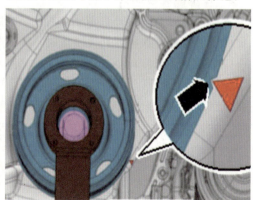

(a)VVT控制阀拆卸方向 　　　　　(b)轴承座拆卸

1—链轮标记点；2,3—气缸盖标记点。

图 5-2-14　1 缸上止点正时对齐

(3)拆卸皮带盘。如图5-2-15(a)所示,首先用止动工具固定住皮带盘,并旋松皮带盘的螺栓1/2圈。其次如图5-2-15(b)所示,旋出正时链下部盖板箭头所指的固定螺栓(安装时必须更换螺栓)。再如图5-2-15(c)所示,将支座T10531/1安装到皮带盘上,并用手拧紧箭头所指螺钉。再如图5-2-15(d)所示,将夹紧销T10531/2拧入曲轴,并用开口扳手A将其稍微拧紧。最后如图5-2-15(e)所示,将旋转工具A安装到夹紧销上,并用法兰螺母B将其固定。完成皮带盘拆卸,安装时要注意图5-2-15(f)上箭头标记的缺口必须与皮带轮对应。安装步骤与拆卸步骤相反。

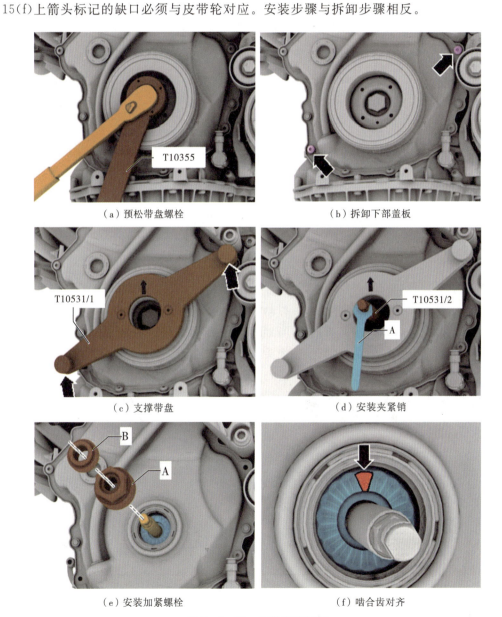

图5-2-15 皮带盘的拆卸

(4)固定链条张紧器。首先拧下图5-2-16(a)中间箭头所示螺栓,再将链条压紧器 T40243 装入箭头所示螺孔中,按压链条张紧器卡簧1并保持,使其直径增大,缓慢沿上部箭头方向推动拉杆 T40243,并保持该位置。如图5-2-16(b)所示,使用锁止工具 T40267 锁定链条张紧器,最后取下链条压紧器 T40243。

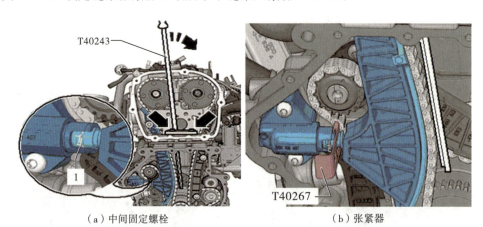

(a)中间固定螺栓　　　　　　　　　　　(b)张紧器

图5-2-16　固定链条张紧器

(5)锁止进排气凸轮轴链轮及左侧压紧导轨。如图5-2-17(a)将凸轮轴锁止工具 CT40271/2 或 T40271/2 用螺栓固定至气缸盖,并沿箭头2方向按压,使其上齿能够与进气凸轮轴链轮齿啮合。如有必要,可使用凸轮轴位置调整工具 CT40266B 沿箭头1方向稍微旋转进气凸轮轴。如图5-2-17(b)沿箭头A方向把持住排气凸轮轴,旋出导向螺栓1,拆下凸轮轴正时链导轨2。将凸轮轴锁止工具 CT40271/1 或 T40271/1 用螺栓固定至气缸盖,并沿箭头B方向按压凸轮轴锁止工具 CT40271/1 或 T40271/1,使其上齿能够与排气凸轮轴链轮齿啮合(见箭头C)。如有必要,可使用凸轮轴位置调整工具 CT40266B 稍微沿箭头A方向旋转排气凸轮轴。并取下上部导轨。

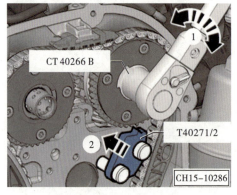 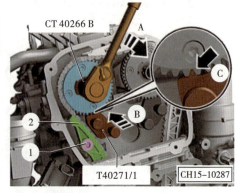

1—旋转方向;2—按压方向。　　　　　　1—导向螺栓;2—导轨。
(a)进气凸轮轴锁止　　　　　　　　　(b)排气凸轮轴锁止

图5-2-17　锁止进排气凸轮轴

(6)拆卸右侧及机油泵正时链导轨。如图5-2-18(a)所示旋出导向螺栓1，拆下凸轮轴正时链导轨2。如图5-2-18(b)中图示顺序按压机油泵链条张紧导轨上的张紧弹簧。旋出导向螺栓1，拆下机油泵链条张紧导轨2。接着将凸轮轴正时链从凸轮轴链轮上拆下，然后将其放到凸轮轴轴颈上。

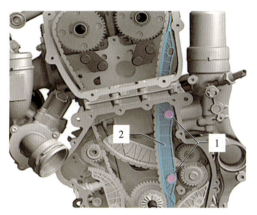
1—导向螺栓；2—凸轮轴正时链导轨。
(a)左侧固定导轨

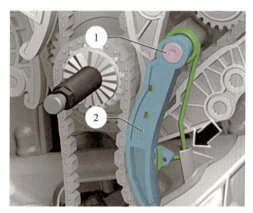
1—导向螺栓；2—机油泵链条张紧导轨。
(b)下部张紧导轨

图5-2-18 拆卸正时链导轨

(7)平衡轴链条的拆卸。如图5-2-19(a)所示，拆下平衡轴正时链的链条张紧器1。如图5-2-19(b)所示旋出导向螺栓3，拆下导轨1和2。

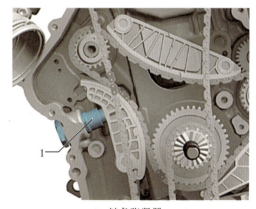
1—链条张紧器。
(a)平衡轴链条张紧器

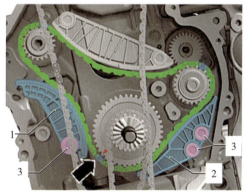
1,2—导轨；3—导向螺栓。
(b)平衡轴链条导轨

图5-2-19 拆下正时链

4.2 正时链轮安装

(1)正时齿轮标识对齐。如图5-2-20(a)所示，拆卸曲轴链轮前用彩色笔在气缸体上做出标记1(红色)。如图5-2-20(b)所示使用彩色笔在凸轮轴链轮标记2对应的齿上做出标记1。安装时只需将两者标记对齐即可。

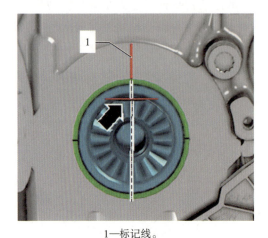
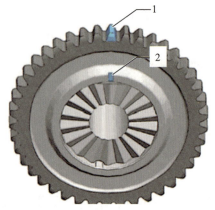

1—标记线。
（a）曲轴齿端对齐标识

1—齿上标记线；2—链轮标记。
（b）正时齿轮端对齐标识

图5-2-20 曲轴链轮正时对齐标识

（2）平衡轴正时链轮安装。如图5-2-21(a)所示，旋转中间链轮和进气凸轮轴的平衡轴，使进气凸轮轴的平衡轴上的标记位于中间链轮上箭头的标记之间，不要松开螺栓1。如图5-2-21(b)所示对齐点安装平衡轴正时链，使平衡轴正时链上的有色链节分别对准进气、排气凸轮轴侧的平衡轴链轮上的箭头标记。

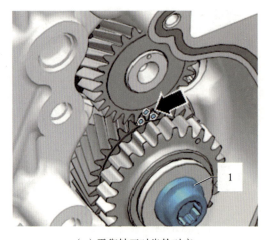
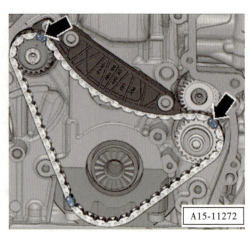

（a）平衡轴正时齿轮对齐

（b）平衡轴正时链条对齐

图5-2-21 平衡轴正时对齐标识

（3）曲轴正时链轮及链条安装。如图5-2-22(a)所示，将凸轮轴正时链放置到凸轮轴轴颈上，注意凸轮轴正时链上的有色链节，箭头应大致朝上。沿如图5-2-22(b)

箭头方向安装曲轴链轮，并注意曲轴链轮上的标记必须与气缸体上箭头指示的标记对齐。

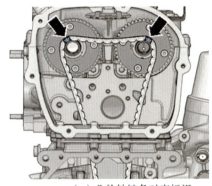 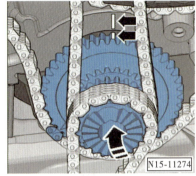

（a）凸轮轴链条对齐标识　　　　　（b）曲轴链轮对齐标识

图 5-2-22　曲轴链轮正时对齐标识

(4) 安装夹紧销。安装 T10531/2 至曲轴并拧紧张紧螺栓。将如图 5-2-15(e) 中的旋转工具 A 安装到夹紧销上，并用法兰螺母将其固定。

(5) 对齐并安装平衡轴正时链。如图 5-2-23(a) 平衡轴正时链上的箭头所指有色链节必须与曲轴链轮上的标记对准。安装平衡轴正时链导轨 1 和 2，旋入导向螺栓 3。安装如图 5-2-23(b) 所示平衡轴正时链的链条张紧器 1。

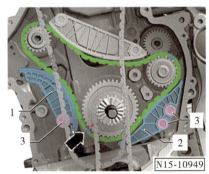 

1,2—正时导轨；3—导向螺栓。　　　　　1—张紧器。
（a）平衡轴正时链对齐及导轨安装　　　（b）平衡轴正时链张紧器安装

图 5-2-23　对齐并安装平衡轴正时链

(6) 对齐并安装凸轮轴正时链。如图 5-2-24(a) 所示将正时链安装在排气凸轮轴上，并将有色链节与标识箭头对齐。如图 5-2-24(b) 所示安装凸轮轴正时链导轨 2，并拧紧导向螺栓 1。

(a) 凸轮轴正时链对齐

1—导向螺栓；2—正时导轨。
(b) 凸轮轴正时链导轨安装

图 5-2-24　对齐并安装凸轮轴正时链

(7) 其他步骤与拆卸步骤相反即可完成正时链轮系统安装。

5 填写考核工单

一、查询并记录车辆信息					
品牌		型号		VIN 代码	
行驶里程		故障码查询			
二、查询用户手册记录正时链轮系统拆装流程及工艺标准					
(一)拆装步骤及紧固规格(拆卸后需向考官报备)					
曲轴皮带轮拆卸		VVT调节阀及轴承底座拆卸			
凸轮轴正时链拆卸		平衡轴正时链轮拆卸			
机油泵链、曲轴正时链轮拆卸		电子节气门拆装手册页码			
曲轴皮带轮安装		VVT调节阀及轴承底座安装			
凸轮轴正时链安装		平衡轴正时链轮安装			
机油泵链、曲轴正时链轮安装		电子节气门拆装手册页码			
(二)维修过程性描述					
描述正时链对齐原则					

自我测试

(1) 简述发动机正时系统的结构组成。

(2) 简述 VVT 的控制原理。

(3) 简述正时链轮的拆装流程及技术要点。

拓展学习

进气系统的新技术

双可变气门正时技术(dual variable valve timing, DVVT)，即进排气气门连续可变正时技术。采用 DVVT 技术的发动机比目前市场上较多采用的进气门正时技术的发动机更高效、节能、环保。以荣威 550 为例，DVVT 技术可提高动力 10% 且降低油耗 5%，能够达到 2.0 排量的动力指标。通过控制发动机燃烧室中的汽油与空气混合气体达到合适的空燃比，还可明显改善怠速稳定性从而获得较好的舒适性。

可变气门正时技术几乎已成为当今发动机的标准配置，为了进一步挖掘传统内燃机的潜力，工程人员又在此基础上研发出可变气门升程技术，当二者有效结合起来后，为发动机在各种工况和转速下提供了更高的进气、排气效率，达到提升动力的同时降低油耗。

目前市场上在售的车型中，包括我们熟悉的多款自主品牌车型在内，已经有很大一部分的发动机装配了可变气门正时系统，尽管各个厂商和车型间的技术水平有一定差距，但整体来看可变气门正时系统已经成为比较大众化的技术。

可变气门正时技术可以改变发动机气门开启和闭合的时间，更合理地控制发动机转速所需的空气量，从而降低油耗，提高经济性。

近几年，国产一线大厂逐渐应用了可变气门升程技术，国外厂商的高端技术正被我们一个个突破，相信在不久的将来，我国的高端汽车将会在世界汽车市场占据一席之地。

任务 3

增压器拆装拆检

任务引入

一辆大众迈腾汽车保养时,技师发现增压中冷器及管路出现渗油故障现象,询问车主得知,近期在使用时发动机噪声比之前有所增大,车辆加速性能也有所下降,车主以为是天气变冷导致以上现象没有重视。技师检查时发现机油刻度已经低于最低要求,于是对车辆进行进一步检查。

学习目标

(1)掌握废气涡轮增压系统的功能与组成;
(2)能正确描述涡轮增压系统各部件的作用;
(3)能够按照工艺规范进行涡轮增压器的拆装;
(4)掌握曲轴箱通风的工作原理;
(5)提升团队合作、密切协作的能力;
(6)养成自主学习、遵守车间7S管理规范的习惯;
(7)培养严谨求实、精益求精的工作作风。

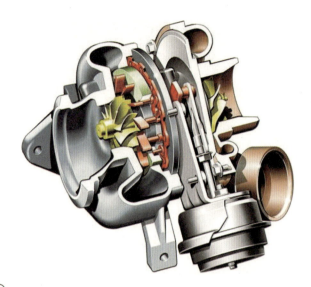

 知识准备

1 汽车增压器的分类及工作原理

汽车常用的增压器主要包括气波增压系统、机械增压系统和废气涡轮增压系统三种。

1.1 气波增压系统

气波增压系统利用高压废气的脉冲气波迫使空气压缩,增压性能好、加速性好,但是不太适合安装在体积较小的轿车里面。

如图5-3-1所示为气波增压器的结构示意图。当转子转动时,转子上由叶片组成的轴向气道与高压燃气入口接通,遂产生压缩波。压缩波以声速沿气道传播,并将燃气能量传递给气道内的空气,使其压力和密度升高并向前流动。高压空气出口设在高压燃气入口的斜对面,并顺转动方向向前错开一个角度。当气道与高压空气出口接通时,高压空气进入内燃机进气管。在燃气到达气道长度的2/3左右时,气道恰好转过高压燃气入口,燃气停止流入气道。当气道与低压燃气出口接通时,燃气继续膨胀并经排气总管排入大气,气道内的压力继续下降。当气道与低压空气入口接通时,由于气道内处于负压,新鲜空气自大气被吸入气道。气道转过低压空气入口和低压燃气出口后,气道内就完成新鲜空气的吸入。转子继续转动又开始下一个相同的循环。

气波增压器提供的增压压力在整个内燃机转速范围内变化不大,能量转换过程也不受转子惯性的影响,因此气波增压器具有良好的速度和负荷响应特性。但气波增压器运转噪声大,结构不如涡轮增压器紧凑,应用较少。

1.2 机械增压系统

安装在发动机上并由皮带与发动机曲轴相连接,从发动机输出轴获得动力来驱动

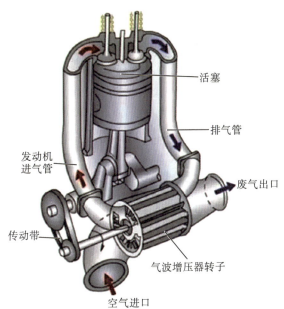

图 5-3-1 气波增压器

增压器的转子旋转，从而将空气增压后送入各缸。

机械增压器(图 5-3-2)是一种强制性容积置换泵，也称容积泵。其工作时可以增加进气管内的空气压力和密度，向发动机内压入更多的空气，使发动机每个循环可以燃烧更多的燃油，从而提高发动机的升功率和平均有效压力，使汽车动力性、燃油经济性和排放都得到改善。在工作过程中，压缩机的转子由发动机曲轴通过传动带驱动。两个相向旋转的转子各有若干个突齿，在工作时互相啮合。扭曲的转子跟特殊设计的进口和出口几何形状相结合，有助于减少压力波动，使空气流动平稳，工作时噪声较低。这种带有螺旋式转子和轴向进口的机械增压器可达到 14000 r/min 的转速，从而缩小了体积。通过合理的传动比设计，能在发动机较低转速时提供较高的增压压力，在一定程度上改善了发动机低转速的扭矩输出。机械增压器跟曲轴之间使用多楔皮带连接。

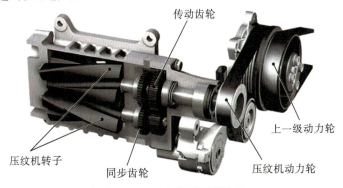

图 5-3-2 机械增压器结构

1.3 涡轮增压系统

废气涡轮增压系统中增压器与发动机无任何机械联系，而是通过发动机排出的废气惯性冲力来推动涡轮室内的涡轮，使涡轮压缩空气而增加进气量。

涡轮增压的工作原理是废气通过排气歧管进入涡轮壳体推动涡轮旋转，涡轮和叶轮共轴，另一侧壳体内的叶轮也跟随涡轮共同旋转，叶轮压缩空气并将高密度的压缩空气送入燃烧室内参与燃烧。整个过程利用发动机工作产生的废气推动，发动机无需额外负载。

如图5-3-3所示为涡轮增压器的结构，涡轮增压器主要由壳体、涡轮、叶轮、进气通道、排气通道、中间体、密封环和减压阀等组成。减压阀的作用是在收油瞬间，放掉增压器因为惯性旋转产生的压力，防止部件因为压力过大损坏。

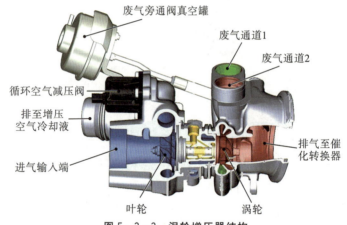

图5-3-3　涡轮增压器结构

2　涡轮增压器的压力控制

2.1　压力调节

2.1.1　机械式压力控制

如图5-3-4所示为机械式压力控制原理。机械式压力控制是通过控制压力调节单元左侧腔道压力实现增压压力的控制。增压压力限制电磁阀（N75）上有3个管口A、B和C，通过橡胶软管分别与增压器压气机出口、增压压力调节单元及低压进气管（压气机入口）相连接。

发动机控制单元根据需要以占空比方式给增压压力限制电磁阀通电，改变加在增压压力调节单元膜片阀上的气压以调节增压压力。在中低速小负荷时，增压压力限制电磁阀的A端与B端连通，允许增压压力调节单元自动调节增压压力；在加速或高速大负荷时，该电磁阀由发动机控制单元以占空比的方式供电，低压通气端与另两端连通，使加在增压压力调节单元膜片阀上的压力下降，废气旁通阀开度减小，增压压力提高，占空比越大，增压压力越高。

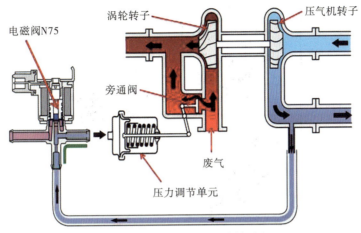

图 5-3-4 机械式压力控制

2.1.2 电控压力控制

如图 5-3-5 所示为电控压力控制系统，与机械式压力控制不同的地方是取消了压力调节单元，采用了旁通阀电控装置 V465。发动机控制单元接收增压压力传感器得到的压力信号，控制旁通阀电控装置，控制流入涡轮的气体流量，以此控制增压压力。采用电控旁通阀可以让增压器与发动机的工作更加协调，能有效提高发动机的转速响应。

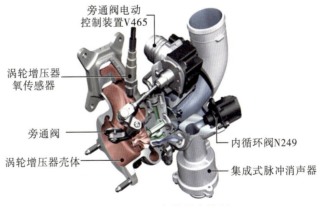

图 5-3-5 电控压力控制

2.2 内循环阀

在增压管路内部预留了内循环通道，它通过管路连接增压器进气前端和压缩后端，中间安装了内循环阀 N249。涡轮增压内循环控制如图 5-3-6 所示，当增压压力较小时，内循环阀关闭前端和后端的连接，进气道的空气全部经压气机压缩，以增加发动机进气量；当增压压力过高时，内循环阀打开前端和后端连接，压缩后过多的空气再回到增压器前端，从而降低了增压压力。

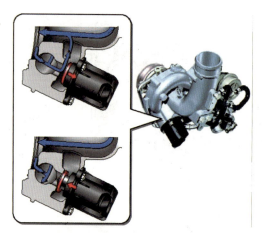

图 5-3-6 涡轮增压内循环控制

任务实施

1 作业说明

大众第三代 EA888 发动机采用了集成进排气歧管的整体式缸盖。外部无排气歧管，排气管直接与涡轮增压器连接，涡轮增压器采用了低惯量单涡轮双涡管增压技术，能使发动机在低转速达到最大转矩，涡轮增压器的拆装关系到排气及进气密封性，需要严格按照工艺标准进行操作。

2 技术标准与要求

序号	项目	力矩
1	AVS 阀拧紧力矩	
2	摆动支架拧紧力矩	
3	增压器连接螺栓拧紧力矩	

注：请学员查阅维修资料后填写。

3 设备器材

序号	项目	名称
1	设备与零件总成	
2	常用工具	
3	耗材及其他	

注：请学员根据场地实际设备器材填写。

4 作业流程

涡轮增压器端为车辆进气系统,在进行拆装时需要注意保持进气管道清洁,如果废气涡轮增压器发生了机械故障,例如压缩机的叶轮损坏,仅仅更换废气涡轮增压器是不够的。为避免出现后续可能的损坏,还必须:

操作视频10

(1)检查空气滤清器壳体、空气滤清器滤芯和进气管是否脏污。

(2)检查整个增压空气管路和涡轮增压系统散热器是否有异物。

(3)如果在增压系统内发现异物,则必须对整个系统进行清洁,必要时更换涡轮增压系统散热器。

涡轮增压器拆卸及安装的基本流程:

(1)排空冷却液。由于涡轮增压器有发动机循环冷却管路,在拆卸前需要将冷却液排空,避免泄露。冷却液的排放步骤参考维修手册。

(2)拆卸前排气管。前排气管的拆装具体步骤参考维修手册。

(3)拆卸空气滤清器壳体。

(4)拆卸增压空气导管。如图5-3-7所示,松开螺纹卡箍2并旋出螺栓1,将增压空气导管从废气涡轮增压器上拔下。

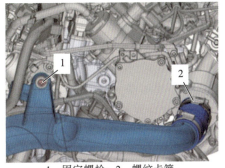

1—固定螺栓;2—螺纹卡箍。

图5-3-7 增压空气导管拆卸

(5)冷却液管路及点火线圈拆除。如图5-3-8(a)所示松开箭头所示的弹簧卡箍,拔下冷却液软管;拔下VVT调节器插头1,脱开固定卡子3。如图5-3-8(b)所示沿箭头所示方向拔下点火线圈插头并卸下点火线圈。

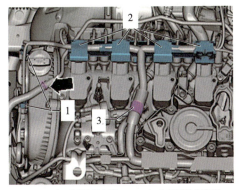

1—VVT电磁阀插接器;2—点火线圈插接器;
3—线束固定卡子。
(a)管路接头

1,2,3,4—点火线圈插接器。
(b)点火线圈

图5-3-8 拆卸冷却管路及点火线圈

(6)AVS调节器及隔热罩拆卸。如图5-3-9(a)所示，拧下AVS调节器紧固螺栓拆下调节器，并按如图5-3-9(b)所示，拧下隔热罩紧固螺栓，取下隔热罩1。

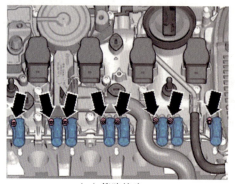
（a）管路接头

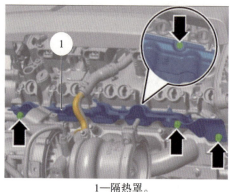
1—隔热罩。
（b）点火线圈

图5-3-9 拆卸AVS调节器及隔热罩

(7)增压器支架及油气分离器软管拆卸。旋出如图5-3-10(a)所示的支架螺栓1和3并拆下增压器支架2，按下如图5-3-10(b)压力调节器插接器1，并按压固定夹2，拔下油气分离器上的软管。

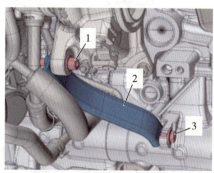
1,3—支架螺栓；2—增压器支架。
（a）增压器支架

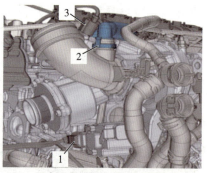
1—压力调节器插接器；2—固定夹；
3—循环空气阀插接器。
（b）油气分离插头

图5-3-10 拆卸增压器支架及油气分离器软管

(8)取下摆动支架并向前牵引发动机。旋出如图5-3-11(a)所示摆动支架连接螺栓1～3，拆下摆动支承，并按如图5-3-11(b)所示用绑带T10038向前拉动发动机，以使废气涡轮增压器与车身之间有足够的间隙。

(9)拆卸润滑管路及增压器总成。按如图5-3-12所示旋出箭头所示的螺栓A、B、C，拆下供油管路、回油管路和水管，拆下增压器总成。

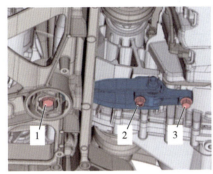
（a）摆动支架

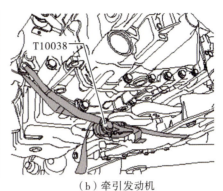
（b）牵引发动机

图 5-3-11 取下摆动支架并向前牵引发动机

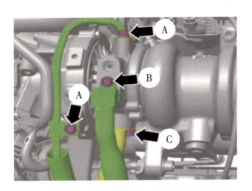

图 5-3-12 拆卸润滑管路及增压器总成

(10) 安装顺序与拆卸顺序相反，同时注意下列事项：

①更换 O 形圈、密封垫和自锁螺母；

②在涡轮增压器机油进油管的管接头处加注一定量的发动机机油；

③用符合标准的弹簧卡箍固定住所有的软管连接；

④安装废气涡轮增压器后，不要立即提高转速，让发动机怠速运转约 1min，以确保涡轮增压器的油道充满机油；

⑤为涡轮增压器螺栓涂抹热膏。

5 填写考核工单

一、查询并记录车辆信息					
品牌		型号		VIN 代码	
行驶里程		故障码查询			
二、查询用户手册记录正时链轮系统拆装流程及工艺标准					
(一)拆装步骤及紧固规格(拆卸后需向考官报备)					
空气导管拆卸			冷却软管拆卸		
点火线圈拆卸			气门升程调节阀		
摆动支架拆卸			增压器总成拆装手册页码		
(二)维修过程性描述					
描述增压器拆装流程及注意事项					

自我测试

(1) 简述常见的汽车增压系统的类型结构及优缺点。
(2) 简述涡轮增压系统压力调节原理。
(3) 简述涡轮增压器的拆装流程及技术要点。

拓展学习

T 未来——中国汽车雄起之"芯"

迄今为止，涡轮增压这一技术已经被发明了超过 100 年。这类型的增压装置最早由一位瑞士工程师布希（Alfred Büchi）发明，并取得了相关专利。最初的涡轮增压器被应用在柴油机上。到第一次世界大战期间，法国工程师开始将这一装置匹配在多种法国战斗机的雷诺汽油发动机上用来提高动力，这是首次涡轮增压装置被匹配在汽油发动机上。1918 年，美国通用电气公司的工程师，将涡轮增压器装置在 Liberty L12 型航空发动机上，并在随后于科罗拉多州派克峰 14000 英尺高度（约合 4300m 高度）上进行了测试。实验表明，涡轮增压器不仅能在海平面高度提供更强的动力，更能在高海拔的空气稀薄的条件下，大幅改善进气效率。

十九世纪二十年代，涡轮增压器开始被应用在生产型的航空发动机上，并于其后不久开始出现在船舶以及铁路机车的柴油发动机上。

时至今日，涡轮增压技术已经成为一种未来的发展趋势，涡轮增压技术能够有效降低污染物排放。欧盟开始大幅强化排放标准，尤其强调了"碳中和"和"碳排放"，使用涡轮增压技术，可以在发动机小型化的同时，基本上保持原先的动力输出峰值；得益于排量的降低，碳排放量可以相应下降。

当然，除了符合新的环保规制之外，涡轮增压发动机本身还有其他好处。比如，可以通过调整 ECU 就简单地将机械上完全相同的一款发动机，塑造出完全不同的输出峰值数据和输出趋向，减少车厂为同一车系或者级别差异不大的两个车系重复研发多款动力装置的成本，借此降低车辆的售价。当然，自然吸气式发动机也能做出这样的调校，但所能适应的输出功率范围却没有涡轮增压发动机的大。

早年间的涡轮增压发动机车型，大多数单纯追求动力性能的最大化和整车的性能表现，因此，许多此类的涡轮增压车型背上了高耗油量的标签。但如今凭借着缸内直喷、稀薄燃烧等缸内技术的优化，以及近年来发展出的更精密化的电子控制技术，再加上现在大多数涡轮增压发动机本身并非高性能诉求的设定，新的涡轮增压发动机能做到比之前类似动力水平的自然吸气发动机更低的油耗。

近年来，涡轮增压新的技术不断涌现，包括低惯量涡轮，可提高发动机转速响应；

可变涡管技术，可提高发动机的响应性和稳定性，减少涡轮增压器的失速和冲击波；双变量涡轮增压，可提高发动机的响应性和燃油效率。

"T"已经是汽车技术发展的趋势，目前国内品牌的发动机不管在数据、质量和技术等方面均已经发展至全球第一梯队。奇瑞第三代涡轮增压发动机采用了双涡轮配套缸内直喷技术、可变气门正时技术等先进技术。长安蓝鲸iDD混动系统采用了低惯量单涡轮双涡管，配合了可变截面电子涡轮增压技术。越来越多的增压技术从国产品牌的实验室走向市场，推动了我国汽车工业一步一个脚印实现追赶超越。

任务 4

进气传感器拆检

任务引入

周女士的大众迈腾汽车，近期在使用时有怠速不稳、车辆加速性能变弱的现象且仪表发动机故障灯无法熄灭，随后前往大众4S店进行检查，维修技师使用诊断仪读取故障码显示增压压力传感信号不可信。初步判断为增压压力传感器、ECU及相关线束等故障导致，要最终锁定故障点还需进行进一步测量。

学习目标

(1) 掌握进气相关传感器的功能与组成；
(2) 能正确描述进气相关传感器的作用；
(3) 能够按照工艺规范进行进气相关传感器的拆装；
(4) 能使用万用表、示波器对传感器进行测量；
(5) 能使用诊断仪读取故障码、数据流并分析判断故障；
(6) 提升团队合作、密切协作的能力；
(7) 养成自主学习、遵守车间7S管理规范的习惯；
(8) 培养严谨求实、精益求精的工作作风。

知识准备

进气系统相关传感器主要是对进入发动机的空气进行计量，发动机控制单元利用相关数据配比合适的燃油，以最佳空燃比进行燃烧，以满足车辆行驶的动力性要求及排放要求。涡轮增压发动机主要的传感器包括增压压力传感器、进气温度传感器、进气管压力传感器及节气门位置传感器。

（1）增压压力传感器。

增压压力传感器是涡轮增压发动机增压器压力控制的一部分，可以测量增压器后端管路中的气压，将测量的压力信息发送至发动机控制单元。发动机控制单元根据压力控制增压器的废气旁通阀开度，实时调节流入涡轮叶片的废气量，以此调整增压压力，避免过大的压力伤害进气管路。

如图 5-4-1 所示为一增压压力传感器，它由连通管、过滤器、真空室、硅芯片和引出端子组成。增压后的空气进入连通管与上部的真空室形成压差，产生的压差作用在上部的压敏电阻产生压力信号。安装增压压力传感器时将管道插入增压器后端进气管道内。

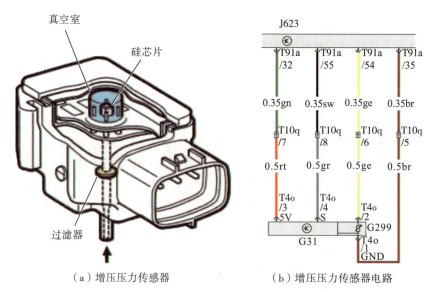

(a) 增压压力传感器　　(b) 增压压力传感器电路

图 5-4-1　增压压力传感器及电路

（2）进气压力、温度传感器。

进气压力、温度传感器安装在中冷器到节气门之间的进气管路上，用于测量进入气缸的空气压力及温度，将压力信号及温度信号发送至发动机控制单元，发动机控制单元结合数据分析计算出进气管道内的实际空气流通量。

如图 5-4-2 所示为进气压力、温度传感器。目前，绝大多数汽车的进气压力传感器和温度传感器组合在一起。温度传感器内部集成了随进气温度变化阻值的热敏电阻，转换电路将变化的电阻值转化为电压信号送至发动机控制单元。压力传感器利用压敏电阻检测进气道内的压力信号。

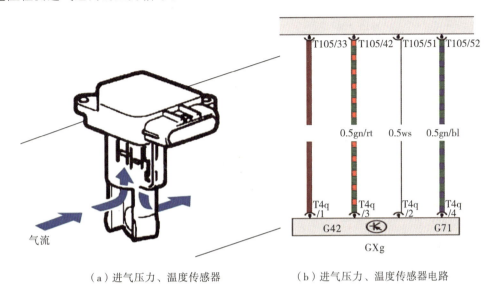

（a）进气压力、温度传感器　　（b）进气压力、温度传感器电路

图 5-4-2　进气压力、温度传感器及电路

（3）节气门位置传感器。

节气门位置传感器原理在模块五任务1已经讲述，本节不再赘述。

任务实施

1　作业说明

在拆卸及安装进气系统相关传感器时，注意按维修手册先关闭点火开关并断开蓄电池，在测量节气门位置传感器波形时需要采用双通道来分辨两个传感器的信号变化。

2　技术标准与要求

发动机控制单元与进气系统相关传感器的所有线束均直连电脑，注意在传感器拆装时必须防止其与电源短路，避免对发动机控制单元造成损伤。

序号	项目	电压
1	进气压力传感器供电电压	
2	增压压力传感器供电电压	
3	节气门位置传感器供电电压	

注：请学员查阅维修资料后填写。

3 设备器材

序号	项目	名称
1	设备与零件总成	
2	常用工具	
3	耗材及其他	

注：请学员根据场地实际设备器材填写。

4 作业流程

操作视频 11

4.1 进气相关传感器拆装

（1）增压压力传感器拆装。增压压力传感器位于增压器后端，中冷器前端，发动机舱底部，安全拆卸需要先拆下底部隔音板。

拆卸进气相关传感器的步骤：拔下如图 5-4-3 所示插接器 2，旋出紧固螺栓 1，将增压压力传感器 G31 从增压空气导管上拔出。安装步骤与拆卸步骤相反。

（2）进气温度、压力传感器拆装。拆卸进气温度、压力传感器的步骤：拔下如图 5-4-4 所示插接器 2，旋出紧固螺栓 1，沿箭头方向松开卡子，拆下进气温度传感器 G42，进气管压力传感器 G71。安装步骤与拆卸步骤相反。

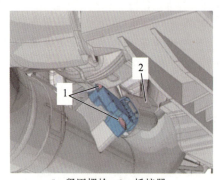

1—紧固螺栓；2—插接器。

图 5-4-3 增压压力传感器

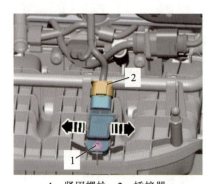

1—紧固螺栓；2—插接器。

图 5-4-4 进气温度、压力传感器拆装

(3)节气门位置传感器拆卸和安装参考本模块任务1内容。

4.2　进气相关传感器数据流读取

通过读取诊断仪数据流可快速判断传感器数据是否能正常反馈至控制单元,帮助技术人员分析判断故障。诊断仪读取数据流的一般步骤:

(1)将诊断仪车载自诊断系统(on-board diagnostics,OBD)连接头插入车辆插接器,连接诊断仪。

(2)打开ODIS,启动诊断,找到"发动机控制单元",选择"引导性功能",读取测量值。

(3)在下拉列表中选择需要读取的传感器信息即可。

进气压力、进气温度和增压压力数据流读取。选择进气压力、进气管温度及增压压力值,点击开始,如图5-4-5所示,当前进气管压力为$3.21×10^4$ Pa,进气温度为30 ℃,增压压力为$9.84×10^4$ Pa。能正常读取传感器当前数据,可以判断传感器工作正常。

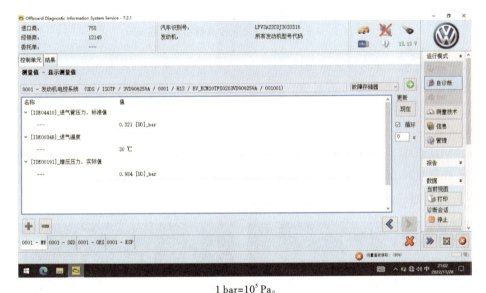

1 bar=10^5 Pa。

图5-4-5　压力传感器相关数据流

(4)节气门位置传感器数据读取。选择节气门位置1和节气门位置2,点击开始,如图5-4-6所示,当前节气门位置1的信号电压为0.767 V,节气门位置2的开度为14.9%,节气门传感器工作正常。

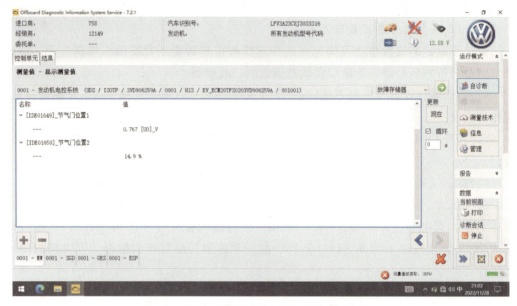

图 5-4-6 节气门位置传感器相关数据流

4.3 进气相关传感器波形读取

如果诊断仪数据流读取有异常,我们可以使用示波器读取测量传感器信号是否正常。没有双信号冗余设计的传感器一般使用单通道读取信号线路波形。对于有交叉验证的传感器,需要使用双通道读取两条信号线波形判断信号变化是否正常。

(1)增压温度、压力传感器波形测量。如图5-4-7所示,使用示波器分别测量T91/54和T91/55两端的增压温度及增压压力波形,怠速工况增压温度传感器电压在2.9 V左右,增压温度电压在1.9 V左右。

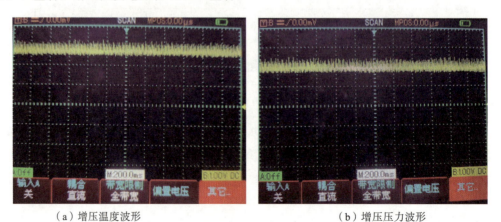

(a)增压温度波形　　　　　　　　　(b)增压压力波形

图 5-4-7 增压温度、压力传感器波形测量

(2)进气管压力和温度传感器波形测量。如图5-4-8所示,使用示波器分别测量T91/52和T91/51两端的增压压力及增压温度波形,怠速工况增压温度电压在0.6 V左右,进气管温度传感器电压在1.2 V左右。

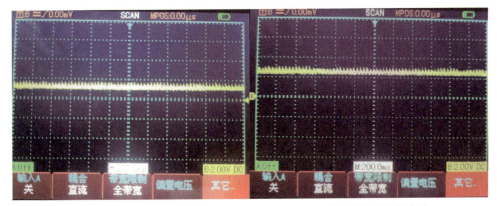

(a)进气管压力波形　　　　　　(b)进气管温度波形

图5-4-8　进气管压力、温度传感器波形测量

(3)节气门位置传感器波形测量如图5-4-9所示。使用示波器双通道模式同时测量G186和G187的T105/10和T105/31端子,可以看出两者变化关系为互反信号,即节气门开度增加时传感器1电压增大,传感器2电压减小。

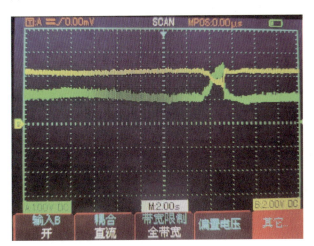

图5-4-9　节气门位置传感器波形测量

5 填写考核工单

一、车辆信息记录（结合具体车型答题）

品牌		整车型号		生产日期	
发动机型号		驱动电机型号		工作电压	
车辆识别码				行驶里程	

二、进行节气门位置传感器故障诊断，记录故障现象、相关信息及诊断过程（结合具体车型答题）

故障现象		
故障码		
数据流		
相关电路图位置		记录所查询的电路图在维修手册位置

可能故障原因分析：□元件本体　□电路线束　□模块ECU　□其他_____

检测项目	检测结果	判断
		正常□　异常□
		正常□　异常□
		正常□　异常□
		正常□　异常□

故障说明：

故障点确认：

故障机理分析：

三、节气门位置传感器信号针脚波形检测（读取到波形后需考官确认）

波形采集插接器代号、针脚	电路图页码	与控制模块针脚是否导通	信号波形类型
		正常□　异常□	

检测通道		波形绘制
检测工况	□ON　□怠速、上电	
每格电压		
最大信号电压值		
周期		
波形判断	□正常　□异常	

自我测试

(1) 简述温度传感器的种类及技术特点。
(2) 简述压力传感器的工作原理。
(3) 试分析发动机燃烧控制过程中，进气系统相关传感器的作用。

拓展学习

领军型人才——传感器篇

智能控制阀领域专家马玉山，现任吴忠仪表有限责任公司党委书记、董事长。马玉山一直致力于前沿传感器的研究。主持完成国家科技支撑计划、国家重大科技专项和国家 863 计划项目等多项国家科研课题；获国家科技进步奖二等奖 1 项，省部级科技进步奖一、二等奖 10 余项。

从大学毕业业生到技术骨干、技术总工，再到总经理，马玉山带领吴忠仪表厂在中国仪器仪表行业率先全面实现了智能控制阀数字化工厂，被工信部评定为"智能制造试点示范企业"。解决了制约化工装备国产化中的"卡脖子"工程，累计实现产值 50 亿元，利税 10 多亿元。马玉山团队通过对"高端控制阀关键技术自主创新和产业化"项目的研究与实施，用具有原创性和超越性的控制阀技术，解决了高端控制阀国产化的关键共性问题，使控制阀的使用寿命比国外同类产品延长了数倍。令我国控制阀行业整体技术水平进步了近 15 年，凭借此项目，马玉山获得国家科技进步二等奖。

马玉山先后荣获全国中青年科技创新领军人才、宁夏"塞上英才"、国家"万人计划"科技创新领军人才、国家杰出专业技术人才等荣誉，2015 年入选国家百千万人才工程，享受国务院特殊津贴；2020 年 11 月 24 日，被表彰为 2020 年全国劳动模范；2021 年 11 月 18 日，当选为中国工程院院士。

模块六
燃油蒸发系统部件维修

任务 1

燃油箱、燃油泵、燃油滤清器、油管拆检

任务引入

某顾客的大众迈腾轿车放置时间较长,更换了蓄电池,启动时有着火迹象,但是就是启动不起来。经维修技师综合诊断后,将问题锁定在燃油系统上,需对低压燃油系统进行分解,对燃油系统进行清洗。

学习目标

(1)掌握燃油供给系统的功能与组成;
(2)理解燃油供给系统的工作原理;
(3)能够按照工艺规范进行燃油供给系统的拆卸、装配与调试;
(4)能够规范选择和使用工具;
(5)养成良好的5S职业习惯。

知识准备

1 燃油供给系统概述

燃油供给系统主要由燃油箱、低压油泵、燃油滤清器、低压燃油管、高压油泵、高压油管和喷油器等组成。按燃油压力可分为低压燃油系统和高压燃油系统。低压燃油系统接受发电机控制单元的控制将汽油从油箱供给到高压油泵入口;高压燃油系统

负责给汽油再次加压,确保汽油以高压喷入缸内,与新鲜空气高质量混合,进行充分燃烧。

大众迈腾发动机燃油供给系统由低压燃油系统和高压燃油系统两部分组成,如图6-1-1所示。低压系统主要包含燃油箱、燃油泵、燃油滤清器和低压油管。油泵由燃油泵控制单元 J538 控制,正常运行控制压力为 $(4\sim7)\times10^5$ Pa。

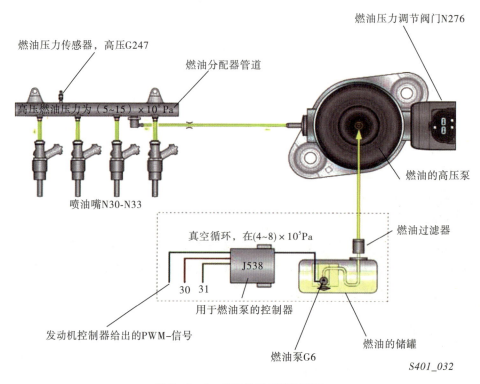

图 6-1-1 燃油供给系统原理图

2 燃油箱

燃油箱的作用是贮存汽油,其数目、容量、外形及安装位置都随车型而异,一般燃油箱的容量能使汽油行驶 $300\sim600$ km。轿车燃油箱通常由耐油硬塑料制成,其外形结构随车内空间布置而有所不同,大众迈腾轿车的燃油箱结构如图 6-1-2 所示。

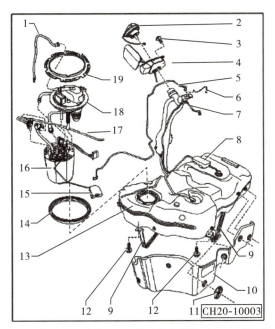

1—燃油管；2—燃油箱盖；3—螺钉；4—燃油箱控制单元；5—通气管；6—接地线；
7—真空管；8—油气分离器；9—燃油箱夹带；10—燃油箱的隔热板；11—夹紧垫片；
12—螺栓；13—燃油箱；14—密封圈；15—燃油存量传感器；16—燃油泵；17—射流泵；
18—带燃油滤清器的法兰；19—燃油泵压板。

图 6-1-2　燃油箱结构图

3　燃油泵

燃油泵的作用是将汽油从油箱中吸出，并以足够的泵油量和泵油压力向燃油系统供油。现代轿车则广泛采用电动汽油泵。

电动汽油泵常见的安装位置有两种，即油箱外置型和油箱内置型。油箱外置型电动燃油泵安装在油箱外，串联在输油管上；油箱内置型电动燃油泵安在油箱内部，浸泡在燃油里，这样可以防止产生气阻和燃油泄漏，且噪声小。目前大多数电控燃油喷射系统均采用油箱内置型电动燃油泵，大众迈腾轿车如图 6-1-3 所示。

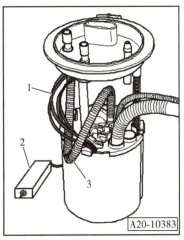

1—线束；2—油浮子；3—供油管。

图 6-1-3　燃油泵结构图

4 燃油滤清器

燃油滤清器的作用是滤除汽油中的水分和杂质，防止燃油系统堵塞，减小机械磨损，确保发动机稳定运行，提高可靠性。

燃油滤清器一般安装在电动汽油泵出油管与燃油分配管之间的供油管路上，也有些车型，如大众迈腾，将燃油压力调节器、汽油滤清器与汽油泵一体装入汽油箱。

在电控汽油喷射式发动机的汽油供给系统中，一般采用纸质滤芯、一次性的燃油滤清器。燃油滤清器由外壳和滤芯组成，如图6-1-4所示。汽油从入口进入滤清器，经过壳体内的滤芯过滤后，清洁的汽油从出口流出。安装时注意，汽油滤清器壳体上的箭头标记为汽油流动方向。

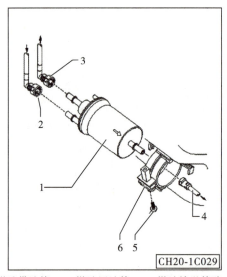

1—燃油滤清器；2—燃油供油管；3—燃油回油管；4—燃油输送管路；5—螺钉；6—燃油滤清器支架。

图6-1-4 燃油滤清器结构图

任务实施

1 作业说明

造成发动机燃油系统不能供油的可能原因是长期不行驶的车辆汽油变质、油泵受阻不转、油滤堵塞等。需通过拆卸、检查、清洗和重新装配来消除故障。本作业是在整车上进行的。

2 技术标准与要求

序号	名称	迈腾 B8L 标准力矩/(N·m)	实验车型标准力矩/(N·m)
1	燃油箱盖螺栓紧固力矩	2	
2	燃油加注管螺栓紧固力矩	8	
3	燃油箱螺栓紧固力矩	20＋90°	
4	纵向摆臂螺栓紧固力矩	70＋90°	
5	纵向摆臂轴承座螺栓紧固力矩	50	
6	燃油泵总成紧固力矩	110	

注：请学员查阅维修资料后填写。

3 设备器材

序号	项目	名称
1	车辆、台架	
2	设备	
3	专用工具	
4	常用工具	
5	耗材	
6	其他	

注：请学员根据场地实际设备器材填写。

4 作业流程

操作视频 12

4.1 拆卸和安装燃油箱

为安全起见，在打开燃油系统之前必须从保险丝盒中取下燃油泵保险丝，这是因为燃油泵可能被驾驶员侧车门的触点开关激活。

(1)拆卸时为了减轻重量，如有必要，应抽出燃油箱中的燃油。

(2)关闭点火开关和所有用电器，拔出点火钥匙。

(3)拆卸后排座椅导向件和座椅软垫。

(4)按图6-1-5所示拆下带燃油泵控制单元的燃油泵盖板,拔下燃油泵控制单元。

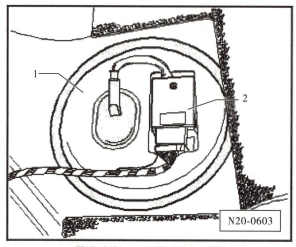

1—燃油泵盖板;2—燃油泵控制单元。

图6-1-5 燃油泵盖板

注意:燃油系统内存在燃油压力!必须戴防护眼镜和穿防护服,以免接触皮肤或造成人身伤害。在松开软管连接前在连接处放置一块干净的布,然后小心地拔出软管,以释放剩余压力。

(5)拔下燃油泵插头(图6-1-6),按压开锁按钮,脱开燃油管(黑色),打开燃油箱盖并清洁加油管及其周围,将加油管与燃油箱盖板单元分离,用一块泡沫海绵密封加油管,以防止异物进入。

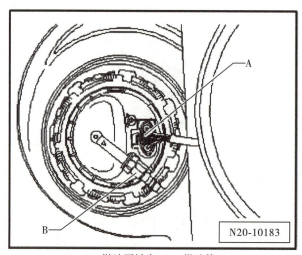

A—燃油泵插头;B—燃油管。

图6-1-6 燃油泵插头

(6)拆卸右后轮胎、拆卸右后轮内衬板、拆卸燃油加注管和通风管接头、拆卸炭罐、打开燃油箱盖,注意用抹布堵住燃油加注口。

(7)拆卸排气管、拆卸燃油箱护板,用发动机、变速箱举升装置支撑住燃油箱。

(8)如图6-1-7箭头所示,旋出燃油箱固定螺栓,用发动机、变速箱举升装置缓缓降低燃油箱,维修人员抬起燃油箱,放到工作台。

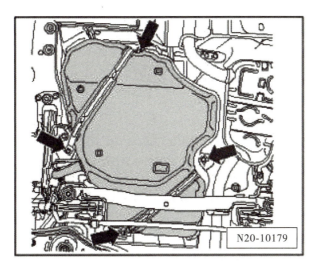

图6-1-7 燃油箱底部固定螺栓

安装燃油箱以拆卸的相反顺序进行。安装过程中要注意下列事项:平顺地放置好通气管和燃油管,确保燃油管安装牢固。

4.2 拆卸和安装燃油泵

按照拆卸燃油箱的步骤,做好安全防护措施,拆卸燃油泵控制单元的燃油泵盖板、拔下燃油泵控制单元、拔下燃油泵插头、按压开锁按钮、脱开燃油管、打开燃油箱盖并清洁加油管及其周围。

(1)如图6-1-8所示,用燃油泵压板扳手旋下燃油泵压板。

(2)如图6-1-9所示,按压开锁按钮,脱开燃油管A,沿箭头方向按压卡子,从燃油泵上脱开射流泵B。

注意:卸燃油泵时,应确保不损坏线束和燃油软管,并且不得弯折燃油存量传感器的浮动臂。

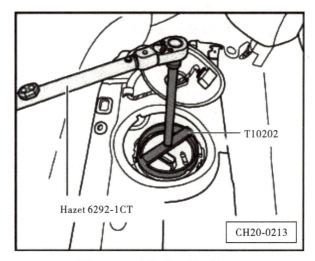

图 6-1-8　拆卸燃油泵压板(一)

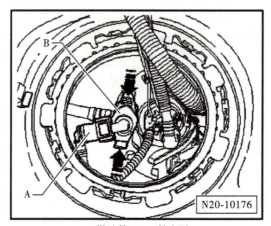

A—燃油管；B—射流泵。

图 6-1-9　拆卸燃油泵压板(二)

　　燃油泵安装以拆卸的相反顺序进行。安装过程中要注意下列事项：安装时，请勿弯折燃油存量传感器的浮动臂；燃油泵盖板上的标记指向行驶方向；燃油管安装时未发生扭结。

5　填写考核工单

一、查询并记录车辆信息					
品牌		发动机排量		发动机型号	
VIN 码				燃油滤清器更换周期	
二、查询用户手册记录燃油系统保养项目					
拆装低压燃油系统部件步骤及注意事项（拆卸后需向考官报备）					
对燃油系统检修前应该采取的安全措施					
低压油泵拆装步骤			注意事项		
燃油滤清器拆装步骤			注意事项		
燃油箱拆装步骤			注意事项		

汽车动力与驱动系统**综合分析技术**

自我测试

(1) 简述大众迈腾轿车发动机低压燃油系统的结构特点。
(2) 简述进行燃油系统作业前应该有哪些安全措施。
(3) 简述燃油箱的拆装流程及技术要点。

拓展学习

比亚迪的 DM-i 发动机技术

2022 年 3 月 26 日,"中国心"2021 年度十佳新能源汽车动力系统颁奖典礼在北京隆重举行。经过行业专家及媒体评审组的评选,比亚迪 DM-i 超级混动驱动系统荣获"中国心,2021 年十佳新能源动力系统"奖项。

DM-i 技术采用骁云版混插专用发动机,这种发动机在理想状态下能够达到 43% 的热效率。整套发电系统得到了优化,发动机由电脑控制,一直处于最佳工作状态,发动机的空压比能够达到 15.5,动力转化率很高。同时取消了传统的轮系传动系统,使用了 DM-i 核心的 EHS 电混系统使得能量利用得到优化。

从默默无闻的汽车小企业到现在的新能源汽车的领军企业,比亚迪一直秉承着技术为王的理念,通过不断的技术创新引领着时代的潮流。

任务 2

燃油导轨、喷油器、高压油泵拆检

任务引入

某客户的大众迈腾轿车行驶过程中，加速无力，发动机转速达不到 2000 r/min。经维修技师综合诊断后，将问题锁定在高压燃油系统上，需对高压燃油系统进行分解，对燃油系统进行清洗。

学习目标

(1) 掌握高压燃油系统的功能与组成；
(2) 理解高压燃油系统的控制原理；
(3) 能够按照工艺规范进行高压燃油系统的拆卸、装配与调试；
(4) 能够规范选择和使用工具；
(5) 养成标准化作业习惯；
(6) 不断创新引领技术潮流。

知识准备

1 高压燃油系统功能与组成

高压燃油系统是缸内直喷发动机的重要组成，主要由高压油泵、高压燃油分配管道和喷油器组成，如图 6-2-1 所示。

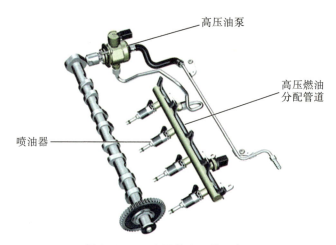

图 6-2-1　高压燃油系统示意图

2　高压油泵

高压油泵结构如图 6-2-2 所示，是通过装在排气凸轮轴末端上的一个四边形的凸轮来驱动的。凸轮轴通过一个滚柱推杆来驱动泵的活塞，减小了摩擦力和由链条输送的力。四角凸轮带来的效果是磨损小，发动机的运行平静度高，产生的噪声小，以及燃油消耗少。

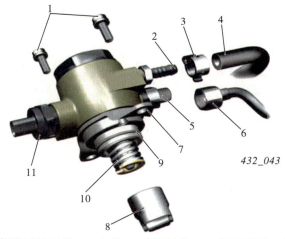

1—固定螺丝；2—高压油泵入口管；3—卡子；4—低压油管；5—高压油泵出口管；6—高压油管；7—高压油泵固定支架；8—滚轮；9—弹簧座；10—柱塞弹簧；11—燃油压力调节阀N276。

图 6-2-2　高压油泵结构图

发动机控制单元通过压力传感器 G247 能够识别每个时间点的分配器管道中的压力，燃油压力调节电磁阀 N276 可以对其进行调节，使其跟高压循环中的系统压力相匹配。

3 高压燃油分配器管道

高压燃油分配器管道使用不锈钢材料制成，是一个承压部件，负责将高压燃油输送到喷油器入口。高压燃油系统中的压力是通过燃油压力调节阀 N276 进行调节的，这个阀门在机械高压泵中，如图 6-2-2 中的 11 所示。根据发动机的负荷，高压循环系统中的压力在 $(4\sim19)\times10^6$ Pa 之间。

4 喷油器

喷油器安装在气缸盖里，喷油电磁阀控制喷油器，用于将高压燃油喷入气缸。喷油器开启瞬间，喷油电磁阀的控制电压大约为 65 V。当喷油器的顶针升起来以后，喷油电磁阀的控制电压大约是 14 V，顶针保持在开启的状态中。高压喷油器有 6 个燃油喷孔，如图 6-2-3 所示。喷孔的布置可防止燃烧室部件被燃油沾湿，可使空气、燃油混合气均匀分布。喷油器的最高喷射压力为 1.9×10^7 Pa，有利于确保良好的喷射及雾化效果。即使在全负荷工况下，该喷油器也可保证将充足的燃油喷入气缸。

图 6-2-3 高压喷油器

任务实施

1 作业说明

大众迈腾轿车属于缸内直喷燃油系统，造成发动机动力不足的原因可能是，高压燃油系统建立不起来压力等。需通过拆卸、检查和重新装配来消除故障。本作业是在空气滤清器和进气歧管等已拆卸，同时在高压燃油系统已卸压的基础上进行的。

2 技术标准与要求

序号	名称	标准值(迈腾)/(N·m)	标准值(试验车)/(N·m)
1	高压油泵固定螺丝紧固力矩	20	
2	高压油泵上低压油管螺丝紧固力矩	8	
3	高压油泵上高压油管螺丝紧固力矩	20	
4	高压管连接件紧固力矩	25	
5	高压油轨的螺丝紧固力矩		
6	燃油压力传感器螺丝紧固力矩	27	
7	高压油管与油轨的连接拧紧力矩		
8	喷油嘴的拧紧力矩		

注：请学员查阅维修资料后填写。

3 设备器材

车辆	
设备	
专用工具	
常用工具	
耗材	
其他	

注：请学员根据场地实际设备器材填写。

4 作业流程

操作视频 13

4.1 高压油泵拆装

注意：燃油系统有高压！在打开燃油系统之前请务必将燃油压力降下来。打开燃油系统时戴好防护眼镜并穿防护服，以免伤害皮肤。打开高压管路前，应在连接处周围放置抹布，以降低燃油系统的剩余压力。

(1)释放高压燃油系统压力：连接诊断设备，打开控制单元网络图，选择发动机电控系统，选择引导性功能，选择高压燃油压力释放选项，关闭点火开关。

注意：如果不马上打开高压管路，燃油压力可能会再度稍稍升高。

(2)拆卸发动机罩。按图 6-2-4 所示，松开箭头所示弹簧卡箍，拔下供油软管，旋出燃油管的锁紧螺母；在旋出锁紧螺母时，使用一个扳手反向把持住高压泵上的燃油高压管路的连接件。

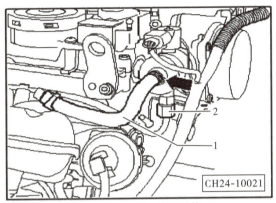

1—低压油管；2—高压油管。

图 6-2-4　高压油泵，高低压油管

(3)按照图 6-2-5 所示，拔下燃油压力调节阀 N276 的插头，旋出箭头所指螺栓，小心地取出燃油机械式单活塞高压泵轴套(可能会卡在真空泵中)。

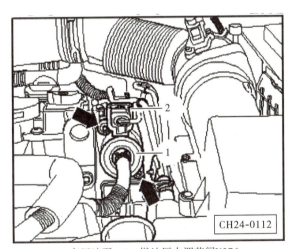

1—高压油泵；2—燃油压力调节阀N276。

图 6-2-5　高压油泵总成

(4)安装按拆卸逆序进行，注意更换机械式单活塞高压泵的 O 形圈，检查轴套是否损坏，如有必要，应更换。

4.2　喷油器拆装

(1)向上脱开发动机盖罩，拆下带燃油分配器的进气管。

(2) 拆下带燃油分配器的进气管，用一块干净的抹布盖住打开的进气通道。

(3) 拆下如图 6-2-6 和图 6-2-7 所示的限位支撑环，并脱开喷嘴上的箭头所指的插头。

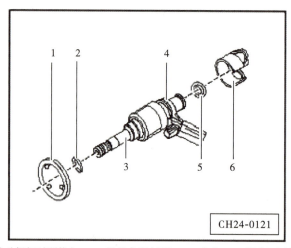

1—径向补偿件（损坏时更换）；2—燃烧室密封环；3—喷嘴；4—隔离环（损坏时更换）；
5—O 形圈（更换，在安装时用干净的发动机油稍稍浸润）；6—限位支撑环。

图 6-2-6　喷油器结构

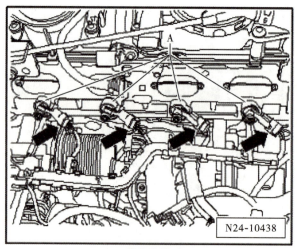

A—限位支撑环。

图 6-2-7　限位支撑环和插头位置

(4) 将图 6-2-6 中限位支撑环 6 从喷嘴上拆下。

(5) 按图 6-2-8 所示，将拉出工具 T10133/2A 导入到喷嘴的切口中。

(6) 按图 6-2-9 所示，将 T10133/3-1 用螺栓连接到起拔器 T10133/2A 上。

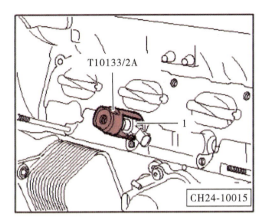
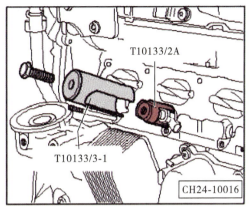

图 6-2-8 拉出工具 T10133/2A　　　　图 6-2-9 拉出工具 T10133/3-1

(7)按图 6-2-10 将扳手沿箭头方向轻轻旋转螺栓,直至拉出喷嘴。

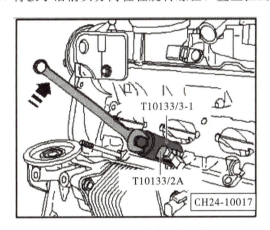

图 6-2-10 拆卸喷嘴工具组装图

(8)安装按拆卸逆序进行,原则上在重新安装高压喷嘴之前须更换燃烧室密封环。

5　填写考核工单

一、查询并记录发动机信息							
发动机类型		发动机排量		发动机型号			
缸径		压缩比		点火顺序			
二、查询用户手册记录高压燃油系统的规范							
（一）释放高压燃油系统压力步骤（需边操作边向考官报备）							
工具		步骤一		步骤二		步骤三	
（二）拆装高压油泵步骤及紧固规格（拆卸后需向考官报备）							
项目		拆装要点		螺栓扭力规格		注意事项	
（三）拆装燃油分配器							
项目		拆装要点		螺栓扭力规格		注意事项	

自我测试

（1）简述全新迈腾高压燃油系统压力释放步骤。
（2）试分析高压燃油泵的工作过程。
（3）简述进行高压燃油系统维修作业的注意事项和采取的措施。

拓展学习

双喷射燃油系统

大众汽车第三 EA888 发动机燃油喷射系统具有双喷射系统，也就是说有两种油气混合方法。如图 6-2-11 和图 6-2-12 所示。一种方法是使用缸内直接燃油喷射（fuel stratified injection，FSI），另一种方法是使用进气歧管燃油喷射（multi point injection，MPI）。

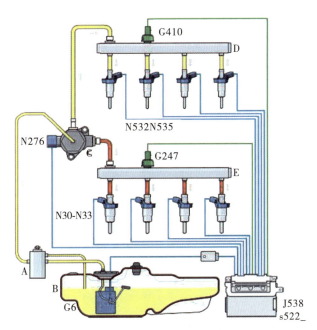

图 6-2-11 双喷射燃油系统原理

FSI 缸内直喷系统，引入燃料分层喷射技术，将燃油由喷嘴直接喷入缸内。该技术可以进一步提高汽油机热效率，降低汽油机排放。这套由柴油发动机衍生而来的科技已经大量使用，主要用在冷启动、急加速和大负荷工况，满足发动机的变工况要求。

MPI 喷射系统属于缸外喷射系统，喷射位置在进气歧管，由高压燃油泵上的引导连接装置供油。引导连接装置是燃油低压系统的一部分，在引导连接装置的上游。燃油进入低压燃油油轨,然后再流到低压喷油器,低压喷油器将燃油喷入进气歧管中。MPI 喷射系统有自己的压力传感器(低压燃油压力传感器 G410),用于监控供油系统油压,供油压力来自燃油箱中的燃油系统增压泵 G6,而不是高压燃油泵。在 MPI 模式下,燃油只是经过高压燃油泵对其进行冲洗和冷却,也就是说高压燃油泵不会影响燃油系统的燃油压力。MPI 喷射主要用在发动机部分负荷工作状态下,燃油油滴在点火前有充分的时间进行雾化和混合,形成良好的混合气,从而减少微粒质量以及炭烟的形成,减少二氧化碳排放量,降低油耗。

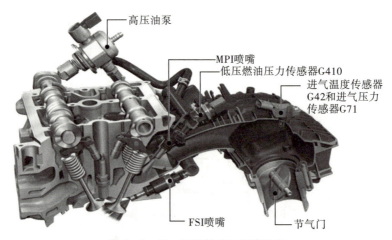

图 6-2-12 双喷射燃油系统结构

任务 3

活性炭罐、电磁阀、管路检查拆装

任务引入

某顾客的大众迈腾轿车启动后，怠速抖动严重。经省级技能大师综合诊断后，将问题锁定在了燃油蒸发系统上，需对燃油蒸发系统部件进行分解，对炭罐电磁阀进行检测。

学习目标

(1) 掌握燃油蒸发系统的功能与组成；

(2) 理解燃油蒸发系统的工作原理；

(3) 能够按照工艺规范进行燃油蒸发系统的拆卸和装配；

(4) 能够规范选择和使用工具；

(5) 会判断检测炭罐电磁阀的功能；

(6) 学习工匠精神。

知识准备

1 燃油蒸发系统概述

燃油蒸发系统，是汽车发动机排放控制系统之一，其功能是收集汽油箱的汽油蒸气，并将汽油蒸气导入气缸参加燃烧，从而防止汽油蒸气直接排出大气而造成污染。同时，根据发动机工况，控制导入气缸参加燃烧的汽油蒸气量。

燃油蒸发系统由活性炭罐、炭罐电磁阀、双向止回阀门和燃油蒸气管路等组成，如图 6-3-1 所示。

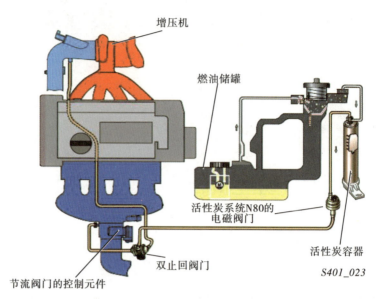

图6-3-1 燃油蒸发系统管路连接图

如图6-3-2所示,油箱的燃油蒸气通过单向阀进入活性炭罐,空气从炭罐下部进入活性炭罐,在炭罐右下方有一定量排放小孔及受真空控制的排放控制阀,排放控制阀内部的真空度由炭罐电磁阀控制。

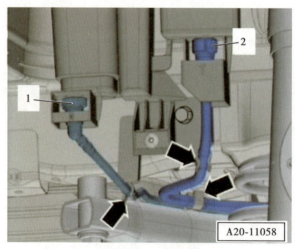

1—进气管;2—真空管。

图6-3-2 活性炭罐结构图

活性炭罐的电磁阀是由发动机控制单元进行监控的,并且调节着活性炭罐中流入双止回阀门的气体流量。双止回阀门根据进气管道中存在的真空度,进行气动操纵。

在发动机运行时,从活性炭罐中抽吸燃油蒸气,当有增压压力时,燃油蒸气流入废气涡轮增压器；当无增压压力时，燃油蒸气直接流入进气歧管中。

2　活性炭罐

在燃油箱的燃油表面上，根据大气压力和环境温度的不同，燃油箱内将会形成燃油蒸气。活性炭罐正是避免这种碳氢物质进入环境的装置。燃油蒸气从燃油箱的最高点通过重力阀和压力保持阀被节流到活性炭罐中，活性炭罐像海绵一样存储这些蒸气。

3　炭罐电磁阀

车辆处于工作状态时，发动机控制单元根据负荷和转速对活性炭罐电磁阀进行周期性控制，其开启时间与给予的信号有关。

当活性炭罐电磁阀开启，压力保持阀阻止燃油蒸气回流至燃油箱。而由于进气系统真空的存在确保了活性炭罐内燃油蒸气进入到进气歧管或涡轮增压器入口，参与混合气的形成。

任务实施

1　作业说明

造成发动机抖动故障的可能原因是燃油蒸发系统管路的老化或炭罐电磁阀损坏等。需通过拆卸、检查和更换部件来消除故障。本作业在空气滤清器等已拆卸的基础上进行。

2　技术标准与要求

项目	名称	迈腾标准力矩/(N·m)	实训车标准力矩/(N·m)
活性炭罐固定螺栓紧固力矩	20		

注：请学员查阅维修资料后填写。

3　设备器材

设备	名称
专用工具	
常用工具	
耗材	
其他	

注：请学员根据场地实际设备器材填写。

4　作业流程

操作视频 14

拆卸和安装活性炭罐。

(1) 拆卸右后轮。

(2) 拆卸右后部轮罩饰板。

(3) 按图 6-3-2 所示,按压开锁按钮,脱开进气管 1 和真空管 2。

(4) 旋出固定螺母。

(5) 按压卡子,取下活性炭罐。

(6) 安装以拆卸的相反顺序进行。

5　填写考核工单

一、查询并记录发动机信息					
发动机类型		发动机排量		发动机型号	
缸径		压缩比		点火顺序	

二、查询用户手册记录活性炭罐规范			
活性炭罐拆装步骤		注意事项	

自我测试

（1）简述大众迈腾轿车燃油蒸发系统的结构特点。
（2）简述涡轮增压发动机大负荷时燃油蒸发系统的工作情况。
（3）简述燃油蒸发系统密封性检测的技术要点。

拓展学习

国六发动机燃油蒸发系统

燃油蒸发系统是由活性炭罐、空气滤芯、燃油系统诊断泵、活性炭罐电磁阀和燃油蒸气管路等组成的。燃油蒸发管路连接装配图如图6-3-3所示。和国五发动机相比，活性炭罐的设计中融入了新技术，加入了对油箱蒸气泄漏的实时监测和处理技术，全新的活性炭罐如图6-3-4所示。

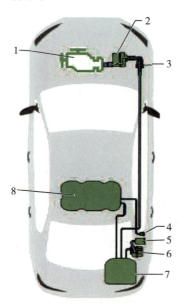

1—发动机；2—活性炭罐电磁阀；3—通风管；4—燃油箱盖；
5—空气滤芯；6—诊断泵；7—活性炭罐；8—燃油箱。

图6-3-3　燃油蒸发管路连接装配图

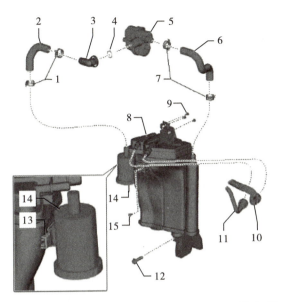

1,7—大箍；2,6—连接软管；3—连接头；4—密封圈；5—燃油系统诊断泵；
8—活性炭罐；9,12—螺栓；10—进气管；11—通风管；13—支架；14—空气滤芯。

图 6-3-4　活性炭罐组成图

模块七
排放控制系统部件维修

任务 1

三元催化器、氧传感器拆检

任务引入

最近,张女士的迈腾 B8L 发动机故障灯常亮,经过 4S 店检查之后,发现废气中的氧含量异常,经分析之后,将问题锁定在氧传感器和三元催化器上。需对氧传感器进行拆卸检查,并对三元催化器进行清洗,以解决以上问题。

学习目标

(1)了解氧传感器的作用;
(2)理解三元催化器的工作原理;
(3)能够使用正确的工具对氧传感器和三元催化器进行拆装;
(4)能够按照工艺规范正确清洗三元催化器;
(5)能够具备一定的自主学习能力;
(6)树立生态文明思想和绿色发展理念。

知识准备

1 氧传感器

1.1 氧传感器的作用

轿车上一般安装有前氧传感器和后氧传感器。前氧传感器安装在发动机排气管和三元催化器之间,主要用于修正喷油量;后氧传感器也称为空燃比传感器,安装在三元催化器之后,用于监视三元催化器的工作状况。

氧传感器用来检测废气中氧的浓度并转换为电信号，将此信号反馈给 ECU，ECU 据此判断可燃混合气的浓度，调节喷油量（可燃混合气的浓度偏稀时增加喷油量，偏浓时减少喷油量），使可燃混合气浓度接近理论值（空燃比为 14.7）。

1.2　氧传感器的结构

常见的氧传感器有加热型氧化钛式氧传感器和加热型氧化锆式氧传感器（图 7-1-1）。加热型氧化钛式氧传感器主要由二氧化钛元件、加热元件、大气孔、陶瓷管、连接器针脚等组成（图 7-1-2），其中加热元件采用热敏电阻，其上绕有钨丝并引出两个电极直接与汽车电源（12～14 V）相通，用于对二氧化钛进行加热，使氧化钛式氧传感器迅速到达工作温度而投入工作。

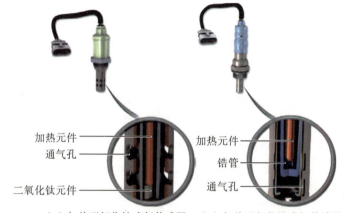

（a）加热型氧化钛式氧传感器　（b）加热型氧化锆式氧传感器

图 7-1-1　氧传感器的分类

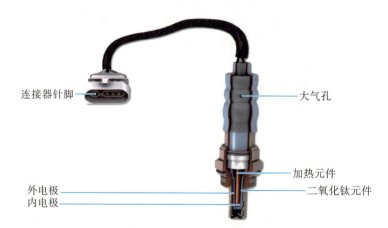

图 7-1-2　加热型氧化钛式氧传感器的结构

加热型氧化锆式氧传感器主要由锆管、内电极、外电极、加热元件、连接器针脚等组成（图 7-1-3）。其中加热元件采用热敏电阻，其上绕有钨丝并引出两个电极直接与汽车电源(12～14 V)相通,用于对锆管进行加热,使氧化锆式氧传感器迅速到达工作温度而投入工作。

图 7-1-3　加热型氧化锆式氧传感器的结构

1.3　氧传感器工作原理

以氧化锆式氧传感器为例,二氧化锆为一种固体电解质,在高温下,氧离子在其内部能够扩散和渗透。当氧化锆管的内外侧表面分别接触到不同密度的氧时,氧化锆物质中的氧离子便从内向外扩散,产生电动势,管内外侧的铂电极便产生电压。

在高温及铂的催化下,废气中带负电的氧离子吸附在氧化锆套管的内外表面上,由于大气中的氧气比废气中的氧气多,套管上与大气相通一侧比废气一侧吸附更多的负离子,两侧离子的浓度差产生电动势,使铂电极产生电压信号,此电压信号在输入回路的比较器中与基准电压对比,以 0.45 V 以上为 1、以 0.45 V 以下为 0 输入汽车 ECU 中处理,ECU 把高电压信号视作浓混合气,把低电压信号视作稀混合气。根据氧传感器的电压信号,ECU 按照尽可能接近 14.7 的最佳空燃比来稀释或加浓混合气。

排气管废气中氧气含量增加时,锆管内外表面之间的电压差减小,氧传感器输出低电压信号(<0.45 V),反馈给 ECU 的是混合气稀信号,ECU 将增加喷油脉宽(图 7-1-4)。

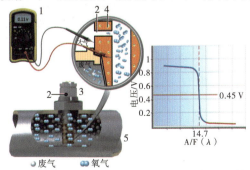

1—万用表;2—大气孔;3—氧传感器;4—锆管;5—排气管。

图 7-1-4　氧化锆式氧传感器工作原理(空燃比大于 14.7)

排气管废气中氧气含量减少时,锆管内外表面之间的电压差增加,氧传感器输出高电压信号(>0.45 V),反馈给 ECU 的是混合气浓信号,ECU 将减少喷油脉宽(图7-1-5)。

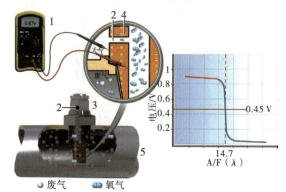

1—万用表;2—大气孔;3—氧传感器;4—锆管;5—排气管。

图 7-1-5 氧化锆式氧传感器工作原理(空燃比小于 14.7)

2 三元催化器

三元催化器是安装在汽车排放控制系统中最重要的机外净化装置,它可将汽车尾气排出的 CO、HC 和 NO_x 等有害气体通过氧化和还原作用转变为无害的二氧化碳、水和氮气。由于这种催化器可同时将废气中的三种主要有害物质转化为无害物质,故称三元催化器(图 7-1-6)。

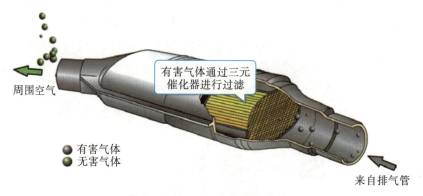

图 7-1-6 三元催化器的作用

三元催化器主要由外壳、金属网、带蜂窝状小孔的陶瓷块、分流器等组成(图 7-1-7)。

三元催化器可以将有害物质转化为无害物质,其转化过程中的化学反应主要有氧化反应和还原反应两种。有害成分按照下面的步骤被转化。

首先,三元催化器利用内含的贵重金属铑(Rh)作催化剂,氮氧化物和 CO 发生还

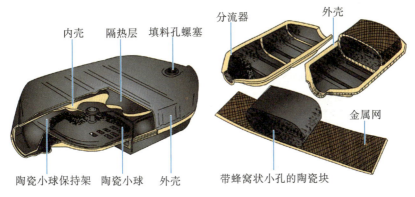

图 7-1-7 三元催化器的结构

原反应生成 N_2、CO_2 和 O_2，化学反应式如下。

$$2NO + 2CO \xrightarrow{催化剂} N_2 + 2CO_2$$

$$2NO_2 + 2CO \xrightarrow{催化剂} N_2 + 2CO_2 + O_2$$

其次，在铂（Pt）或钯（Pd）催化剂的催化下，CO 和 HC 与氧气发生氧化反应，产生 CO_2 和 H_2O，化学反应式如下。

$$2CO + O_2 \xrightarrow{催化剂} 2CO_2$$

$$2C_2H_6 + 7O_2 \xrightarrow{催化剂} 4CO_2 + 6H_2O$$

氧化过程需要的氧气来源于不完全燃烧后在废气中残余的氧气，还有一部分来源于氮氧化物还原反应中生成的氧气。

实际上，上述化学反应在正常的环境下也能够自发地进行，但其转化速率和转化效率很有限。依靠自发进行的化学反应无法达到现代汽车排放污染控制法规的要求。而在三元催化器的反应床表面上，在常规的发动机排气温度和催化剂的作用下，上述化学反应的速率和效率被大大提高了。

任务实施

1 作业说明

当一辆迈腾汽车的废气排放系统出现故障时，需要对氧传感器进行拆卸检查，并对三元催化器进行清洗来消除故障。

2 技术标准与要求

氧传感器和三元催化器对控制汽车污染物的排放起着重要的作用，它们各司其职，形成闭环控制，确保废气中的污染物排放符合国家标准。在进行拆装检查时，需要根据维修手册，制订合理的拆装检查流程，然后使用正确的工具完成拆装与检查。

序号	项目	力矩
1	氧传感器拧紧力矩	55 N·m
2	尾气装置固定支架螺栓拧紧力矩	20 N·m
3	排气管前部夹紧套螺栓拧紧力矩	30 N·m
4	前部通道横梁螺栓拧紧力矩	20 N·m
5	车底护板螺栓拧紧力矩	20 N·m

3　设备器材

项目	内容
所用设备与仪器	
所用拆装工具等	
耗材及其他	

注：请学员根据场地实际设备器材填写。

4　作业流程

操作视频 15

下面以迈腾 B8L 为例介绍氧传感器和三元催化器的拆装、清洗步骤和注意事项。
(1)断开蓄电池负极，如图 7-1-8 所示。
(2)脱开氧传感器连接插头 1 和 2，如图 7-1-9 所示。

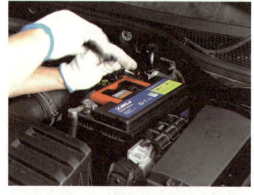

图 7-1-8　断开蓄电池负极

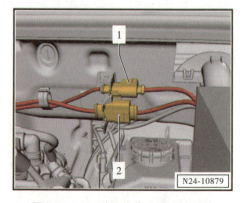

图 7-1-9　脱开氧传感器连接插头

(3)拔下氧传感器线束卡子,如图 7-1-10 所示。

(4)使用氧传感器环形扳手工具拧出前氧传感器。拆卸时,注意工具的正确使用,避免损坏氧传感器,如图 7-1-11 所示。

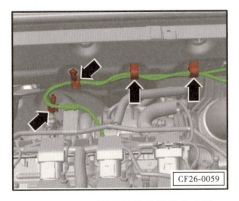
图 7-1-10 拔下氧传感器线束卡子

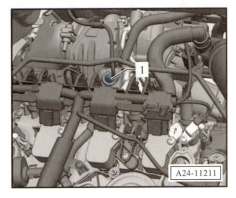
图 7-1-11 拆卸前氧传感器

(5)目视检查氧传感器外观是否完整,如图 7-1-12 所示。检查电气插头是否有倒针、退针现象,如图 7-1-13 所示。

图 7-1-12 检查氧传感器外观

图 7-1-13 检查电气插头

(6)排气部件拆卸,松开两侧底板饰板的固定螺栓,如图 7-1-14 所示。

(7)取下中部底板饰板的膨胀铆钉。选择合适的工具进行拆卸,避免损坏零件,如图 7-1-15 所示。

图 7-1-14 松开两侧底板饰板固定螺栓

图 7-1-15 取下中部底板饰板膨胀铆钉

(8)取下中部底板饰板,如图7-1-16所示。
(9)松开前部通道横梁固定螺栓。取下固定螺栓并拿下横梁1,如图7-1-17所示。

图7-1-16 取下中部底板饰板

图7-1-17 取下固定螺栓并拿下横梁

(10)松开前部支架的固定螺栓,如图7-1-18所示。
(11)松开前部夹紧套的螺栓,如图7-1-19所示。

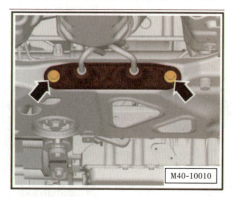
图7-1-18 松开前部支架固定螺栓

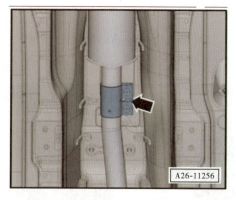
图7-1-19 松开前部夹紧套螺栓

(12)将夹紧套移至排气管的后段,如图7-1-20所示。
(13)松开三元催化器螺母1、3、4,如图7-1-21所示。

图7-1-20 将夹紧套移至排气管的后段

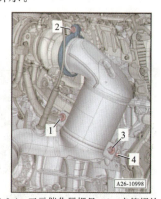
1,3,4—三元催化器螺母;2—卡箍螺栓。
图7-1-21 三元催化器螺母

(14)松开螺纹卡箍螺栓,如图7-1-22所示。

(15)分离三元催化器,如图7-1-23所示。

图7-1-22 松开螺纹卡箍螺栓

图7-1-23 分离三元催化器

(16)取下三元催化器。取下时,尽量避免与其他部件撞击。以免损坏零件,如图7-1-24所示。

(17)使用氧传感器环形扳手拧出后氧传感器,如图7-1-25所示。

图7-1-24 取下三元催化器

图7-1-25 拆卸后氧传感器

(18)目视检查后氧传感器外观是否完整。检查电气插头是否有倒针,退针现象,如图7-1-26所示。

图7-1-26 检查后氧传感器外观及电气插头

(19)使用热螺栓装配膏涂敷螺纹,如图7-1-27所示。

(20)安装后氧传感器。后氧传感器拧入后,使用专用拆装工具对后氧传感器进行预紧。预紧完成后,用55 N·m的力矩进行拧紧,如图7-1-28所示。

图7-1-27 使用热螺栓装配膏涂敷螺纹

图7-1-28 安装后氧传感器

(21)安装三元催化器。将装置安装至指定位置。在安装时避免碰撞,以免损坏零件。如图7-1-29所示。

(22)安装悬架装置固定螺栓,如图7-1-30所示。

图7-1-29 安装三元催化器

图7-1-30 安装悬架装置固定螺栓

(23)安装尾气装置固定支架(图7-1-31)。拧入固定螺栓。使用快速扳手预紧螺栓。然后以20 N·m的力矩拧紧紧固螺栓。

(24)安装并拧紧螺纹卡箍螺栓,如图7-1-32所示。

图7-1-31 安装尾气装置固定支架

图7-1-32 安装并拧紧螺纹卡箍螺栓

(25)将氧传感器的线束安装到卡扣内,如图 7-1-33 所示。
(26)使用记号笔标记已紧固的螺栓,如图 7-1-34 所示。

图 7-1-33 将氧传感器的线束安装到卡扣内

图 7-1-34 使用记号笔标记已紧固的螺栓

(27)使用快速扳手拧紧悬架装置紧固螺栓(图 7-1-35)。然后以 20 N·m 的力矩紧固螺栓。并用记号笔标记螺栓。

(28)安装前部夹紧套(图 7-1-36),将夹紧套安装至指定位置。使用快速扳手拧紧螺栓。交替拧紧两颗螺栓,使安装更牢固。然后以 30 N·m 的力矩紧固螺栓。用记号笔标记螺栓。

图 7-1-35 拧紧悬架装置紧固螺栓

图 7-1-36 安装前部夹紧套

(29)检查尾气排放装置是否安装到位。

(30)安装前部通道横梁(图 7-1-37)。使用快速扳手拧紧螺栓。然后以 20 N·m 的力矩紧固螺栓。用记号笔标记螺栓。

(31)安装中间底板饰板(图 7-1-38)。安装膨胀铆钉。铆钉安装完成后,仔细检查,避免漏装。

(32)使用 T 字杆拧紧两侧底板饰板固定螺栓,如图 7-1-39 所示。

(33)安装完成后,检查各部件安装是否到位,是否有漏装的螺栓。

(34)安装车底护板(图 7-1-40)。将车底护板安装到指定位置。护板螺栓全部安装完成后,使用快速扳手拧紧螺栓。然后以 20 N·m 的力矩紧固螺栓。用记号笔标记螺栓。检查护板是否存在异响。安装是否到位。

图7-1-37 安装前部通道横梁　　图7-1-38 安装中间底板饰板

图7-1-39 拧紧两侧底板饰板固定螺栓　　图7-1-40 安装车底护板

(35)三元催化器清洗。将清洗瓶内注入清洗剂,挂在机盖上。

(36)将清洗瓶软管接到炭罐电磁阀出口软管上,如图7-1-41所示。

(37)启动车辆,待车辆运转正常后,打开软管阀门。通过加速踏板,控制发动机转速在1500 r/min左右。清洗过程一般为5~10 min,如图7-1-42所示。

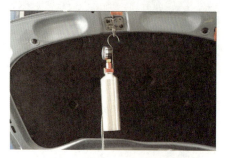 

图7-1-41 连接清洗瓶软管　　图7-1-42 打开软管阀门进行清洗

(38)清洗完成后,使用内窥镜查看三元催化器内部情况。将探头通过前氧传感器安装孔,伸入三元催化器内部。观察清洁程度。

(39)安装前氧传感器(图7-1-43)。将前氧传感器安装到专用工具上,拧入安装孔。确认安装到位后,用快速扳手进行预紧。预紧完成后,用55 N·m的力矩进行拧紧。

图 7-1-43 安装前氧传感器

(40)将氧传感器的线束安装在卡扣内。连接氧传感器线束插头。整理线束,确定安装正确,如图 7-1-44 所示。

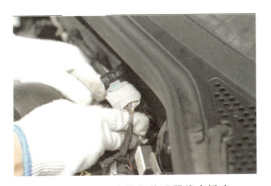

图 7-1-44 连接氧传感器线束插头

(41)连接蓄电池负极,如图 7-1-45 所示。

图 7-1-45 连接蓄电池负极

5 填写考核工单

一、查询并记录车辆信息			
车型		VIN 码	
发动机型号		行驶里程	
查询用户手册记录三元催化转换器保养里程及周期			
(一)氧传感器和三元催化转换器拆装步骤及注意事项(拆卸时需向老师报备)			
检查项目			
前氧传感器外观检查	正常□		异常□
前氧传感器电气插头目视检查	正常□		异常□
后氧传感器外观检查	正常□		异常□
后氧传感器电气插头目视检查	正常□		异常□
(二)三元催化器的清洗步骤和注意事项			

自我测试

（1）前后氧传感器的作用分别是什么？

（2）三元催化器的作用是什么？

（3）简述三元催化系统的常见问题有哪些？

拓展学习

国家第六阶段机动车污染物排放标准

国家第六阶段机动车污染物排放标准是指为贯彻《中华人民共和国环境保护法》《中华人民共和国大气污染防治法》，防治压燃式及气体燃料点燃式发动机汽车排气对环境的污染，保护生态环境，保障人体健康而制定的标准。包括《轻型汽车污染物排放限值及测量方法（中国第六阶段）》和《重型柴油车污染物排放限值及测量方法（中国第六阶段）》。

2021年5月26日，生态环境部举行例行发布会通报，7月起，我国将全面实施重型柴油车国六排放标准，标志着我国汽车排放标准全面进入国六时代，基本实现与欧美发达国家接轨。与国五标准相比，重型车国六氮氧化物和颗粒物限值分别减低77%和67%。

国六标准的实施，将进一步减轻燃油车对空气的污染，对环境保护具有重大的、积极的意义。

任务 2

曲轴箱强制通风部件拆检

任务引入

李女士的迈腾 B8L 出现怠速抖动。并且发动机发出尖锐的啸叫声,当拔出机油尺或油气分离器至进气歧管连接管后,异响随之消失。经检查判断可能是因为曲轴箱强制通风系统故障导致发动机怠速不稳,并发出异响。需对曲轴箱强制通风系统进行拆卸检查。

学习目标

(1) 了解曲轴箱强制通风系统的作用;
(2) 理解曲轴箱强制通风系统的工作原理;
(3) 能够按照工艺规范进行曲轴箱强制通风系统部件拆装;
(4) 能够正确选择和使用拆装工具;
(5) 能够具备一定的合作能力和沟通能力;
(6) 培养严谨认真、精益求精的工匠精神。

知识准备

1 曲轴箱强制通风系统的作用

在发动机工作时,一部分可燃混合气和燃烧后的废气经活塞环与气缸内壁之间的间隙窜入曲轴箱内。窜入曲轴箱内的混合气凝结后将稀释机油,使机油性能变差。混合气内含有水蒸气和二氧化硫,水蒸气凝结在机油中形成泡沫,破坏机油供给,这种现象在冬季尤为严重。

二氧化硫等酸性物质的出现不仅使机油变质，而且会使零件受到腐蚀。另外，由于可燃混合气和废气窜入曲轴箱内，曲轴箱内的压力将增大，如果不通风，机油会从油封、气缸垫等处压出。但是如果将这些混合气直接排到大气中，又会污染环境。

为了使发动机曲轴箱既能通风又不污染环境，发动机装有曲轴箱强制通风系统（positive crankcase ventilation，PCV），它将进入曲轴箱的混合气导入进气歧管重新燃烧，不仅提高了发动机的经济性，而且还减轻了发动机的排放污染，因此在现代汽车发动机上广泛使用。

发动机曲轴箱强制通风系统的作用：防止机油变质，防止曲轴油封、曲轴箱衬垫渗漏，防止泄漏的混合气污染环境。

2 曲轴箱强制通风系统的组成和工作原理

曲轴箱强制通风系统主要由油气分离器、单向阀、回油通道、曲轴箱通气软管等组成。下面以大众 EA888 发动机为例讲解曲轴箱强制通风系统（图 7-2-1）的工作原理。

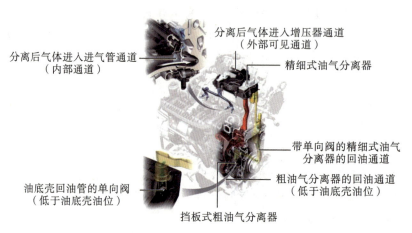

图 7-2-1　EA888 发动机曲轴箱强制通风系统

曲轴箱强制通风系统的基本思路是在曲轴箱和进气歧管之间连接一条通道，利用进气歧管内的真空抽走曲轴箱内的窜气，并送入发动机燃烧，同时将发动机进气管内的新鲜空气引入曲轴箱，从而形成对流起到强制通风的效果。

为了防止曲轴箱内的机油蒸气随着窜气一起进入进气歧管导致烧机油，在将窜气引入发动机燃烧之前需要通过油气分离器将机油蒸气和窜气进行分离。油气分离器一共有两个，分别是粗粒机油分离器和微细机油分离器。

2.1　粗油气分离器

粗油气分离器（图 7-2-2）属于气缸体的一部分。旁通气体通过粗油气分离器输送,在输送过程中会有几次方向的变化。大滴油通过粗油气分离器中的挡板分离,然后通过回流油道流回油底壳中。经过第一次油气分离的曲轴箱窜气通过气缸体内和气缸盖内的通道被导入精细式油气分离器中。

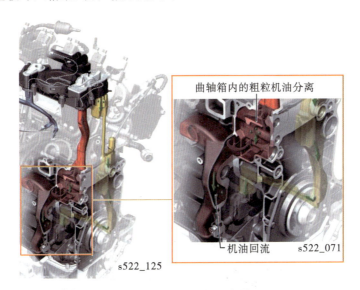

图 7-2-2　粗油气分离器

2.2　精细式油气分离器

气体通过曲轴箱内的通道流至气缸盖罩内的精细式油气分离器(图 7-2-3)。在此处,气体会先经过一个旁通阀,再进入一个离心式分离器。

当发动机转速很高,旁通气流过大时,旁通阀会打开,以避免损坏密封件。旁通气体在离心式分离器内以高达 16000 r/min 的速度旋转,从而可将最为精细的油滴分离掉。

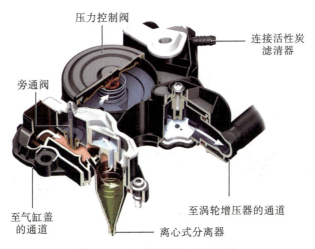

图 7-2-3　精细式油气分离器

分离掉的油滴通过气缸体内的回流通道流回油底壳。在回流通道的末端是油底壳内的单向阀。该阀防止在压力不理想或横向加速度较强的情况下,油液通过回流通道被吸回机油分离器中。

经过第二次油气分离的旁通气体从离心式分离器后方,经过压力控制阀被输送出去。压力控制阀根据与外部空气的压差而设计。根据增压空气系统中的压力情况,气体会进入进气歧管(抽吸模式)或涡轮增压器(增压操作)中。单向阀1和单向阀2会结合抽气管道中的压力比例来调节吸入的气体。在发动机怠速和部分负荷时,进气管内有真空度,单向阀1开启,单向阀2关闭,气体会在进气管真空度的作用下进入进气管道。在发动机高速运行时,增压器增压压力提高,进气管处真空消失,此时气体不能再从进气管进入,但在增压器的进气侧会产生真空,此时单向阀2打开,单向阀1关闭。气体通过发动机罩盖导向增压器的进气侧。油气分离器单向阀1和2如图7-2-4所示。

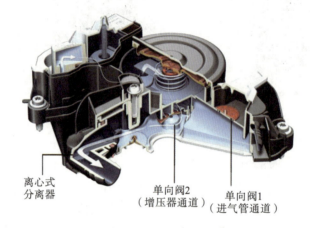

图7-2-4 油气分离器单向阀1和2

当发动机怠速和部分负荷时,PCV阀开启,新鲜空气通过精细式油气分离器底部的通道进入缸盖和缸体。精细式油气分离器中的PVC阀如图7-2-5所示。

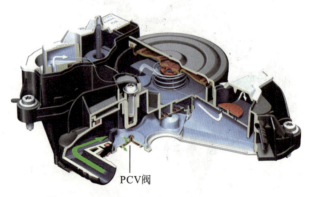

图7-2-5 精细式油气分离器中的PCV阀

模块七 排放控制系统部件维修

任务实施

1 作业说明

一辆迈腾汽车的曲轴箱强制通风系统出现故障，需要对油气分离器进行拆卸检查，并完成故障部件的更换，进而排除故障。

2 技术标准与要求

曲轴箱强制通风系统对减少机油污染，平衡曲轴箱内气压起着重要的作用，其中，油气分离器是保证曲轴箱强制通风系统正常工作的最重要部件。在对其进行拆装和检查时，需要根据维修手册，制订合理的拆装检查流程，然后使用正确的工具完成拆装与检查。

序号	总称	力矩/(N·m)
1	油气分离器螺栓拧紧力矩	9
2	点火线圈固定螺栓拧紧力矩	10

3 设备器材

项目	内容
所用设备与仪器	
所用拆装工具等	
耗材及其他	

注：请学员根据场地实际设备器材填写。

4 作业流程

操作视频 16

下面以迈腾 B8L 为例介绍曲轴箱强制通风系统部件的拆装、检查步骤和注意事项。

(1) 断开蓄电池负极。

(2) 取下发动机保护罩。

(3) 取下点火线圈的接地线，如图 7-2-6 所示。

(4) 脱开点火线圈电气插头，如图 7-2-7 所示。

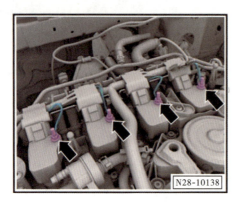

图7-2-6 取下点火线圈的接地线

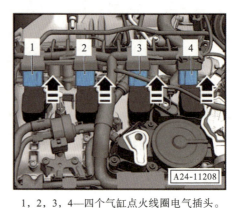

1，2，3，4—四个气缸点火线圈电气插头。

图7-2-7 脱开点火线圈电气插头

（5）使用T字杆拧下点火线圈固定螺栓，如图7-2-8所示。

（6）将拔出器插入点火线圈的开孔中。顺时针旋转滚花螺母至拔出器固定住。依次拔出所有点火线圈，如图7-2-9所示。

图7-2-8 拧下点火线圈固定螺栓

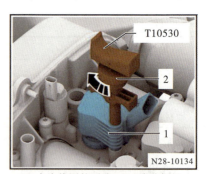

1—点火线圈的开孔；2—滚花螺母。

图7-2-9 拔出点火线圈

（7）将曲轴箱通气软管从油气分离器上脱开。取出曲轴箱通气软管，如图7-2-10所示。

（8）检查通气软管，确保无老化、无变形，卡口弹力良好，密封圈无老化变形，如图7-2-11所示。

图7-2-10 脱开并取出曲轴箱通气软管

图7-2-11 检查通气软管

（9）松开软管夹，将软管从炭罐电磁阀上分离。拔下炭罐电磁阀电气插头，脱开电磁阀软管。

（10）如图7-2-12所示，按照箭头指示松开油气分离器固定螺栓。取下所有紧固螺栓。

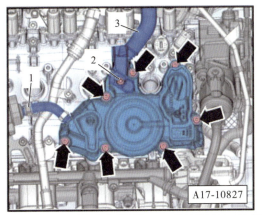

1—软管夹；2—油气分离器螺栓；3—曲轴箱通气口软管。

图7-2-12 油气分离器

（11）取出油气分离器，如图7-2-13所示。

（12）目视检查油气分离器是否完整无破损，密封垫是否无破损，如图7-2-14所示。

图7-2-13 取出油气分离器　　图7-2-14 目视检查油气分离器

（13）在油气分离器安装表面铺设无尘布，如图7-2-15所示。

（14）脱开炭罐电磁阀软管并取下炭罐电磁阀，如图7-2-16所示。

图7-2-15 铺设无尘布　　图7-2-16 脱开炭罐电磁阀软管

(15)目视检查炭罐电磁阀外观是否完整无破损,如图7-2-17所示。

(16)清洁油气分离器安装表面。安装油气分离器。拧上固定螺栓。然后使用快速扳手拧紧螺栓。所有螺栓预紧后,使用扭力扳手以9N·m的力矩按照1～7的顺序拧紧螺栓,如图7-2-18所示。

图7-2-17 检查炭罐电磁阀外观

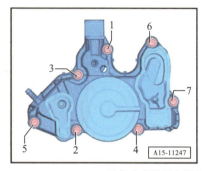
1,2,3,4,5,6,7—油气分离器固定螺栓。
图7-2-18 安装油气分离器

(17)螺栓拧紧后,安装曲轴箱通气软管,然后拧紧软管固定螺栓,如图7-2-19所示。

(18)安装炭罐电磁阀,禁锢弹簧卡箍,如图7-2-20所示。

图7-2-19 安装曲轴箱通气软管

图7-2-20 安装炭罐电磁阀

(19)连接炭罐电磁阀电气插头,如图7-2-21所示。

(20)使用卡箍钳安装软管。检查安装是否正确。

(21)安装点火线圈,如图7-2-22所示。

图7-2-21 连接炭罐电磁阀电气插头

图7-2-22 安装点火线圈

(22)连接点火线圈电气插头。

(23)安装并拧紧点火线圈固定螺栓。拧紧力矩为 10 N·m，如图 7-2-23 所示。

图 7-2-23　安装点火线圈固定螺栓

(24)安装接地线，然后安装并拧紧固定螺母，如图 7-2-24 所示。

图 7-2-24　安装接地线

(25)检查各线束和管路是否安装到位。

(26)安装发动机保护罩，并清洁保护罩表面，如图 7-2-25 所示。

图 7-2-25　安装发动机保护罩

5 填写考核工单

一、查询并记录车辆信息			
车型		VIN 码	
发动机型号		行驶里程	
（一）曲轴箱强制通风系统部件拆装步骤及注意事项（拆卸时需向考官报备）			
检查项目			
油气分离器外观检查	正常□		异常□
通风软管外观检查	正常□		异常□
（二）油气分离器和通风软管的检查要点			

自我测试

（1）曲轴箱强制通风系统的作用是什么？
（2）曲轴箱强制通风系统的工作原理是什么？
（3）简述曲轴箱强制通风系统部件的拆装步骤。

拓展学习

汽油颗粒捕集器系统

随着国六排放阶段的标准到来，不少汽油发动机装上了汽油颗粒过滤器（gasoline particulate filter，GPF），以达到国六排放标准。

（一）汽油颗粒捕集器系统的组成

汽油颗粒捕集器系统主要由 GPF（排气管前段，三元催化的后面）、排气压差传感器、排气温度传感器等组成，GPF 是排放控制系统的一部分。

（二）汽油颗粒捕集器的作用

汽油颗粒捕集器过滤排气中的碳颗粒，从而减少向环境中排放的烟尘。在正常行驶条件下，会定期燃烧 GPF 中积聚的碳颗粒，从而清空滤清器中的碳颗粒。通过这种方式，可以"再生"GPF，并再次完全运行，以按照预定的方式过滤排气中的碳颗粒。

（三）汽油颗粒捕集器系统组成部件作用

1）GPF 温度传感器

GPF 温度传感器安装在 GPF 的上游和下游，用于检测汽油颗粒捕集器（GPF）上游、下游的废气温度。GPF 温度传感器采用热电偶原理，热电偶的电动势随温差的变化而变化。GPF 温度传感器对来自发动机控制模块（engine control module，ECM）的电压信号进行修正，修正后的电压信号作为废气温度输入返回到发动机控制模块（ECM）。ECM 根据 GPF 温度传感器信号确定是否激活再生及进行再生控制，用于 GPF 模型温度计算，该信号还可用于组件保护，防止排气高温损坏过滤器。

2）GPF 压差传感器

GPF 压差传感器通过排气压力管路与 GPF 相连。GPF 压差传感器测量颗粒过滤器上游和下游之间的压力差，然后将压力差转换成电压信号。发动机控制模块接收信号并评估 GPF 中的颗粒含量。GPF 压差传感器是 GPF 状态监测的关键零部件，为满足国六排放标准对 GPF 监测的要求，需要传感器能在生命周期内持续提供高精度的输出，以便让系统随时掌握 GPF 的状态信息。

3）汽油机颗粒捕集器 GPF 系统工作原理

发动机控制单元根据汽车行驶工况，并利用 GPF 压差传感器和 GPF 温度传感器发送的废气压差信号，可计算 GPF 中颗粒物的积存量。GPF 中的颗粒物在高温（约 500 ℃以上）下利用减速过程中停止喷油产生的氧气进行燃烧。当 GPF 中的颗粒物累积到指定的数量时，ECM 执行 GPF 再生控制。在 GPF 再生过程中，通过提高废气温度来升高 GPF 中的温度，从而使颗粒物燃烧。

排放控制系统技术的进步与革新对减少废气污染物的排放起到了重要的作用。希望同学们也能树立起低碳环保的理念，养成绿色出行、低碳出行的良好习惯。

模块八
排放控制系统元件检测

任务 1

氧传感器检测

任务引入

客户陆先生给大众4S店打电话反映，他的2020款一汽大众迈腾1.8T轿车行驶了3.2万公里，目前发动机故障指示灯点亮，但车辆的动力性能并没有明显变化。4S店建议他将车辆开到店里进行检修，技术专家使用诊断仪读取发动机故障，信息显示氧传感器电路气缸列1传感器2未检测到任何活动，初步判断可能是发动机燃烧不良、发动机电脑本身故障、氧传感器或者相关线束问题。需对发动机排放控制系统进行检修，进而确定具体的故障点。

学习目标

(1) 掌握宽带型氧传感器的功能与结构组成；
(2) 能使用万用表对氧传感器的信号电压、工作电压、加热器电阻进行检测；
(3) 能使用示波器对氧传感器的波形进行检测；
(4) 能够按照企业7S要求和安全生产规范进行操作；
(5) 通过排放控制系统的技术学习，提升环境保护意识；
(6) 能养成自主学习、操作规范的工作作风。

知识准备

1 宽带型氧传感器的基本知识

1.1 常见氧传感器的分类

按检测空燃比数值的范围不同分为普通氧传感器和宽带型氧传感器。

(1) 普通氧传感器。普通氧传感器只能检测空燃比是大于还是小于 14.7，当空燃比偏离理想空燃比较多时，其反应灵敏性降低。

(2) 宽带型氧传感器。宽带氧传感器又被称为"空燃比传感器"，能检测的空燃比范围为 (11∶1)～(23∶1)，且检测精度高，不仅能使发动机实现稀混合气或浓混合气控制，而且喷油量的控制更加精确。大众 2020 款迈腾上使用的即是宽带型氧传感器。

普通氧传感器的基本知识详见模块 8 任务 2，本任务重点介绍宽带型氧传感器。

1.2 宽带型氧传感器的分类及功能

1.2.1 分类

① 根据氧传感器的制造材料不同，宽带型氧传感器可分为 ZrO_2 为基本的固化电解质型和利用氧化物半导体电阻变化型两大类。

② 根据传感器的结构不同，宽带型氧传感器又可分为电池型、临界电流型及泵电池型。

1.2.2 宽带型氧传感器的功能

宽带型氧传感器通过检测发动机尾气排放中的氧含量，并向发动机控制单元(electronic control unit，ECU)输送准确的空燃比反馈信号，反应空燃比的大小。ECU 根据氧传感器传送的实际混合气空燃比信号而相应调节喷油脉宽，使发动机在最佳空燃比 ($\lambda=1$) 状态运行，从而为三元催化转换器的尾气处理创造理想的条件。如果混合气太浓 ($\lambda<1$)，必须减少喷油量，如果混合气太稀 ($\lambda>1$)，则要增加喷油量。

宽带型氧传感器的使用提高了 ECU 的控制精度，最大限度地发挥了三元催化的功用，优化了发动机的性能，并可节省大约 15% 的燃油消耗，更加有效地降低了有害气体的排放。

1.3 宽带型氧传感器的结构与原理

宽带型氧传感器的基本控制原理就是以普通氧化锆型氧传感器为基础扩展而来。氧化锆型氧传感器有一个特性，即当氧离子移动时会产生电动势。反之，若将电动势加在氧化锆组件上，即会造成氧离子的移动。根据此原理即可由发动机控制单元控制得到想要的比例值。

宽带型氧传感器由泵氧元 A 和氧电池 B 两部分组成，有 5 根接线端子，其中 2 根是加热器的接线(供电+，接地−)，1 根是泵氧元 A 和氧电池 B 共用的参考接地线，1 根是氧电池的信号线(电压差信号)，1 根是泵氧元输入泵电流线，如图 8-1-1 所示。

由于排气中的氧分子通过扩散孔向测试腔的扩散速率直接影响泵电流的数值，为了补偿制造误差，在每个宽带型氧传感器成品前，制造厂都要对其进行严格地校准，在传感器的泵电流电路上增加一个微调电阻，并将电阻安置在传感器的线束插头内，故此传感器的 5 根接线端子就变成了 6 根。该微调电阻阻值范围在 30～300 Ω，而且对每个传感器而言,该电阻的阻值都不完全相同,在更换传感器时,应将带有该电阻的传感器线束一同换掉。

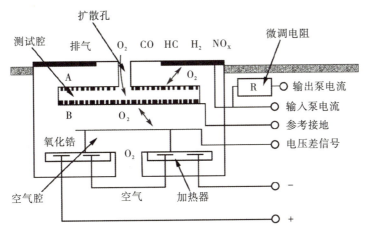

图 8-1-1 宽带型氧传感器的结构

1.3.1 氧电池

氧电池的一面与大气接触,另一面是测试腔,通过扩散孔与排气接触。与普通氧化锆传感器一样,由于氧电池两侧的氧含量不同而产生一个电动势。一般的氧化锆传感器将此电压作为控制单元的输入信号来控制混合比,而宽带型氧传感器与此不同的是,发动机控制单元要把氧电池两侧的氧含量保持一致,让电压值维持在 0.45 V,这个电压需要泵氧元 A 来完成。

1.3.2 泵氧元

泵氧元一面与排气接触,另一面与测试腔相连。泵氧元就是利用氧化锆传感器的反作用原理,将电压施加于氧化锆组件(泵氧元)上,这样会造成氧离子的移动。把排气中的氧泵入测试腔当中,使氧电池两侧的电压值维持在 0.45 V。这个施加在泵氧元上变化的电压,就是需要的氧含量信号。

(1)浓混合气。此时,排气中含氧量下降,此时从扩散孔溢出的氧较多,氧电池的电压升高。为达到 0.45 V 电压,发动机的控制单元会增大控制电流使泵氧元增加泵氧效率,使测试腔的氧含量增加。

(2)稀混合气。此时,排气中的含氧量增加,排气中的氧要从扩散孔进入测试腔,氧电池电压降低。通过泵氧元向外排出氧,来平衡测试腔中的含氧量,使氧电池的电压维持在 0.45 V。

总之,加在泵氧元上的电压可以保证当测试腔内的氧多时,排出腔内的氧,这时发动机控制单元的控制电流是正电流;当腔内的氧少时,进行供氧,此时发动机控制单元的控制电流是负电流。以上过程中,供给泵氧元的电流就反映了排气中的剩余空气的氧含量。

2 氧传感器的诊断与检测

2.1 氧传感器外观的检查

用专用工具拆下氧传感器,首先检查氧传感器外壳上的气孔是否被堵塞,然后仔细观察氧传感器顶尖的颜色。

(1)黑色:由积炭造成,会阻碍或阻塞外部空气进入氧传感器内部。在清除发动机积炭后,一般氧传感器可以继续使用。

(2)淡灰色:这是氧传感器的正常颜色。

(3)白色:由硅污染造成,使氧传感器失效,此时必须更换氧传感器。

(4)棕色:由铅污染所致,使氧传感器失效,在清洗燃油所经过的所有地方后更换氧传感器,同时需要更换的还有火花塞和三元催化器。

2.2 氧传感器的检测

一汽大众迈腾轿车上的氧传感器电路如图8-1-2所示。图中GX10为三元催化转化器前(上游)氧传感器,加热器编码为Z19;GX7为三元催化转化器后(下游)氧传感器,加热器编码为Z29。

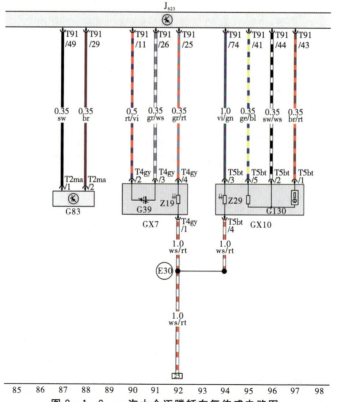

图8-1-2 一汽大众迈腾轿车氧传感电路图

这里以上游氧传感器 GX10 为例进行检测，检测步骤如下。

1）读取故障码和数据流

读取故障码。如果没有故障码，则按照维修手册中的故障症状表进行诊断，或按照自行制订的诊断流程进行诊断；如果有故障码，则结合故障码的描述，按照下述步骤进行诊断。

读取数据流。进入故障诊断仪数据流界面，读取氧传感器相关数据，并与标准值比较，判断是否符合要求。迈腾发动机氧传感器数据流第一组数据为过量空气系数 λ 的数值，为 0.98～1.01；第二组数据为宽带型氧传感器的氧电池单元的信号电压（T5bt/1 与 T5bt/2 端子之间的信号电压），在 0.45 V 左右。

2）氧传感信号的检测

点火开关置于 OFF 位置，将无损探针分别插入前氧传感器 G10 的 T5bt/1、T5bt/2 端子上，启动发动机并运转至工作温度，用万用表检测 T5bt/1 与 T5bt/2 端子之间的信号电压，电压值应在 0.45 V 左右；点火开关置于 OFF 位，将无损探针插入前氧传感器的 G10 的 T5bt/5 端子上，启动发动机并运转至工作温度，用万用表检测 T5bt/5 与搭铁之间的电压，怠速时信号电压值应为 2.2～2.8 V，若无电压输出，说明前氧传感器或相关电路存在故障。

3）检测传感器与发动机之间线路

①检测加热器电源。点火开关置于 OFF 位，拔下前氧传感器插头，点火开关至 ON 位，用万用表检测前氧传感器插头端子 T5bt/1 与搭铁之间的电压，电压为 12V 左右，若无电压，则继续检测供电线路。

②检测信号线。点火开关置于 OFF 位，拔下前氧传感器插头，点火开关至 ON 位，用万用表检测前氧传感器插头端子 T5bt/1 与搭铁之间的电压，电压应为 2.94 V 左右；用万用表分别检测前氧传感器插头端子 T5bt/5、T5bt/1 与搭铁之间的电压，电压均为 2.83 V 左右；用万用表检测前氧传感器插头端子 T5bt/2 与搭铁之间的电压，电压应为 2.50 V 左右，若无电压值，则继续检测端子至发动机 ECU 的相应线路是否正常。

③检测传感器加热器电阻。用万用表检测前氧传感器插头 T5bt/1 与 T5bt/4 端子之间的电阻，电阻值应为 3.7 Ω 左右。若电阻无穷大，说明加热器或线路存在故障。

④检测加热器搭铁控制线路。点火开关置于 OFF 位，拔下前氧传感器插头与发动机 ECU 插头 T91，用万用表检测前氧传感器插头 T5bt/3 与 ECU 插头 T91/74 端子之间的电阻，电阻值应小于 1 Ω。若电阻无穷大，说明线路存在断路故障。

⑤检测氧传感器信号波形。点火开关置于 OFF 位，将无损探针插入 T5bt/5 端子上，启动发动机并运行至工作温度，将示波器正极连接探针，负极连接搭铁，用示波器观察前氧传感器信号波形，信号波形如图 8-1-3 所示，该信号反应混合气浓度，以 2.5 V 为电压中位，信号电压低于 2.5 V，说明混合气偏浓；信号电压高于 2.5 V，说明混合气偏稀；混合气在理论空燃比附近，信号电压约为 2.5 V。

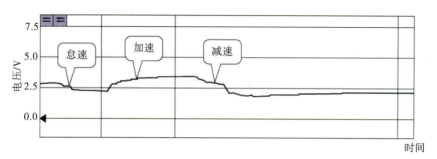

图 8-1-3 氧传感器信号波形图

任务实施

1 作业说明

针对客户反馈的故障现象进行分析,并经故障诊断,需要对氧传感器进行全面诊断与检测,进而排除故障。本作业是在整车上进行,所以务必严格遵循一汽大众厂家维修工艺要求,正确选择和使用工具,做好人员与车辆安全防护。

2 技术标准与要求

项目	内容
上游氧传感器加热电阻	
下游氧传感器加热电阻	

注:请学员查阅维修资料后填写。

3 设备器材

项目	内容
设备与零件总成	
常用工具	
专用工具	
耗材及其他	

注:请学员根据场地实际设备器材填写。

4 作业流程

(1)做好安全防护,清洁工具。

(2)按照工艺要求进行氧传感器的外观检查。

(3)根据诊断流程,利用万用表和示波器对氧传感器进行功能检测与电气特性检测。

(4)根据故障排除需求进行元件更换操作。

操作视频 17

5　填写考核工单

一、车辆信息记录					
品牌		整车型号		生产日期	
发动机型号		发动机排量		行驶里程	

二、查询维修手册，记录上游氧传感器针脚信息及线束颜色/导线编码			
元件名称	针脚	线束颜色/导线编码	线束说明
上游氧传感器 （电器编码：_____）			□信号线　□接地线　□供电线
			□信号线　□接地线　□供电线
			□信号线　□接地线　□供电线
			□信号线　□接地线　□供电线
			□信号线　□接地线　□供电线
			□信号线　□接地线　□供电线

三、查询维修手册，记录下游氧传感器针脚信息及线束颜色/导线编码			
元件名称	针脚	线束颜色/导线编码	线束说明
下游氧传感器 （电器编码：_____）			□信号线　□接地线　□供电线
			□信号线　□接地线　□供电线
			□信号线　□接地线　□供电线
			□信号线　□接地线　□供电线

四、检测上游氧传感器的电阻、电压				
检测项目	加热电阻值	加热电阻供电电压	怠速时氧传感器信号电压	高转速时氧传感器信号电压
标准值				
测量值				
判断	□正常　□异常	□正常　□异常	□正常　□异常	□正常　□异常

五、检测下游氧传感器的电阻、电压				
检测项目	加热电阻值	加热电阻供电电压	怠速时氧传感器信号电压	高转速时氧传感器信号电压
标准值				
测量值				
判断	□正常　□异常	□正常　□异常	□正常　□异常	□正常　□异常

六、测量上游氧传感器的波形

绘制波形图

七、测量下游氧传感器的波形
绘制波形图

自我测试

(1) 氧传感器的检测工具有哪些？
(2) 试分析氧传感器对发动机的影响。
(3) 简述氧传感器外观检查的技术要求。

拓展学习

十年磨一剑——高新企业科锐传感打破国外技术垄断

制造业是我国"卡脖子"的重灾区，近年来美国对中国企业的制裁更让国人意识到加强基础研究、夯实工业发展基础的重要性。

在热处理行业"十四五"发展规划中提到，构建热处理工艺数据收集、存储和应用的热处理云平台，打通企业间的"数据"孤岛。产品只有尽可能多地赋予扩展能力，才能适应不断变化的应用场景。目前国内真正进行传感器研制、开发、生产的院所、企业不多，众多核心技术一直被西方国家掌握，热处理氧探头的核心元件氧化锆氧传感器也长期处于依赖进口的状态。

而成都科锐传感器有限公司（以下简称"科锐传感"）正是一家潜心钻研，迎难而上的科技企业。科锐传感公司拥有一支具有10年技术资历的研发团队，拥有核心专利技术16项，具有核心技术——材料配方技术和高温共烧陶瓷技术，其中的核心工艺有流延、冲孔、丝印、烧结、测试等。

目前，科锐传感在第二代氧传感器的基础上，又研发出了第三代氧传感器。相比于第二代氧传感器，其具有输出范围广，输出精度高的优势，该项技术的应用打破了国外企业对中国汽车行业几十年的垄断。

科锐传感是国内率先进入汽车自动变速箱传感器前装市场的企业，在国内一线汽车集团和国外汽车企业进行跑车路试和台架试验，在2022年内批量生产，实现进口替代，解决了氧传感器的"卡脖子"的难题。

任务 2

排放控制系统故障码及数据流读取

任务引入

客户陆先生打电话咨询 4S 店服务顾问，其 2020 款一汽大众迈腾 1.8T 轿车最近使用过程中仪表上发动机故障指示灯点亮，问车辆是否还能继续使用。服务顾问建议其将车辆开到 4S 店进行检测和诊断，车辆进店后技术专家用诊断仪检测发动机控制单元，诊断仪显示故障码 P0441（燃油箱排气系统通过量不正确），需要进一步检测与诊断。

学习目标

(1) 能叙述诊断仪的功用；
(2) 能区分不同类型诊断仪并能正确连接车辆；
(3) 能运用诊断仪进行排放控制系统数据流的读取和删除；
(4) 能够按照企业 7S 要求和安全生产规范进行操作；
(5) 培养环境保护的观念；
(6) 能养成自主学习、操作规范的工作作风。

知识准备

1 诊断仪的基本知识

诊断仪也称为汽车解码器，是利用配套连接线和车上检测接口相连，从而达到与各种电控系统 ECU 进行数据交流的专用仪器。许多汽车制造厂家设计专用的诊断仪，有些第三方厂家则开发出可以兼容多个汽车品牌的通用诊断仪。

1）功能

诊断仪主要包含故障诊断、故障码读取和删除、动态数据流读取、元件测试和控制单元编码等功能。

2）分类

一般诊断仪分为汽车制造厂专用诊断仪和通用诊断仪。专用诊断仪有大众的VAG6150、福特的IDS等；通用诊断仪国产品牌有元征X431、博世KTS系列和金德KT710等。

2　专用诊断仪的使用

这里以大众的专用诊断仪VAG6150为例说明诊断仪诊断与自诊断功能的使用。大众的诊断系统又称为ODIS系统（offboard diagnostic information system 的缩写），意为非车载诊断信息系统。

2.1　诊断功能

ODIS诊断中使用模块化菜单，在"联网图、控制单元列表、故障存储器列表"中都可以调出相同的菜单，减少使用者学习成本，提升工作效率，如图8-2-1所示。

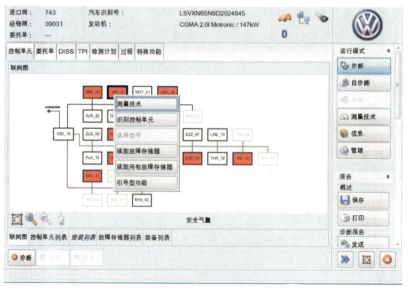

图8-2-1　诊断功能

1）测量技术

测量过程中可以同时读控制单元中的测量值（最多为4个），在测量页面中以"测量值诊断"方式显示在测量页面底端，这样可以将控制单元中的数据与当前测量数据进行对比，如图8-2-2所示。

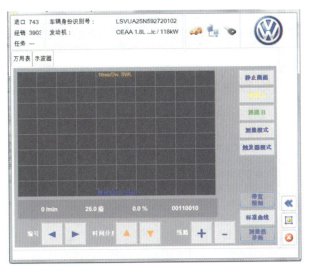

图 8-2-2 测量技术

2）识别控制单元

在系统未能自动识别到控制单元，但需要对该控制单元进行诊断、检查等操作时需要进行手动识别。

3）读取事件存储器及读取全部事件存储器

在对车辆维修过程后，需要使用该功能检查当前控制单元，进而确认当前是否仍然有控制单元有故障代码存在。

4）选择型号

在做引导型故障查询时，软件会对某些控制单元询问当前车辆的配置形式，此处可以进行选择。在引导型故障查询结束后，可以通过选择变型（图 8-2-3）对这些配置进行选择或修改。

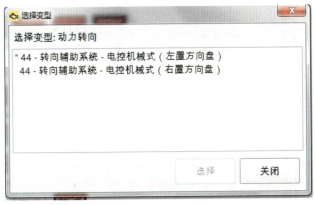

图 8-2-3 选择变型

5)引导型功能

引导型功能指控制单元针对该控制器的一些常见的诊断及测量功能，如图 8-2-4 所示。

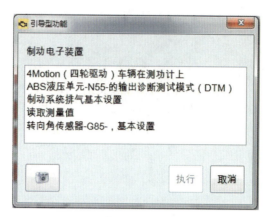

图 8-2-4　引导型功能

下面以测量值举例，读取测量值如图 8-2-5 所示。

(1)在读取“测量值”中可使用“全选、全不选及查找”功能快速选择。

(2)通过“开始更新”可以实时查看当前选择的数据状态。

(3)部分数据可以通过“描述”进行查看数据内容的解释。

(4)通过“确定”完成整个读取测量值过程。

(5)部分测量项目可以直接将其加入检测计划，然后到检测计划进行对该部件进行引导性检测流程。

(6)测量结束后系统提示最后测量数据结果，在图 8-2-5 界面中的数据可以通过当前视图的打印，打印当前测量数据。

地址列	ID	测量值	数值	单位	目标值
03	1.1	左前车轮转速	0	km/h	0 <= x <= 255
03	1.2	右前车轮转速	0	km/h	0 <= x <= 255
03	1.3	左后车轮转速	0	km/h	0 <= x <= 255
03	1.4	右后车轮转速	0	km/h	0 <= x <= 255
03	3.1	离合器踏板开关-F36/选档杆锁电磁阀-N110开关位接地	11		
03	4.1	转向角传感器-G85-	-13.34	°	-1433.6 <= x <= 1433.56
03	4.2	横向加速度传感器-G200-	0.00	m/s2	-321.45 <= x <= 321.44
03	4.3	横摆角速度传感器-G202-	0.00	°/s	-93.88 <= x <= 93.87

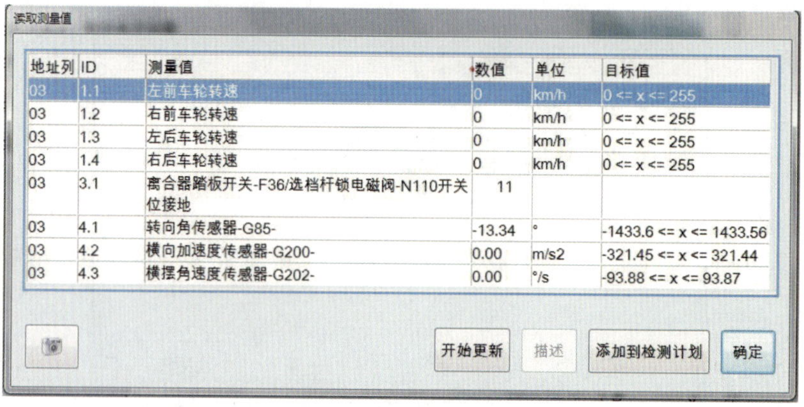

图 8-2-5　读取测量值

2.2 自诊断功能

自诊断主要包括汽车自诊断与控制单元自诊断,各自包含的子项目如图8-2-6所示。

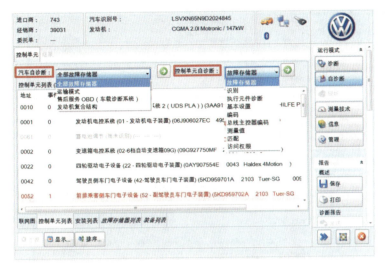

图8-2-6 自诊断功能

2.2.1 控制单元自诊断

(1)匹配。

控制单元匹配的形式目前分为两种不同形式,分别代表控制单元为KWP2000与UDS通信协议,如图8-2-7所示。

图8-2-7 匹配

(2)编码、基本设置,如图8-2-8、图8-2-9所示。

图8-2-8 编码

图8-2-9 基本设置

(3)测量值、执行元件诊断,如图8-2-10、图8-2-11所示。

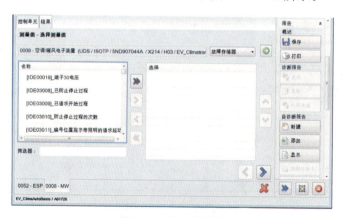

图8-2-10 测量值

模块八
排放控制系统元件检测

图 8-2-11　执行元件诊断

（4）故障存储器，如图 8-2-12 所示。

图 8-2-12　故障存储器

3　通用诊断仪的使用

这里以元征 X431 为例，介绍使用通用诊断仪读取发动机控制系统故障码及数据流。

（1）连接诊断仪到车辆。关闭汽车点火开关，选用该车型的专用诊断插头或 OBD-L16 诊断端子的诊断插头；连接 X431，找到汽车的诊断接口的安装位置。大部分汽车的诊断接口安装在驾驶员膝盖正前方位置的仪表台下面，如图 8-2-13 所示，有的汽车则安装在中央扶手箱前面的手刹附近。

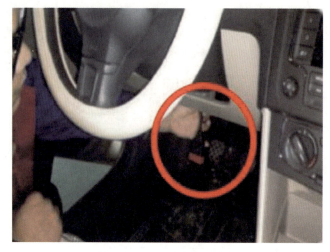

图 8-2-13 诊断接口位置

（2）打开点火开关，按 POWER 键，开启 X431。

（3）按 HOTKEY 键或点击开始键→诊断程序→通过汽车解码程序进入汽车诊断主界面。

（4）点击开始→ 显示车型选择界面→ 点击选择车型（上汽大众车系）。

（5）选择诊断车型诊断软件版本，点击确定，界面显示"系统及 smartbox 初始化"。

（6）选择软件后，进入该车系的系统诊断页面，选择"上汽大众通用系统"。

（7）选择"快速数据流诊断"。

（8）点击选择进入"发动机系统"。

（9）按照诊断系统的提示进入"发动机系统"后，在正确进入后会出现一个该车型发动机 ECU 的详细菜单。

（10）确认发动机电脑信息后，就会出现发动机系统的诊断菜单，点击读取"发动机故障代码"。

（11）将页面退回至发动机的诊断菜单，选择"读取冻结帧"。

（12）观察了解"冻结帧"。

（13）将页面退回至发动机的诊断菜单，选择"清除故障代码"。

（14）将页面退回至发动机的诊断菜单，选择"读取数据流"。

（15）退出诊断系统，关闭诊断仪。

任务实施

1 作业说明

针对客户反馈的故障现象进行分析，根据诊断仪提示的故障码 P0441（燃油箱排气系统通过量不正确），对车辆进行全面诊断与检测，进而排除故障。本作业是在整车上进行，所以务必严格遵循一汽大众厂家维修工艺要求，正确选择和使用工具，做好人员与车辆安全防护。

2 设备器材

项目	内容
设备与零件总成	
常用工具	
专用工具	
耗材及其他	

注：请学员根据场地实际设备器材填写。

3 作业流程

操作视频 18

（1）做好安全防护，清洁工具。
（2）按照工艺要求，用诊断仪读取排放控制系统的故障码并删除。
（3）根据诊断流程，用诊断仪读取排放控制系统的数据流并记录。

4 填写考核工单

一、车辆信息记录

品牌		整车型号		生产日期	
发动机型号		发动机排量		行驶里程	

二、读取排放控制系统故障码，记录并清除故障码

故障代码	故障描述	临时故障	永久故障
		☐	☐
		☐	☐
		☐	☐
		☐	☐
		☐	☐
		☐	☐

三、读取排放控制系统数据流

参数名称	参数值	单位	判定
			正常☐　异常☐
			正常☐　异常☐
			正常☐　异常☐
			正常☐　异常☐
			正常☐　异常☐
			正常☐　异常☐
			正常☐　异常☐

自我测试

(1) 诊断仪的作用有哪些？

(2) 列举至少 6 种不同车型诊断插口的安装位置。

(3) 简述使用通用诊断仪，读取发动机排放控制系统故障码的操作路径。

拓展学习

是未来更是现在——汽车远程诊断技术

汽车远程诊断系统是汽车诊断技术结合互联网，实现远程车辆故障诊断和修复，减少车辆维修成本的系统。远程诊断技术与传统诊断技术主要区别在于，使车辆制造商由被动诊断变为主动诊断，能够随时或者定期对车辆进行远程诊断，并远程修复故障［借助空中下载技术（over the air，OTA）技术］的能力。有以下特点：

1) 主动诊断

当车辆产生故障的时候，车辆可以及时地将故障码上报云诊断平台，云诊断平台根据故障码判断故障。若无法精确定位故障原因，云诊断平台可以将一些诊断脚本远程发送给车辆，请求车辆主动运行诊断脚本，并将诊断结果上报云管理平台。这样能够更加精确地定位故障的具体原因。

2) 远程故障修复

某些故障如果是 ECU 系统问题，可以通过升级软件解决，那么云诊断平台将结合 OTA 技术，将修复故障的 ECU 软件推送给车辆进行在线升级，从而解决故障，节省维修成本。

3) 远程协助及诊断脚本的更新

对于车辆的故障，可以请诊断专家远程协助，提供一些最新的诊断脚本代码，或者方案，通过云诊断平台推送给车辆进行验证，同时也减少了诊断专家的出差费用。

对于一些软件的故障修复，可以借助 OTA 技术。未来的远程诊断必将和 OTA 技术结合，才能够充分发挥远程诊断的优势。远程故障诊断技术和 OTA 技术的结合将对未来汽车制造商搭建智能化管理运营中心业务创造无限可能。

任务 3

尾气排放检测

任务引入

客户有一辆 2020 款迈腾 1.8T 轿车，客户反映最近油耗较高，尾气有种难闻的味道，有时候还冒白烟，客户将车辆开到 4S 店，委托经销店对排放系统进行检修。经技术专家反复验证，发动机在热车状态下也会出现冒白烟的状况，并进行尾气排放检测，结果显示排放超标。初步分析，可能是发动机燃烧不良、氧传感器或者相关线束等方面的问题。要确定具体的故障点，还需进一步检测诊断。

学习目标

(1) 能描述点燃式发动机排气污染物排放的试验方法（双怠速法）；
(2) 能描述压燃式发动机排气污染物排放的试验方法（不透光度计）；
(3) 能完成点燃式发动机排气污染物排放的试验（简易工况法）；
(4) 能完成压燃式发动机排气烟度排放的试验（加载减速工况法）；
(5) 能够按照法规要求和安全生产规范进行操作；
(6) 培养环境保护的观念；
(7) 能养成自主学习、操作规范的工作作风。

知识准备

1 尾气排放检测标准

为了控制汽车排气污染物对生态环境的危害，世界各国政府相继制定了汽车排气污染物的限值标准。我国也制定了国家标准，如 GB 17691－2018《重型柴油车污染物排放限值及测量方法(中国第六阶段)》、GB 18352.6－2016《轻型汽车污染物排放限值及测量方法(中国第六阶段)》、GB 19755－2016《轻型混合动力电动汽车污染物排放控制要求及测量方法》等。

根据 GB 18352.6－2016《轻型汽车污染物排放限值及测量方法(中国第六阶段)》的规定，不同类型汽车在型式核准时要求进行的试验项目如表 8－3－1 所示。

表 8－3－1　不同类型汽车型式核准试验项目

型式检验试验类型	装用点燃式发动机的轻型汽车 (包括 HEV)			装用压燃式发动机的轻型汽车 (包括 HEV)
	汽油车	两用燃料车	单一气体燃料车	
Ⅰ型－气态污染物	进行	进行	进行	进行
Ⅰ型－颗粒物质量	进行	进行(只试验汽油)	不进行	进行
Ⅰ型－粒子数量	进行	进行(只试验汽油)	不进行	进行
Ⅱ型	进行	进行(只试验汽油)	进行	不进行
Ⅲ型	进行	进行(只试验汽油)	进行	不进行
Ⅳ型[①]	进行	进行(只试验汽油)	不进行	不进行
Ⅴ型[②]	进行	进行(只试验气体燃料)	进行	进行
Ⅵ型	进行	进行(只试验汽油)	进行	不进行
Ⅶ型	进行	进行(只试验汽油)	不进行	不进行
OBD 系统	进行	进行	进行	进行

①Ⅳ型试验前，还应按 GB 18352.6—2016 的 5.3.4.2 的要求对炭罐进行检测。
②对于使用 GB 18352.6—2016 的 5.3.5.1.1.3 和 5.3.5.1.2.2 中规定的劣化系数(修正值)通过型式检验的车型，不进行此项试验。

注：Ⅰ型试验指常温下冷启动后排气污染物排放试验。
Ⅱ型试验指实际行驶污染物排放试验。Ⅲ型试验指曲轴箱污染物排放试验。Ⅳ型试验指蒸发污染物排放试验。
Ⅴ型试验指污染控制装置耐久性试验。
Ⅵ型试验指低温下冷启动后排气中 CO、THC 和 NO_x 排放试验。
Ⅶ型试验指加油过程污染物排放试验。

1) Ⅰ型试验(常温下冷启动后排气污染物排放试验)

所有汽车均应进行此项试验。汽车放置在带有载荷和惯量模拟的底盘测功机上，按 GB 18352.6—2016 附录 C"常温下冷启动后排气污染物排放试验(Ⅰ型试验)"规定的测试循环、排气取样和分析方法、颗粒物取样和测试方法进行试验。每次试验测得的污染物排放结果，应小于表 8-3-2 所规定的限值。

表 8-3-2　Ⅰ型试验排放限值(6b 阶段)

车辆类别		测试质量 (TM)/(kg)	限值						
			CO/ (mg/km)	THC/ (mg/km)	NMHC/ (mg/km)	NO_x/ (mg/km)	N_2O/ (mg/km)	PM/ (mg/km)	PN(1)/ (个/km)
第一类车		全部	500	50	35	35	20	3.0	$6.0×10^{11}$
第二类车	Ⅰ	TM≤1305	500	50	35	35	20	3.0	$6.0×10^{11}$
	Ⅱ	1305<TM≤1760	630	65	45	45	25	3.0	$6.0×10^{11}$
	Ⅲ	1760<TM	740	80	55	50	30	3.0	$6.0×10^{11}$
(1)2020 年 7 月 1 日前，汽油车过渡限值为 $6.0×10^{12}$ 个/km。									

2)Ⅱ型试验(实际行驶污染物排放试验)

所有汽车均应进行此项试验。根据 GB 18352.6—2016 附录 D "实际行驶污染物排放试验(Ⅱ型试验)"要求进行的实际行驶污染物排放试验结果，市区行程和总行程污染物排放均应小于表 8-3-2 中规定的Ⅰ型试验排放限值与表 8-3-3 中规定的符合性因子(conformity factor，CF)的乘积，计算过程中不得进行修约。

表 8-3-3　符合性因子①

发动机类别	NO_x	PN	CO③
点燃式	2.1②	2.1②	—
压燃式	2.1②	2.1②	—
①2023 年 7 月 1 日前仅监测并报告结果。 ②暂定值，2022 年 7 月 1 日前确认。 ③在 RDE 测试中，应测量并记录 CO 试验结果。2022 年 7 月 1 日前确定。			

2　尾气分析仪

汽车排放物的成分分析和检测，目前主要针对的是汽油车尾气中的一氧化碳(CO)、碳氢化合物(HC)和氮氧化合物(NO_x)，柴油车的排气烟度。常用的检测仪器：不分光红外分析仪、氢火焰离子分析仪、化学发光分析仪、五气体分析仪、滤纸式烟度计、不透光烟度计等。

1)不分光红外分析仪

不分光红外分析仪用于检测一氧化碳(CO)和二氧化碳(CO_2)等。不分光红外分析仪是目前测定 CO 最好的仪器,其测量上限为 100％,下限可进行微量(10^{-6}级)以至痕量(10^{-9}级)分析。由于不分光红外线检测具有仪器体积小,检测效率高等优点,也被广泛应用于汽车怠速时的碳氢化合物(HC)检测。

不分光红外分析仪废气取样装置由导管、取样头、过滤器、水分离器、排水泵等组成,通过取样头从汽车的排气管中采集废气,经过滤器和水分离器除去废气中的灰尘、炭渣和水分后,送入气体分析装置,如图 8-3-1 所示。

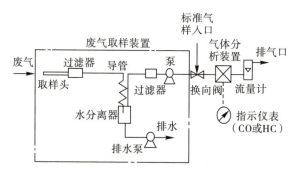

图 8-3-1　不分光红外分析仪结构图

2)化学发光分析仪

检测汽车排放尾气中的氮氧化合物(NO_x)主要采用的仪器是化学发光分析仪(chemiluminescent detection,CLD)。其原理是利用一氧化氮(NO)和臭氧(O_3)发生反应生成激发态的二氧化氮(NO_2)并发光,检测其发光强度即可计算出气体中一氧化氮(NO)的浓度。

O_2 进入臭氧发生器,产生 O_3,O_3 进入反应室。检测 NO 时,汽车排放尾气经二通阀直接进入反应室,NO 与 O_3 产生反应并激发出光子。经滤光片进入光电倍增器,NO 浓度的电信号经放大器传递给指示仪表,指示仪表即可显示 NO 浓度。其中滤光片的作用是分离给定的光谱区域,避免反应气体中其他一些化学发光的干扰。CLD 结构如图 8-3-2 所示。

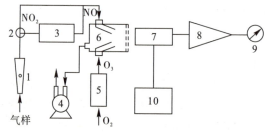

1—流量计；2—二通阀；3—催化转化器；4—抽气泵；5—O_3发生器；6—反应室；
7—光电倍增器；8—放大器；9—指示仪表；10—高压电源。

图 8-3-2　化学发光分析仪结构图

3) 五气体分析仪

五气体分析仪适用于一般汽车的所有排放废气检验工作，因此被广泛应用于汽车的各种检查检修工作中，常见的五气体分析仪如 FLA-501 等。五气体分析仪既适用于汽车怠速状态，也适用于简易工况状态，具有适应性强、效率高的特点，如图 8-3-3 所示。

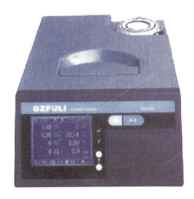

图 8-3-3　五气体分析仪

通过五气体分析仪这一种设备，同时检测汽车尾气中一氧化碳、碳氢化合物、氮氧化合物、氧气、二氧化碳五种气体的浓度。五种气体分析仪的操作流程与非分光红外线（non-dispersive infrared, NDIR）检测的操作流程大体类似，在进行检测之前都需要先将车辆预热，然后再检查仪器，之后进行检测操作，最后读取数据，如图 8-3-4 所示。

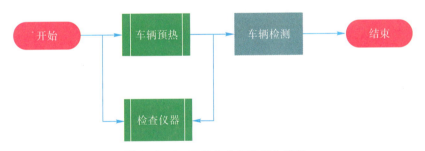

图 8-3-4　五气体分析仪操作流程

4) 滤纸式烟度计

滤纸式烟度计（图 8-3-5）是采用滤纸收集汽车发动机排烟，然后再通过比较滤纸表面对光的反射率来检测烟度的仪器。从汽车排气管中抽取一定量的废气，废气中的固态颗粒物质就将被滤纸过滤，将滤纸染黑，用染黑的程度即可表示汽车发动机的排气烟度。

使用滤纸式烟度计测试汽车的尾气烟度，多采用自

图 8-3-5　滤纸式烟度计

由加速工况法,主要分为三个步骤,如图 8-3-6 所示。需要注意以下几点。

(1)在检测中首先要保证仪器的各接头部位密闭良好,检测部分与滤纸紧密接触,不漏气。

(2)脚踏板触发开关必须可靠地安装在加速踏板上,保证抽气动作与自由加速工况同步。

(3)每完成一次检测后,都需要用压力为 0.3~0.4 MPa 的压缩空气清洗采样管路并更换滤纸。

图 8-3-6　滤纸式烟度计操作流程

5)不透光烟度计

不透光烟度计(图 8-3-7)是一种依靠光学鉴定气体中烟尘含量的检测仪器。分为全流式和分流式两种类型,均由光源、光通道和光接收器等部分组成。其检测结果与滤纸式烟度计是有区别的。由于排气对光的吸收(或衰减)能力与排气中烟尘含量呈正比关系,所以在使用不透光烟度计进行检测时采用光吸收系数作为检测结果。

图 8-3-7　不透光烟度计

任务实施

1　作业说明

针对客户反馈的故障现象进行分析,需要通过整车诊断确定故障点并排除故障。故障排除后,需要对车辆再次进行尾气排放检测,以确定尾气排放是否超标,如果排放仍旧超标,则需要对排放控制系统进行进一步的检修。本作业是在整车上进行,所以务必严格遵循一汽大众厂家维修工艺要求,正确选择和使用工具,做好人员与车辆安全防护。

2 技术标准与要求

根据 GB 18285—2018《汽油车污染物排放限值及测量方法（双怠速法及简易工况法）》填写表 8-3-4。

表 8-3-4 双怠速法检验排气污染物排放限值

类别	怠速		高怠速	
	CO 含量/%	HC 含量[①]×10⁻⁶	CO 含量/%	HC 含量[①]×10⁻⁶
限值 a				
限值 b				

注：请学员查阅维修资料后填写。

①对以天然气为燃料点燃式发动机汽车，该项目为推荐性要求。

排放检验的同时，应进行过量空气系数（λ）的测定。发动机在高怠速转速工况时，λ 应为 $(1.00-0.05) \sim (1.00+0.05)$，或者在制造厂规定的范围内。

3 设备器材

项目	内容
设备与零件总成	
常用工具	
专用工具	
耗材及其他	

注：请学员根据场地实际设备器材填写。

4 作业流程

操作视频 19

(1) 做好安全防护，清洁工具。
(2) 完成点燃式发动机排气污染物排放的试验（简易工况法）。
(3) 完成压燃式发动机排气烟度排放的试验（加载减速工况法）。

5　填写考核工单

一、车辆信息记录					
品牌		整车型号		生产日期	
发动机型号		发动机排量		行驶里程	
二、查询维修手册，记录五气体分析仪的检测步骤					
三、根据实测结果，记录五气体分析仪的测试数据并进行结果分析					
测试数据					
数据分析					
四、查询维修手册，记录不透光烟度计的检测步骤					
五、根据实测结果，记录不透光烟度计的测试数据并进行结果分析					
测试数据					
数据分析					

自我测试

(1)说出汽油车常用的尾气检测方法。
(2)叙述汽车检测的意义。
(3)描述不透光烟度计测量误差原因。

拓展学习

环保一直在路上——全激光机动车尾气遥感监测新技术

全激光机动车尾气遥感监测是一种科学、高效、便捷而又便于操作的尾气检测方法。该系统主要由光源发射端/光源接收端、视频车牌捕捉系统、反射端、速度/加速度检测系统等组成。

1)结构组成

(1)光源发射端/光源接收端。

外壳采用喷砂处理工艺进行防腐处理,且整个组件全封闭,不受恶劣环境因素影响,6个近红外激光器分别测氧气、氢气、一氧化碳、二氧化碳;中红外激光探测器测碳氢化合物、氮氧化合物;绿光激光器测颗粒物不透光烟度、烟度因子以及光吸收系统等。

(2)视频车牌捕捉系统。

高清视频识别装置主要包括高清摄像机、镜头、补光灯、车牌识别软件,传输系统、中心应用系统等通过对抓拍的图片进行分析,以及识别车牌。

(3)反射端。

光源反射镜采用高硬度蓝宝石镜面,内置减震装置耐压性强,特设的材质和安装工艺使得反射镜适用各种路段,各种车辆的碾压剐蹭均不会损毁,可保证减少光源损耗。

(4)速度/加速度检测系统。

速度/加速度检测系统利用光切割原理,准确计算出车辆的行驶速度/加速度、机动车的车长、车高,对车辆数据的可靠性提供了更充分的判断条件。

2)检测原理

系统通过激光遥测主机发射紫外光和红外光,被光学反光镜反射到检测器中,车辆通过装有设备的道路,排出的汽车尾气吸收光线改变透射光的强度,检测器通过分析光强的变化进行监测,从而得出通过车辆的氮氧化物、碳氧化物、碳氢化合物的浓度。

3)系统的优势

(1)测量原理先进。

采用全套激光测量各物种,测试准确度明显高于传统方法。测试光程不小于 26 m,可实现长光程检测。

(2)自动实时温度压力补偿。

实时监控环境温度、压力、本地浓度等。通过内置温度压力矩阵自动实时进行温度压力补偿。

(3)减少人力成本。

可实现同一路段,多设备多通道同时监测,无人看守,节省人力成本。

(4)支持三级联网。

国家、省级及市级三级联网大数据统一应用平台,互联监控系统运行,支持互联网远程控制及数据传输功能,操作人员可在任何地点远程监控、操作设备、查询、提取及管理数据。

机动车尾气遥感监测系统的应用大大提高了城市机动车环境监管效率和执法水平,对高排放车辆进行精准管控,有效控制和降低机动车排放对大气环境的影响,严厉打击高排放车辆上路行驶等违法行为,为城市环境空气质量改善保驾护航。

随着我国机动车排放标准逐步升级,在道路上行驶的各种车辆排放水平将会有很大差距。有效降低机动车排放对环境空气质量的污染,发现并治理高排放的车辆,对于改善城市空气质量状况是非常必要的。

在"绿水青山就是金山银山"的号召下,机动车尾气排放污染治理愈发受到重视,遥感监测技术在其中必将发挥更大的作用。

模块九
发动机综合性能的检测

任务 1

燃油压力高低压检测

任务引入

王先生2020年购买的大众迈腾2.0T轿车,今早在启动汽车时出现了怠速不稳的现象。王先生随即原地猛踩几次油门,都出现了转速表上升较慢的情况,甚至还出现过熄火现象。随即将该车拖至大众4S店,技术专家使用诊断仪读取车辆的故障信息显示燃油系统压力低,查询其他控制单元均无故障码存在。初步判断可能的故障原因是燃油泵供油不足、燃油滤清脏堵、供油管路变型节流。要锁定故障点,需检测燃油系统的高低压管路压力后再进一步诊断。

学习目标

(1) 掌握发动机燃油供给系统的功能与组成;
(2) 理解发动机的供油原理并说出多点喷射与高压直喷系统的特点与区别;
(3) 能够按照工艺规范进行高压和低压燃油系统的油压测试;
(4) 能够规范选择、使用工具;
(5) 通过课前自主学习并完成测试等任务,逐步养成自主学习的习惯;
(6) 通过小组完成任务及成果展示来培养集体责任感与荣誉感;
(7) 通过对燃油系统的学习,感受后勤补给的重要性。

知识准备

1 燃油供给系统概述

燃油系统的功用是根据发动机运转工况的需要,向发动机供给一定数量的、清洁的、雾化良好的燃油,以便与一定数量的空气混合形成可燃混合气。同时,燃油系统还需要储存相当数量的燃油,以保证汽车有相当远的续驶里程。汽车发动机的可燃混合气形成时间很短,从进气过程开始算起到压缩过程结束为止,总共也只有 0.01~0.02 s。燃油喷射式发动机的燃油系统简称燃油喷射系统,它是在恒定的压力下,利用喷油器将一定数量的燃油直接喷入气缸或进气管道内的燃油机燃油供给装置。

按需调节的燃油系统由低压和高压燃油系统组成,其优点是,电动燃油泵和高压燃油泵输送的燃油量,始终刚好满足发动机的需要。因此降低了燃油泵的电动和机械驱动功率和耗油量。

2　低压燃油系统

在低压燃油系统中,正常运行模式下燃油压力为 $(0.5\sim5)\times10^5$ Pa。热启动和冷启动时该压力最高提高到 6.5×10^5 Pa。冷启动时,压力提高还会促使高压燃油系统内的初始压力提高。因此可改善混合气制备情况,从而使启动速度更快。热启动时,压力提高可减少高压燃油泵内的蒸发气泡。燃油供给系统如图 9-1-1 所示,该系统由以下部件组成:燃油泵控制单元、油箱、电动燃油泵、带限压阀的燃油滤清器和低压燃油压力传感器。

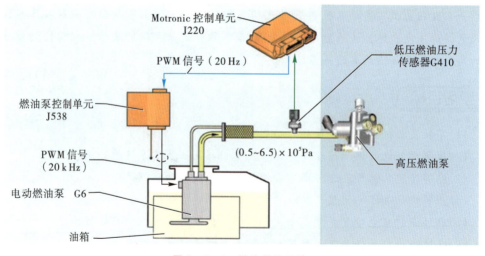

图 9-1-1　燃油供给系统

(1)燃油泵控制单元一般安装在电动燃油泵的盖板内。燃油泵控制单元利用 PWM 信号(脉冲宽度调制)控制电动燃油泵。该控制单元一般在 $(0.5\sim5)\times10^5$ Pa 的范围调节低压燃油系统内的压力。热启动和冷启动时该压力最高提高到 6.5×10^5 Pa,燃油泵控制单元失灵时发动机将无法运行。

(2)电动燃油泵一般用螺栓拧在燃油箱内,燃油泵与燃油存量显示传感器一起组成一个部件。电动燃油泵将低压燃油系统内的燃油输送至高压燃油泵。燃油泵控制单元利用 PWM 信号进行控制。电动燃油泵输送的燃油量始终刚好满足发动机的需要，燃油压力由低压燃油压力传感器测量并传输给发动机控制单元。如果该压力与规定压力存在偏差，发动机控制单元就会将一个相应的 PWM 信号(频率 20 Hz)发送给燃油泵控制单元。这个控制单元再次利用 PWM 信号(频率 20 kHz)控制电动燃油泵，直至燃油压力与特性曲线一致。其优点是①功率消耗较低，因为电动燃油泵输送的燃油量始终刚好满足发动机的需要；②燃油携带的热量较低，因为所压缩的燃油量与当前所需量相同；③降低了噪声，尤其是怠速时的噪声。

(3)低压燃油压力传感器一般安装在至高压燃油泵的供油管路内。该传感器测量低压燃油系统内的燃油压力并将一个信号发送给发动机控制单元。系统利用该信号调节低压燃油系统内的压力。根据发动机情况燃油压力为$(0.5 \sim 5) \times 10^5$ Pa。如果燃油压力传感器失灵，系统将以一个固定的 PWM 信号控制电动燃油泵，且低压燃油系统内的压力将提高。

3　高压燃油系统

直喷发动机采用缸内直喷技术，是指将喷油嘴设置在燃烧室上，高压燃油直接注入燃烧室平顺高效地燃烧。缸内直喷是通过均匀燃烧和分层燃烧实现了高负荷和低负荷下的燃油消耗降低，动力有很大提升的一种技术。直喷发动机采用类似于柴油发动机的供油技术，通过一个活塞泵即高压油泵提供所需的$(3 \sim 20) \times 10^6$ Pa 的压力，提供给位于汽缸内的喷油器，然后通过发动机 ECU 控制喷油器在最恰当的时间以极高压力直接喷入燃烧室。采用直喷发动机，可显著提高油气的雾化和混合效率，使得发动机的燃烧效率大幅提升，动力更好，更环保和节能。

高压油路系统的作用是将电动燃油泵建立的低压增加到喷油器喷射所需要的压力，高压燃油系统的油压范围可以达$(3 \sim 20) \times 10^6$ Pa(取决于负荷和转速)。

高压燃油系统的构成如图 9-1-2 所示，燃油高压泵是通过装在排气凸轮轴末端上的一个方形凸轮来驱动的。凸轮轴通过一个滚柱推杆来驱动泵的活塞，减小了摩擦力和由链条输送的力。这样得到的效果是磨损小，发动机的运行平静度高，产生的噪声小，以及降低了燃油的消耗。在高压循环系统中取消了过压阀门，取而代之的是装在机械泵中的一个调节阀门，这个阀门在 2×10^7 Pa 的压力下开启，将燃油送回到真空循环中，这样可阻止零部件因为过压而可能造成的损坏，尤其是在发动机加热以后的推进阶段和工作阶段。

高压循环系统中的压力可以根据发动机的负荷存在于$(4 \sim 15) \times 10^6$ Pa。发动机控制单元通过压力传感器 G247 能够识别到每个时间点，分配器管道中的压力，调节阀门 N276 可以对其进行调节，使其跟高压循环中的系统压力相匹配。调节阀门 N276 可以在 2×10^7 Pa 以下的压力范围内进行调节。

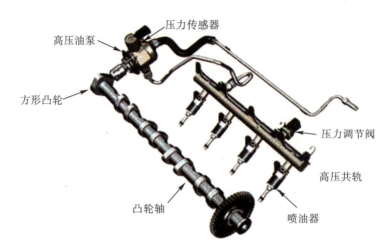

图 9-1-2 高压燃油系统

高压燃油泵的下行过程如图 9-1-3 所示。泵的活塞在下行过程中，燃油从低压油管道流入泵的内腔。1.8TSI 发动机的 燃油压力调节电磁阀是常开状态，N276 不通电（2.0TSI 发动机的 N276 则与其相反）。进气阀门开启着，因为弹簧力小于燃油泵 G6 的流动力（小于 6×10^5 Pa），排气阀门（AuV）是关闭的。

高压燃油泵的上行过程如图 9-1-4 所示。泵的活塞在上行过程中，N276 没有电，进油阀趋向于关闭，因为泵内腔里的压力升高，并且超过了低压油管道中的压力。

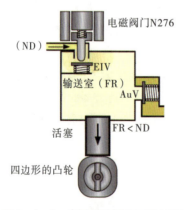 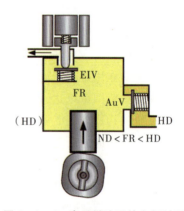

图 9-1-3 高压燃油泵的下行过程　　图 9-1-4 高压燃油泵的上行过程

调节阀门 N276 的工作如图 9-1-5 所示。泵的活塞处在输送行程中。N276 从发动机控制单元那里得到一个短的电流脉冲。N276 的顶针下沉，并且 EiV 阀门关闭。通过活塞的前进，泵的内腔中立刻产生了压力。只要内腔室里的压力超过高压管道中的压力，AuV 阀门就会开启，此时分配器管道中就有压力存在了。

AuV 阀门开启如图 9-1-6 所示。泵的活塞处在输送行程中。燃油流入分配器管道，直至活塞开始进行吸气行程时为止。N276 通电 EiV 阀门关闭，直至吸气行程中泵内腔中的压力小于 N276 的弹簧压力时为止。AuV 阀门开启，直至吸气行程中泵内腔中的压力小于分配管道中的压力时为止。接着就会进行一次燃油的喷射。

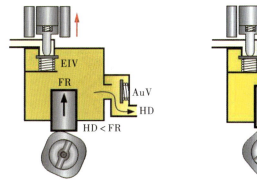
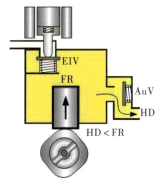

图 9-1-5　调节阀门 N276 的工作　　　图 9-1-6　AuV 阀门开启

任务实施

1　作业说明

大众迈腾轿车出现了动力不足，怠速抖动甚至无法启动的故障，该发动机为 EA888 第三代 1.8 L 排量的 TSI 发动机，由于导致发动机动力不足的原因较多，因此需要通过解码器读取故障码，锁定故障范围。有报码信息"燃油油轨压力过低"，初步分析发动机燃油油轨压力达不到预期值。导致发动机燃油油轨高压无法建立的原因主要有高压油泵故障、燃油定量阀故障、发动机控制单元局部故障等，现在需要对发动机燃油供给系统的高压系统进行泄压测试，对低压系统进行油压测试。

2　技术标准与要求

（1）会正确使用燃油压力检测仪。
（2）能根据电路图找到油泵保险、继电器。
（3）能准确表述高压燃油压力泄压和测试的方法和要点。
（4）会正确完成高压燃油压力的泄压和测试，且要领准确。
（5）会正确使用专用诊断仪，熟悉操作路径。

3 设备器材

序号	工具名称	规格型号	数量
1	燃油压力测试仪	VAG1318	1
2	适配接头	VAG1318/9	1
3	接头	VAG1318/17	1
4	诊断仪	VAS 6150	1
5	常用工具		
6	耗材及其他		

注：请学员根据场地实际设备器材填写。

4 作业流程

4.1 在整车上用燃油压力表检测燃油压力

4.1.1 注意事项

(1)防止燃油泄漏引发火灾。

(2)测试完毕管路恢复后必须复查，方可启动车辆。

(3)油管拆装前应该对燃油系统泄压。

(4)燃油表需与燃油管路串联在一起。

4.1.2 操作步骤

(1)关闭点火开关，拔下油泵保险或油泵继电器，启动发动机泄压。

(2)将专用设备VAG1318串接在供油管和压力调节器之间，打开压力测试仪上的开关。燃油压力测试仪连接示意图如图9-1-7所示。

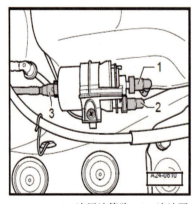
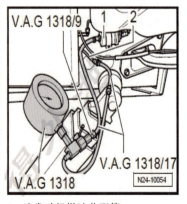

1—连回油管路；2—连油泵；3—连发动机燃油分配管。

图9-1-7 燃油压力测试仪连接示意图

(3)插上油泵保险需要检查管路接头,确认无泄漏方可启动发动机怠速运转。

(4)读取测试仪的压力值标准为 4×10^5 Pa。

(5)判断:关闭点火开关,10 min 后压力至少保持 3×10^5 Pa,说明燃油系统正常。

4.2　在整车上进行燃油高压压力泄压测试

4.2.1　注意事项

(1)切勿使用燃油压力表测试高压燃油压力。

(2)针对不同的高压燃油系统采取不同泄压方法。

(3)明确高压燃油系统属于哪一代,燃油压力调节电磁阀属于常开还是常闭状态。

(4)熟悉诊断仪的功能和选项。

4.2.2　操作步骤

4.2.2.1　燃油高压泄压(1.8TSI 发动机)

①拆卸燃油压力调节阀 N276 插头(或拔掉 SC27 号保险丝)。

②启动发动机怠速运转。

③用 VAS 6150 进入发动机电控系统—引导性功能—测量值—140 组观察到燃油压力下降到 $(4\sim7)\times10^5$ Pa。

④关闭点火开关,完成燃油压力泄压测试。

4.2.2.2　燃油高压泄压(2.0TSI 发动机)

①正确连接诊断仪。

②打开点火开关。

③用 VAS6150 进入发动机电控系统—引导性功能—高压燃油压力释放。

④用 VAS6150 进入发动机电控系统—引导性功能—测量值—140 组观察到燃油压力下降到 $(4\sim7)\times10^5$ Pa。

⑤关闭点火开关,完成燃油压力泄压测试。

5 填写考核工单

5.1 用燃油压力表检测燃油压力

安全检查
车辆安全检查：□手刹　　　　　□空挡　　　　　□装车轮挡块 周围是否存在安全隐患：□是　　　□否
工具设备检查
工具盘点：□燃油压力测试仪　　□适配接头　　□接头 其他用具：□毛巾　　□防护用品　　□吹尘枪 车辆防护用品：□室内五件套　　□室外三件套
操作记录
1. 你所检测的发动机类型：　　　　□缸内直喷　　　□进气歧管喷射 2. 发动机机舱有无产生火源的危险：□有　　□无。记录：_____。 3. 你所查找到的油泵保险：_____。 4. 泄压过程中启动发动机次数：_____。 5. 脱开油管时你采取的防护措施：_____。 6. 连接VAG1318时你注意到：□选择正确的接头　　□再次确认链接可靠 7. 启动车辆后是否确认密封状况：□是　　□否。记录：_____。 8. 你所测得的油压数值：_____。 9. 根据检测结果，请你对供油系统技术状况进行简单分析：_____ _____
收拾整理
1. 车辆是否恢复：□是　　□否 2. 车辆技术检查：□异常　　□正常　　异常记录_____。 3. 清点整理工具：□工具　　□防护品　　□消耗品　　情况记录_____。 4. 场地5S：□场地清洁　　□物品整理

5.2 在整车上进行燃油高压压力泄压测试

指出下图高压燃油系统的原件名称

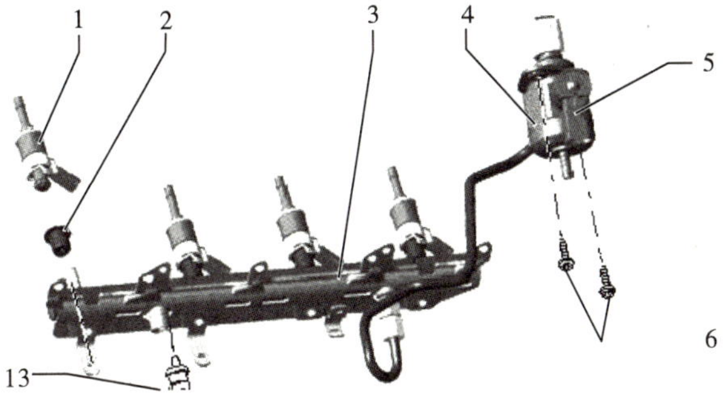

1. _____ 2. _____ 3. _____
4. _____ 5. _____ 6. _____
13. _____

记录高压燃油压力泄压和测试的流程（以 2.0TSI 发动机为例）

1. 将_____正确插入诊断接口。
2. 打开_____。
3. 打开 VAS6150 进入 ODIS 诊断系统，进入_____电控系统，选择_____功能，选择_____，完成高压燃油压力释放工作。
4. 用 VAS6150 确认燃油压力释放结果，进入_____电控系统，选择_____功能，选择_____功能，进入_____数据组，观察到燃油压力下降到_____ bar(1 bar＝10^5 Pa)，方可确认高压燃油泄压成功。
5. 退出 ODIS 诊断系统，关闭_____，拔掉_____，完成燃油压力泄压测试。

收拾整理

1. 车辆是否恢复：□是　　　□否
2. 车辆技术检查：□异常　　□正常　　异常记录_____。
3. 清点整理工具：□工具　　□防护品　　□消耗品　　情况记录_____。
4. 场地 5S：□场地清洁　　□物品整理

汽车动力与驱动系统**综合分析技术**

自我测试

（1）油压过低可能引起的故障现象有哪些？

（2）简述燃油压力检测的主要步骤及注意事项。

（3）简述高压燃油压力泄压和测试方法及注意事项，并总结作业过程中遇到的难点及其解决方法。

拓展学习

大众 2.0TSI 发动机的高低压双喷射系统

我们经常听说发动机的缸外喷油和缸内直喷，是不是缸内喷射（缸内直喷）一定比缸外喷射好呢？

那么我们先了解一下缸内喷射：缸内喷射就是将喷油器直接伸进气缸体，它能够实现分层高效燃烧，释放出更多的热能，因此在这种结构中，油气混合物可以达到更加理想的空燃比，而且这种喷射方式更加省油，不会造成燃油的浪费。

但是缸内直喷技术也有缺点，一是这种技术精度要求比较高，生产和维护成本也很高，另外缸内压力非常大，必须配备高压的喷油器才能顺利完成喷油，所以相对于缸外喷射的喷油器来说，缸内喷油器成本会更高。缸内直喷最严重的问题就是积炭非常严重，特别是喷油器头和进气气门的背部。由于喷油器一直处于恶劣的燃烧环境中，喷油器头就非常容易积炭，严重影响喷油雾化的效果。同时出于环保的考虑，现在的发动机都配备有废气再循环系统，所以气缸中燃烧的废气又会通过进气门回流到气缸中再次燃烧。常年的废气回流，导致进气门的背部也很容易积炭，严重的还会造成气门堵塞。缸内直喷技术虽然对提高燃油经济性，提高动力输出有许多优势，但也存在很大的改进空间。

目前市面上已经出现了缸外喷射加缸内直喷的技术产物，这就是内外双喷技术。加持双喷技术的发动机配有两套燃油喷射装置，除了缸内燃油直喷系统外，还在进气管内设计了另一个喷油器，根据汽车的行驶状况，缸内直喷与歧管喷射之间可以进行切换或者共同混合喷射，以确保高效的动力输出和最佳的燃油经济性。

新 2.0 L TSI 发动机具有双喷射系统（图 9-1-8），也就是说有两种油气混合方法。第一种方法是使用 TSI 高压喷射系统在气缸内进行直接喷射。第二种方法是使用进气歧管燃油喷射系统。进气歧管燃油喷射会显著减少细微碳烟颗粒的排放。

1　SRE 燃油喷射系统

SRE 燃油喷射系统（图 9-1-9）由高压燃油泵上的引导连接装置供油，引导连接装置是燃油低压系统的一部分。在引导连接装置的上游，燃油进入低压燃油油轨，然后

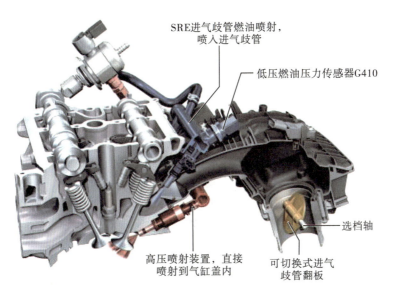

图 9-1-8 大众 2.0TSI 发动机的高低压双喷射系统

再流到 SRE 喷油器，喷油器将燃油喷入进气歧管中。SRE 喷射系统有自己的压力传感器（低压燃油压力传感器 G410）用于监控供油系统。供油只通过燃油箱中的燃油系统增压泵 G6，而不通过高压燃油泵。在燃油管路中使用高压燃油泵引导连接装置，也就是说在 SRE 模式下高压燃油泵泵送的燃油会被引导和冷却。在 SRE 模式下，高压泵通过燃油压力调节阀 N276 进行输油可以关闭。

图 9-1-9 SRE 燃油喷射系统

在部分负荷范围下主要使用进气歧管燃油喷射。燃油油滴有充分的时间雾化并与空气混合。在点火前很长时间形成混合气，从而达到如下的目的：（1）减少微粒质量以及炭烟的形成；（2）减少二氧化碳排放量；（3）降低油耗。

2 高压喷射系统

高压喷射系统(图 9-1-10)燃油压力增至 2×10^7 Pa,因此有必要对高压燃油系统的设计进行调整和改变。通过使用密封环,可将高压喷射器运行时的声音与气缸盖隔绝开来。将阀门位置稍微向后移动,可改善油气混合物的形成,并降低阀门温度。

图 9-1-10 高压喷射系统

2.1 运行模式

对运行时执行模式的调节已进行了标准化,指明了在 SRE 模式中发动机是否被驱动、何时被驱动,以及在高压模式下何时被驱动。有以下运行模式:(1)SRE 单喷射;(2)高压单喷射;(3)高压双喷射;(4)高压三重喷射。根据温度、负荷和发动机转速,系统在各个运行模式之间切换。

2.2 发动机启动

当发动机处于冷态且冷却液温度低于 45 ℃时,每次发动机启动,就在压缩循环中通过高压喷射系统进行三重直喷。

2.3 暖机和催化转换器加热

在此阶段,在进气和压缩循环中进行双重直喷。点火点有一定的延迟。进气歧管翻板关闭。

2.4 发动机在部分负荷范围下运行

如果发动机温度高于 45 ℃,并且发动机在部分负荷范围中被驱动,则发动机切换到 SRE 模式。进气歧管翻板在大多数情况下保持关闭。

在发动机进化的道路中出现了很多有意思的技术,每一项技术都有它的优缺点,我们在学习的过程中不能顾此失彼,应该更加全面、更加深入地进行学习。尺有所短,寸有所长,只有不断发现问题、解决问题,才能使科技不断地向前发展。

任务 2

进气真空度检测

任务引入

王先生 2018 年购买的大众迈腾 1.4T 轿车近期出现了发动机启动困难、怠速不稳等问题，随即拖至大众 4S 店。技术专家使用诊断仪读取车辆的故障信息，显示进气压力传感器不可信信号，查询其他控制单元均无故障码存在。经技术专家综合诊断后，故障原因可能是进气系统密封性问题，传感器故障返回信号错误，传感器线束出现短路或者断路故障等。需拆卸、检查进气系统，进一步检测进气管真空度，确定故障。

学习目标

(1) 理解进气真空度变化原理；
(2) 掌握进气真空度的检测方法；
(3) 能够按照工艺规范进行进气系统的拆卸、装配与检测；
(4) 能够规范选择、使用工具，对检测结果进行诊断和分析；
(5) 通过课前自主学习并完成测试等任务，逐步养成自主学习的习惯；
(6) 通过小组完成任务及成果展示来培养集体责任感与荣誉感；
(7) 通过对进气系统的学习，感受个体和整体密不可分的关系，增强团队意识。

知识准备

大众 EAZ11 发动机进气系统（图 9-2-1）的真空度随着进气管和气缸密封性的变化而变化。因此，在确认进气管本身具有良好密封性能的情况下，利用真空仪检测进气管的真空度，可以分析判断气缸密封性能，诊断故障。

图 9-2-1 大众 EA211 发动机进气系统

1 进气歧管产生真空度的影响因素

汽油发动机的可燃混合气浓度及燃烧条件的好坏,均受到节气门开度及发动机转速的影响。因此,根据节气门后方的真空度产生的原理,节气门后方的真空度可以直接反映汽油发动机的工作状况是否良好。例如,当发动机运转过程中保持转速(或节气门开度)一定,此时由于点火过迟,使可燃混合气的燃烧条件变差,发动机的转速也会随之下降,进一步导致节气门后方的真空度变小,影响空燃比和喷油器的喷油量,如此相互反馈,形成连锁反应。当车辆正常行驶时,节气门后方的真空度将在固定范围内变化,同时波动值遵循一定的规律。通常,发动机的一个或多个火花塞缺火、气缸盖或进气歧管垫等漏气、气门关闭不良或气门油封损坏、活塞环磨损严重漏气、空气软管接头出现松脱、点火时间过迟、可燃混合气过稀或排气系统堵塞等均会导致节气门后方真空度不符合标准或变化不规律。进气歧管总成如图9-2-2 所示。

模块九 发动机综合性能的检测

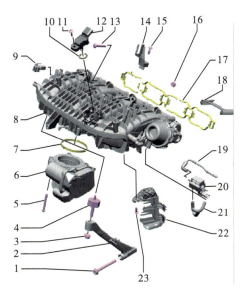

1,5,11,13,15,23—螺栓；2—进气歧管支撑杆；3,16—螺母；4—橡胶金属支座；6—节气门控制单元；7—密封环；8—进气歧管；9—进气管风门电位计；10—O形圈；12—进气管传感器；14—支架；17—密封条；18—通道隔离版；19—真空软管；20—进气管风门阀门；21—真空软管；22—支架。

图 9-2-2　进气歧管总成

2　进气歧管真空度检测的应用

2.1　发动机密封性检测中的应用

影响气缸密封性能的因素分为内部因素和外部因素，其中气缸、气缸垫、活塞、活塞环、气门、气门座的密封性能为内部因素；气门导管、气门弹簧、液力挺柱、喷油器密封圈、节气门体、进气软管的完好性为外部因素。值得重视的是发动机气缸外部漏气比内部漏气对进气歧管真空度值的影响更明显，因为喷油量的控制信号是来自气缸外部。实践证明，当车辆处于怠速工况或在中速运行时，节气门后方真空度不稳定，且波动值较大，则是因为进气门密封性不良。这是由于在压缩行程时，气缸内的高压气体从进气门处窜入进气道，进气腔气压波波动所引起的。应用进气管真空度对发动机密封性进行检测，检查项目全面，综合性强，在检测过程中，不需要对发动机进行拆解，是目前非常重要、实用和快速的测试方法之一。但是，检测节气门后方真空度的方法也存在不足，有时不能确切地指出故障位置。例如，当汽车处于怠速运转状态时，检测过程中发现发动机进气歧管真空度值有规律地下跌，此时说明发动机气门出现故障，但不能确定是哪一个气门烧坏，这时，可以利用气缸压缩压力的测量方法进一步确定有故障的气门。

2.2 发动机点火性能检测中的应用

经过对进气歧管真空度数值变化的理论分析和实践验证，当发动机的燃油品质正常、空燃比符合要求、进气系统的密封性良好时，真空表显示节气门后方真空度处于最大值，说明此时对应该发动机的最佳点火时刻。若点火过迟，会导致节气门后方真空度过低，当对发动机某一缸进行断火检测时，真空表读数下降较小或没有变化，则说明这一气缸原本工作不好或者不工作，进一步分析说明该缸的点火或喷油器出现故障；若检测出的进气歧管真空度值下降明显，甚至达到 5 kPa，则说明该缸没有故障。当对发动机最佳点火提前角进行调整时，无论是增加还是减小，检测出的进气歧管真空度值均有所下降。而且，不仅在进气歧管真空度数值上有明显的变化，在指针的稳定性上也有明显变化。在实际工作中，还可以应用节气门后方真空度理论对点火时刻进行调整。在调整前，应先确定发动机的密封性能良好，若真空表检测值偏低，则通常是由于发动机的点火系统性能较差、喷油器喷油性能不好或正时皮带错牙所致。通过实践证明，应用进气歧管真空度对发动机点火时刻进行调整时，其准确程度可达到点火正时灯或转速仪的标准。但应注意：发动机空负荷运转时，所测得的最高真空度值需适当减小 2～3 kPa，从此作为实际应用的最佳点火提前角所对应的进气歧管真空度。

2.3 空燃比控制中的应用

电控喷射汽油发动机，无论可燃混合气浓度过稀还是过浓，均会使汽油发动机的燃烧性能变差，导致发动机的转速发生变化，从而检测出节气门后方真空度值的大小和波动范围发生变化。因此，测量发动机进气歧管真空度可以直观地显示出真空度值是否在规定范围，变化是否规律，为尾气净化状况提供信息。对发动机节气门后方真空度的检测，不仅可以判断发动机气缸密封性好坏、点火正时是否正确及可燃混合气浓度是否符合要求，还可以根据发动机在不同状态下工作时节气门后方真空度值的大小和变化情况进一步验证排气系统是否堵塞、配气正时是否准确。通过检测发动机进气歧管真空度来进行故障诊断时，需在不同工况下对进气歧管真空度的变化进行仔细观察，这就要求维修人员熟悉发动机在不同的工况下进气歧管真空度数值的要求和变化规律，对故障成因进行及时、有效的判断。

任务实施

1 作业说明

大众迈腾轿车出现了发动机启动困难，怠速不稳等问题。发动机出现故障可能与进气系统的密封性有关。需通过拆卸、检查和进气管真空度检测来确定故障。本作业是在检查完发动机状态，确保满足启动条件，同时进气系统连接正常的基础上进行的。

2 技术标准与要求

项目	内容
真空表的量程	
当地海拔高度/大气压值	

注：请学员查阅维修资料后填写。

3 设备器材

项目	内容
设备与零件总成	
常用工具	
耗材及其他	

注：请学员根据场地实际设备器材填写。

4 作业流程

操作视频 21

4.1 真空表的结构和工作原理

真空表由表头和软管组成，真空表的软管与气缸压力表的软管一样，大部分是波顿管。当表头指针移动，在表头上指示真空度。真空表头的量程为 0～101.325 kPa。软管的一端固定在表头上，另一端连接在节气门后面进气管的专用接头上。

4.2 使用真空表检测真空度

(1) 发动机应预热至正常工作温度，冷却液温度维持在 85～95 ℃。

(2) 将炭罐电磁阀从固定支座上取下。

(3) 拔下活性炭罐电磁阀软管。

(4) 测试真空检测仪。

(5) 将检测管连接到炭罐电磁阀处的真空管上。

(6) 启动车辆，使发动机怠速运转。

(7) 观察真空检测仪的数据变化，读取真空表上的读数并记录。

(8) 缓缓踩下加速踏板，使发动机转速从 800 r/min 至 2500 r/min，读取真空表上的读数并记录。

(9) 取下检测管，连接炭罐电磁阀和真空管，用记号笔标记接头处。

(10)将炭罐电磁阀安装在固定支座上，用记号笔标记炭罐电磁阀连接位置。

(11)进气真空度检测结束。

检测标准：

急速情况下真空度应为 7×10^4 Pa，EA211 发动机进气真空度不低于 6×10^4 Pa；发动机转速为 800 r/min～2500 r/min 时，EA211 发动机进气真空度为 6.4×10^4 Pa～7.1×10^4 Pa。

考虑到进气管的真空度随着海拔的升高而降低，在真空度检测中应根据当地海拔高度对真空度诊断参数标准进行修正。

4.3 真空表指针位置和动作的分析和判断方法

真空表的指针位置和动作：

(1)在相当于海平面的条件下，发动机急速时，真空表的指针稳定地指向 57～71 kPa 的范围，表示气缸密封性正常。

(2)当节气门快速打开并立即关闭时，真空表的指针在 6.8 kPa 至 84 kPa 之间摆动，进一步表明气缸组技术状况良好。

(3)急速时，真空表指针在 50.6 kPa 到 67.6 kPa 之间摆动，表示气门卡滞或点火系统有问题。

(4)急速时，如果真空表的指针低于正常值，主要是活塞环、进气管或气缸垫片漏气引起的，也可能与点火晚或配气晚有关。在这种情况下，如果节气门突然打开和关闭，指针将回落到 0，但反弹小于 84 kPa。

进气管的真空度是一个综合诊断参数。如果进气管的真空度符合要求，不仅表明气缸的密封性符合要求，还表明点火正时、气门正时和空燃油比也符合要求。

5 填写考核工单

一、查询并记录发动机信息					
发动机类型		发动机排量		选装代码	
缸径		压缩比		点火顺序	
二、进气系统状态检查					
空滤盒				正常□　异常□	
进气管是否有裂纹				正常□　异常□	
进气管与空滤盒卡扣				正常□　异常□	
进气管与节气门卡扣				正常□　异常□	
曲轴箱通风管道及卡扣				正常□　异常□	
真空助力伺服真空管及卡扣				正常□　异常□	
三、真空表读数					
工况				真空度数值或变化	
发动机真空度判断				正常□　异常□	

汽车动力与驱动系统综合分析技术

自我测试

(1) 简述汽车进气系统的组成。

(2) 试分析发动机进气系统真空度对发动机工作有哪些影响。

(3) 装备涡轮增压系统的发动机助力真空管脱落，会引起发动机真空泄露吗？为什么？

拓展学习

大众 EA888 发动机的进气歧管风门转换装置

进气歧管的长度与进气阻力以及进气混合能力有关，较短的进气歧管进气阻力小，高速时候的响应更快，而较长的进气歧管则有利于进气歧管中油与气的混合。较短的进气歧管更适合于高转速，而较长的进气歧管则更适合于低转速。那么设计师在设计发动机的时候，该采用哪种长度的进气歧管呢？从上面的分析可以看出，固定长度的进气歧管显然无法兼顾高转速和低转速时的进气共振，因此对于采用固定长度进气歧管的发动机，只能选择一个折中的长度。显然这只是一个折中的办法，在发动机低速和高速运转的时候，固定长度的进气歧管都不能提供最佳配气，因此可变进气歧管就显得很有必要了。

大众 EA888 发动机的进气歧管采用风门转换装置，其本体是用聚酰胺材料制成的并且由两个相互焊接在一起的壳体组成。进气歧管风门呈槽形。它们与输入轴一起构成一个用塑料制成的整体式部件。进气歧管风门在进气口中偏心布置。借助于此布置和风门的形状，当进气歧管风门完全打开时，进气口就会完全打开。这样就改善了进气的流动性。在关闭风门时，也改善了风门翻转的能力。进气歧管风门是由一个真空调节阀调节的。进气歧管风门转换装置如图 9-2-3 所示。气动的调节元件推动一个轴，在这个轴上固定着四个吸气阀门。装在轴另一末端的是进气管道阀门 G336 的电位计，它会将进气管道阀门的当前位置通知发动机控制器。在静止状态上，进气歧管风门被关闭。超过 3000 r/min 时，进气阀门是开启的，为的是保持小的涌入阻力，低于这个转速时，进气阀门是关闭的。

进气歧管翻板的电位计 G336 装在进气管道翻板传动轴控制侧的末端，如图 9-2-4 所示。电位计只报告两个位置，即阀门已经开启，或者是阀门已经关闭，因为控制器不需要中间位置的信息。控制器对这个信号进行评价，使导入空气的装置了解系统的状态。当信号停止的时候，发动机控制器就中断了对进气歧管翻板的电位计 G336 的控制，并且让进气管道翻板也停止运行，也就是让进气管道阀门关闭。

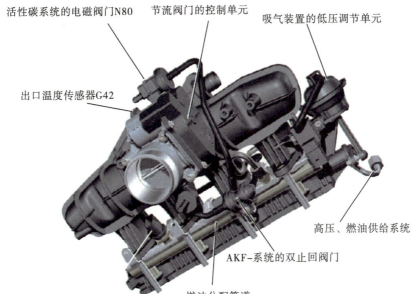

图 9-2-3 进气歧管风门转换装置

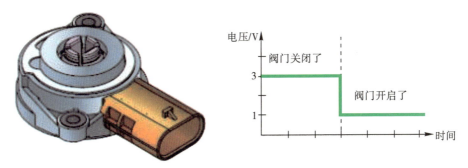

图 9-2-4 进气歧管翻板的电位计 G336 结构和信号图

通过可变进气歧管这项技术我们可以看到，发动机的每一次革新都是从实际需求出发，不断地进行自我改进，以期达到更好的结果。这和我们学习也是一样的，只有不断优化，不断进步，才能达到更好的结果。路虽远，行则将至；事虽难，做则必成。

任务 3

气缸压力检测

任务引入

王先生的大众迈腾1.4T轿车最近表现出油耗高、动力不足、提速无力，甚至不能启动等问题，于是将车开至大众4S店。技术专家使用诊断仪读取车辆的故障信息，无明显相关故障码显示，查询其他控制单元均无故障码存在。经技术专家综合诊断后，得出故障原因可能是个别气缸压力不足，需要对气缸压力进行测试，进一步确定故障。

学习目标

（1）掌握发动机不能启动的故障原因和排故方法；
（2）理解发动机的工作原理；
（3）能够按照工艺规范进行气缸压力的检测；
（4）能够规范选择、使用工具；
（5）通过课前自主学习并完成测试等任务，逐步养成自主学习的习惯；
（6）通过小组完成任务及成果展示来培养集体责任感与荣誉感；
（7）通过对气缸检测的学习，感受到努力拼搏、时不我待的历史使命。

知识准备

在发动机故障排查时，测试气缸的密封性是非常重要的环节。气缸的密封性是较为常见的问题出处，同时也是汽车发动机的一个主要技术性能指标。如果气缸的密封性发生变化，会促使发动机动力性能随之发生变化，从而影响行车表现。同时，汽车尾气排放污染也会有所增加。在对气缸密封性的各项参数进行诊断的时候，通常会通过其压缩压力来具体实施诊断。

1 气缸压力表测量

气缸压力表如图9-3-1所示，主要用于气缸压缩力的检测，具有较高的专业性。这种压力表的主要组成部分有以下几方面内容：

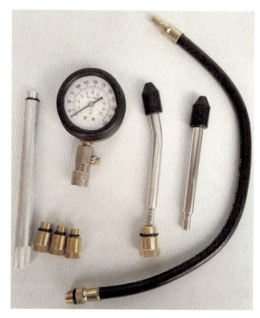

图9-3-1 气缸压力表

（1）表头：气缸压力表的表头部位存在一个驱动元件，其主要原理为一端活动，而另一侧为相对固定的管子，而且表现为弯成圆圈的、扁平物体。如果弯管内受到一定压力，弯管就会相应伸直，在另一侧的活动端有齿轮转动机构、杠杆及仪表盘指针的连接，如果指针发生转动，表盘上就会显示出其受压力的大小。

（2）压力表接头：气缸压力表表头与接头进行连通，是需要通过导管来具体实现连通的，在实际测量的时候需要保证其接头的位置不会漏气。气缸压力表接头的材质通常有两种，分别为橡胶与螺纹管。橡胶接头的形状呈现为锥形、阶梯形等形态，这样能够使其紧制在喷油器孔或者火花塞等部位。而螺纹管接头主要通过手动拧紧等方式，就可以使其固定于相关位置。

（3）导管：一般情况下，压力表的导管种类主要分为两类，分别为金属硬导管、软导管，其中金属硬导管适用于橡胶材质接头，软导管则主要应用于螺纹管接头。

（4）单向阀：气缸压力表运用单向阀，可使气缸内的气体输入至压力表后不能反向流出。如果确定单向阀处于关闭位置时，就可以确保压力表始终处于指针相关位置，这样在读数的时候更加方便。当单向阀按钮被按下，处于压力表内的气体也会随之被放出，此时的指针就会回正。

2 气缸压缩压力的测量方法

在对气缸压缩压力进行测量的时候(图9-3-2),会涉及多个步骤,具体体现在下述几个方面。

(1)先使发动机的运转达到正常工作温度状态,然后再进行熄火,通常情况下冷却的水温则处于80~90 ℃。

(2)需要全部拆除汽油机上的火花塞,并将与之相关的节气门置于打开状态;拆除柴油机上的喷油器。

(3)需要将气缸压力表的锥形橡皮头紧压于喷油器孔或者火花塞内。然后将发动机进行启动,促使曲轴实施转动,转动时间为3~5 s。

(4)当压力表的指针在最大压力时,也会终止发动机启动。

(5)而后按下单向阀按钮,使得压力表指示针能够回零。

(6)针对发动机上的各个气缸的压缩压力,都需要按照上述方法流程依次开展相应的测量工作,每个气缸都需要检测二至三次,并求解算术平均值。将检测所获取的数据及规定的指示值间进行对比及分析。如若其中某一气缸所承受的压力值偏低时,就能够从火花塞相应孔内输入新的机油而后再进行测量,而新输入机油的加入量为20~30 mL,并将这几次检测所得到的压力值进行再次对比及分析。

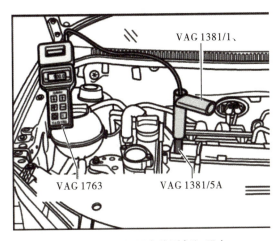

图9-3-2 缸压表检测气缸压力

3 气缸压力诊断的标准

在进行气缸压力诊断时,需充分将发动机所在的海平面设定为标准。汽油机的气缸压缩压力,应与出厂规定的范围相符,或者不能比原厂所规定的相关标准值的10%低。各个气缸之间的压力值差,不要超过气缸本身平均值的10%。柴油机的气缸压缩压力，要求与原厂所规定的范围相符合，或者不得比原厂所规定的标准值的20%低，各个气缸之间的压力值差，应不超过本身平均值的8%。在实际应用中，有多种类型的发动机气缸，在压缩压力标准值方面存在着差异性。

4 检测结果分析

当检测的气缸压缩压力值与标准要求严重不符时，可按照检测结果分析其内在原因。

(1) 如若检测的气缸压缩压力较高，远超出厂时所规定的压力值，通常为室内燃烧导致积炭偏多、气缸衬垫较为薄弱、缸盖与缸体融合平面经多次修理后磨削严重等原因，导致燃烧室容积逐渐变小，发动机压缩相应变大。

(2) 如若检测的气缸压缩压力较低，并且远低于出厂规定的标准压力值，就可以向相应缸火花塞（喷油器）孔内输入20～30 mL的新机油，而后再次进行检测。如若第二次检测的压力值与标准压力值相近，且略高于第一次的压力值，那么主要就为气缸与活塞磨损过多、活塞环磨损较为严重、各环端缝隙对口气体泄漏、环断裂并卡在其中或者气缸壁漏气等因素，造成的活塞与气缸间的密封性较差。如若第二次检测的压力仍然低于标准压力值，与首次检测数据基本相近，那么主要为气门或座受损、气门缝隙偏小、气门弹簧存在故障等因素，造成进、出气门闭合不严。此外，气缸衬垫损坏，也会导致气缸密封性随之减小，压缩压力值降低。如若某邻近两缸压缩压力几次检测结果均至较低位置，那么就表示气缸衬垫两缸邻近处受损从而产生气体泄漏。

任务实施

1 作业说明

大众迈腾轿车搭载1.4T发动机，发动机并不是一个整体，发动机从上到下是由气门室盖、气缸盖、气缸体、油底壳组成的。在这四个部分之间会有密封垫，如果密封垫出现了泄漏，可能也会导致发动机出现缸压过低的现象，所以需对发动机气缸的压力进行检测，进一步确定故障点。

2 技术标准与要求

项目	内容
发动机油最低温度/℃	
蓄电池最小电压/V	
火花塞装入气缸盖中力矩/(N·m)	
点火线圈导线导向件安装到气缸盖罩上力矩/(N·m)	
机油尺的导向管安装到气缸盖上力矩/(N·m)	

注：请学员查阅维修资料后填写。

3 设备器材

设备与零件总成	大众迈腾 1.4T 轿车	
专用工具	火花塞扳手 3122 B	3122 B
	气缸压力检测设备 V.A.G 1763	V.A.G 1763
	转接头 V.A.G 1381/1	V.A.G 1381/1
	转接头 V.A.G 1381/5A	V.A.G 1381/5 A
	缸压检测装置 V.A.G 1763	V.A.G 1763
常用工具		
耗材及其他		

注：请学员根据场地实际设备器材填写。

4 作业流程

(1)发动机运转至正常温度,冷却液温度维持在85~95 ℃。

(2)使用内饰拆装工具松开空气导管。

(3)松开空气管接头处的弹簧卡箍。

(4)拔下真空管。

(5)取出空气滤清器总成。

(6)取下另一端空气导管。

操作视频22

(7)解锁卡扣,取下增压压力传感器线束插头。增压压力和温度传感器如图9-3-3所示。

图9-3-3 增压压力和温度传感器

(8)小心松开空气导管卡扣,取下空气导管。

(9)拔下点火线圈连接插头。EA211发动机单独火花点火线圈如图9-3-4所示。

图9-3-4 EA211发动机单独火花点火线圈

注意:四个点火模块线束插头都应取下。

(10)拧下点火线圈固定螺栓。

(11)取出点火线圈。

注意:此时应用吹枪清除杂质及灰尘,以免周围的脏污物进入气缸内。

(12)使用火花塞套筒取下火花塞。

注意：其余各缸点火模块及火花塞都应拆除。

(13)打开气缸压力检测仪。

(14)将检测装置放入火花塞孔内。

(15)用手垂直稳固检测装置。

注意：测试前应先拔掉所有的喷油器线束插头，防止气缸溢油现象。

(16)轻扭一下点火开关，听到一声点火声后马上关闭点火开关。

注意：需要将节气门全开并且曲轴转动 4~5 圈，保证数据的准确性。

(17)观察并记录检测结果。

注意：EA211 发动机气缸压力不低于 9×10^5 Pa。

(18)检测结束取出检测装置。

(19)安装火花塞。

(20)使用快速扳手轻微紧固火花塞。

(21)用力矩扳手紧固火花塞(紧固力矩 25 N·m)。

(22)安装点火线圈。

(23)安装固定螺栓。

(24)用快速扳手拧紧螺栓。

(25)用力矩扳手紧固火花塞(紧固力矩 9 N·m)。

(26)连接点火线圈插头。

(27)用记号笔标记插头。

(28)安装右侧通气导管。

注意：安装时卡扣应锁止到位。

(29)安装增压压力传感器线束插头。

(30)用记号笔标记卡箍和插头。

(31)安装上方空气导管。

(32)使用卡箍钳将空气导管卡箍安装到位。

(33)安装空气滤清器总成。

注意：将空气导管连接处安装到位，并使用卡箍钳进行安装。

(34)锁紧接头处弹簧卡箍。

(35)连接前方空气导管。

(36)连接真空管。

(37)用记号笔标记各个连接处。

请注意以下事项：

进行气缸压力检测后必须执行下列工作步骤：结束时查询发动机控制单元的故障存储器，并删除其故障记忆，因为拔下插接器可能会存储下故障记录。

5 填写考核工单

一、查询并记录发动机信息					
发动机类型		发动机排量		选装代码	
缸径		压缩比		点火顺序	
行驶里程		上次保养时间			

二、检测气缸压力									
(一)拆装步骤及紧固规格(操纵马达需向考官报备)									
名称									
螺栓扭力规格/(N·m)									
(二)气缸压力测量									
检查项目	1缸		2缸		3缸		4缸		
标准值									
测量值									
判断	正常□ 异常□		正常□ 异常□		正常□ 异常□		正常□ 异常□		

模块九
发动机综合性能的检测

自我测试

(1) 简述大众 EA888 2.0T 发动机气缸体的结构特点。
(2) 试分析造成发动机缸压低的原因有哪些。
(3) 简述缸压测量的流程及技术要点。

拓展学习

具有气门升程切换功能的气缸盖

大众 2.0L TSI 发动机的气缸盖(图 9-3-5)完全进行了重新开发。现在将排气歧管集成安装到气缸盖中,这样废气再循环冷却可在气缸盖内进行,废气在气缸盖内流动。进气和排气凸轮轴有可变气门正时功能。排气凸轮轴还有气门升程切换功能,可让气门在两个不同的凸轮轮廓上打开和关闭。冷却液温度传感器 G62 通过螺钉拧入变速箱侧的气缸中,该传感器安装在气缸盖中最热的位置,它可准确地记录温度变化,防止冷却液沸腾。

图 9-3-5 大众 2.0L TSI 发动机的气缸盖

使用集成式排气歧管可显著降低涡轮增压器涡轮之前的废气温度。因为有耐高温的涡轮增压器,所以很大程度上不再需要满负荷加浓来保护涡轮,尤其在高转速时。

这样可减少油耗和二氧化碳排放量。因为排气通道所采用的排列方式，正在排气的气缸内的废气气流不会影响到另一个气缸充气。从而可让废气气流中整个流动的能量用于驱动涡轮增压器的涡轮。另一项好处是，集成式排气歧管可让冷却液在发动机暖机阶段热得更快。由此可在一段非常短的暖机阶段之后使用创新型热能管理系统的可调式冷却模式。因为氧传感器直接安装在集成式排气歧管后方，所以能更快地达到最佳运行温度。

通过排气凸轮轴上的电子气门升程切换以及进气和排气凸轮轴上的可变气门正时，实现了对每个气缸气体交换的优化控制。较小的凸轮轮廓仅用于低转速。何时使用凸轮轮廓以及使用哪个凸轮轮廓，均存储在图谱中。此功能有以下好处：①优化气体交换；②防止废气回流到之前的180°排气缸；③入口打开时间更早，填充程度更佳；④通过燃烧室内的正压差减少余气；⑤提升响应性；⑥在较低转速和较高增压压力下达到更高的扭矩。

随着技术的不断进步，我们对发动机的动力性，经济性和环保性的要求也就越来越高，在今天"节能减排"的时代召唤之下，发动机的技术革新也在向着"更强，更省，更环保"的方向不断发展。

参考文献

[1] 曾鑫. 汽车发动机机械系统检修[M]. 北京：高等教育出版社，2018.

[2] 谢伟钢，范盈圻. 汽车构造与原理：彩色版[M]. 北京：机械工业出版社，2021.

[3] 王雷. 汽车发动机构造与检修[M]. 北京：人民交通出版社，2019.

[4] 杨智勇，金艳秋. 汽车发动机电控系统检修[M]. 北京：人民邮电出版社，2019.

[5] 刘冬生，郭奇峰，韩松畤. 汽车发动机电控系统检修[M]. 北京：机械工业出版社，2022.

[6] 申荣卫. 汽车发动机电控系统检修[M]. 北京：机械工业出版社，2020.

[7] 侯红宾，李卓，平云光. 汽车发动机电控系统检修[M]. 北京：机械工业出版社，2021.

[8] 盛国超，张勃，刘晶. 汽车发动机构造与检修：书证融通版[M]. 北京：机械工业出版社，2022.